文化产业发展
财税政策研究

Study on Fiscal and Taxation Policies
for the Development of Cultural Industry

戴祁临◎著

中国金融出版社

责任编辑：丁 芊 黄 羽
责任校对：刘 明
责任印制：陈晓川

图书在版编目（CIP）数据

文化产业发展财税政策研究/戴祁临著．—北京：中国金融出版
社，2018.11
ISBN 978 - 7 - 5049 - 9762 - 3

Ⅰ．①文… Ⅱ．①戴… Ⅲ．①文化产业—财政政策—研究—中国
②文化产业—税收政策—研究—中国 Ⅳ．①G124②F812.0

中国版本图书馆 CIP 数据核字（2018）第 220915 号

出版 **中国金融出版社**
发行
社址 北京市丰台区益泽路 2 号
市场开发部 （010）63266347，63805472，63439533（传真）
网 上 书 店 http://www.chinafph.com
　　　　　　（010）63286832，63365686（传真）
读者服务部 （010）66070833，62568380
邮编 100071
经销 新华书店
印刷 北京市松源印刷有限公司
尺寸 169 毫米 × 239 毫米
印张 15.75
字数 242 千
版次 2018 年 11 月第 1 版
印次 2018 年 11 月第 1 次印刷
定价 45.00 元
ISBN 978 - 7 - 5049 - 9762 - 3
如出现印装错误本社负责调换 联系电话 （010）63263947

前　　言

习近平新时代中国特色社会主义思想明确提出，中国特色社会主义事业的总体布局是经济、政治、社会、文化、生态文明建设"五位一体"，强调我国必须始终坚持道路自信、理论自信、制度自信和文化自信。

文化自信是一个国家、一个民族发展中更基本、更深沉、更持久的力量。党的十九大报告指出，从现在到 2020 年是全面建成小康社会的决胜期，必须紧扣我国社会主要矛盾变化，统筹推进经济建设、政治建设、文化建设、社会建设和生态文明建设各项工作。从 2020 年到 2035 年，我国社会文明程度达到新高度，国家文化软实力显著增强、中华文化影响更加广泛深入。

发展文化产业是文化建设工作的重要组成部分。长期以来，我国各级政府对文化产业发展均给予了高度重视，中央政府制定了多项产业发展规划，地方政府也通过财政补贴等多种方式支持文化产业发展。与政府大力扶持形成鲜明对比的是，我国文化产业长期处于供给不能有效满足需求的发展困境之中。文化企业盈利能力不足，文化产品科技含量不高，文化产业发展水平不够，国家和民族的文化感召力不强。发达国家通过文化产品出口进行的价值观和意识形态输出，已经较为严重地威胁了我国的文化安全。因此，我国必须不断完善文化产业经济政策，合理分配财政资源、减轻企业税收负担，通过政府的妥善引导，促进文化企业创新、丰富文化产品供给、提高文化产业竞争力，有效维护国家文化安全。

推进文化产业供给侧结构性改革是推动文化产业持续发展的重要抓手。与西方"供给学派"相比，我国的供给侧结构性改革并非单纯侧重于对经济主体进行税收减免，而是通过改革的办法推进经济结构调整，提高全要素生产率，减少无效和低端供给，扩大有效和中高端供给，增强供给结构的灵活性和对需求变化的适应性。进而，文化产业供给侧结构性改革就是从供给端发力，通过强化政府制度供给能力，"化解过剩产能"、"降低企业成本"和"补齐发展短板"，最终提高文化产品质量和文化产业竞争力。

以实现文化产业供给侧结构性改革为出发点，本书围绕提高产品文化科技内涵、创新产品和服务供给方式、优化产业结构布局、促进产业融合发展等问题，分析了文化产业发展过程中政府与市场的关系，并提出了进一步优化文化产业财税政策的可能路径。本书各章主题和内容简介如下。

第1章为导论，描述了研究背景，阐明了研究的理论和现实意义，阐述了研究思路和研究框架，划定了研究涉及的行业范围，指明了研究的难点和可能的创新点。

第2章为文献综述，梳理了近年来文化产业财税政策的相关研究成果，主要涉及文化产业发展宏观和微观层面的影响因素、政府扶持文化产业发展的理论依据、文化产业财税政策目标和政策选择、文化产业财税政策的效果评估、文化产业财税政策的优化与完善等多个方面。综合前人研究成果可以得出，现有文化产业相关研究并未明确影响企业盈利能力的核心因素，对文化企业的经营行为缺乏足够的关注，更为重要的是，文化产业财税政策的相关研究没有分析财政税收措施对文化企业盈利能力和经营行为的影响，进而缺乏讨论政策有效性的微观基础。这为本书优化理论和实证分析指明了方向。

第3章搭建了文化产业供给侧结构性改革的理论体系。首先介绍供给侧结构性改革的目标和特征，以明确实现文化产业供给侧改革的可能路径，即满足文化消费需求、提高要素利用水平、整合文化价值链条和完善政府扶持方式，并在此基础上提炼出优化与完善文化产业政策体系必须处理好的三个关系。

第4章研究了影响文化产业发展的企业行为。实证结果显示，提升产品的科技水平和文化内涵是文化企业赢得市场青睐的唯一途径，平衡生产和研发的关系是文化企业加快创意变现速度的现实选择，文化企业应不断增加通用技术储备和人才积累，通过整合产业链条，实现创意价值的最大化。

　　第 5 章探讨了左右文化产业发展的政策选择。第 5 章前半部分通过梳理我国文化产业政策的演进历程，得出我国文化产业政策本质上是"选择型"的产业政策，各级政府普遍依靠行政方式和财税政策"选择性"地支持部分行业发展。文化产业财税政策具有财政支出主导资源配置、税收优惠措施较为单一等特点。以此为基础，第 5 章后半部分通过将财政补贴类型和税收优惠措施进行详细分类，实证检验了不同财税政策选择对文化产业发展的影响，得出"政府选择型"财政补贴和地方政府的财政补贴只能用于增加企业的收入，而并不能增加文化企业的创新能力；创新型文化企业税收负担较重，创新动力匮乏等重要结论。

　　第 6 章梳理了美国、法国、日本和韩国的文化产业政策。一个重要发现是，尽管各国在财税政策导向和具体措施方面存在较大差异，但其促进文化企业研发创新、提高文化企业盈利水平、丰富文化产品区域特色、维护国家文化安全的目标十分明确和无比坚定。

　　第 7 章在前文研究结论的基础上，明确了优化文化产业财税政策的主要目标是提升文化产品的供给质量、增强文化企业的盈利能力；明确了精品导向原则和市场导向原则是优化文化产业财税体系的基本原则。而后根据主要目标和基本原则提出了优化与完善文化产业财税政策体系的相关建议：央地支出结构调整方面，增加中央政府对文化企业研发创新、项目建设的补贴规模，适当减少地方政府对文化企业研发和项目建设的资助，增加各级政府对企业开发特色文化资源和培养文化专业人才的补助；财政支出方式的优化方面，应以激发企业创新活力、优化企业融资环境、加大人才培养和资源开发力度、推动产业链整合和扩大文化消费规模为导向，优化文化产业消费补贴、研发补助、项目资助、各类奖励等"政府选择型"支出方式，发展政府购买、文化产业投资基金、政社合作等"市场导向型"财政支出方式；在税收政策完善方面，增加推动文化产业科技研发、资本扩张、人才培育、资源开发和产品出口的财税政策措施。

　　简言之，本书的核心观点如下：第一，文化企业获得持久的盈利能力和强大的创新能力是文化产业供给侧结构性改革成功的重要标志。财政政策应向具有较强文化创新能力但盈利能力不足的文化企业倾斜，并加大对文化企业整合产业链的支持力度。第二，提升政府制度供给能力是推动文化产业供给侧结构性改革的重要抓手。应调整不同层级政府文化财政支出结构，增加中央财政对于文化科技创新和重大项目建设的补贴规模，加大地方财政对于特色资源开发和专业人才培养的补贴力度，以有效解决由资金总量不足、项目逆向选择和补贴短视性等原因造成的各级政府财政补贴效果不佳的问题。第三，发挥市场在资源配置中的根本作用是深化文化产业供给侧结构性改革的根本保障。应明确财政支出的"市场化"导向，优化"政府选择型"财政补贴模式，发展"市场导向型"财政支出方式，从而充分发挥市场在资源配置中的积极作用。

戴祁临

2018 年 11 月

Contents

目　录

第1章

导　论

1.1　研究背景与研究意义

1.1.1　研究背景

文化是一个国家、一个民族的灵魂。文化兴则国运兴，文化强则民族强。当今世界，文化地位和作用更加凸显，越来越成为民族凝聚力和创造力的重要源泉、越来越成为综合国力竞争的重要因素、越来越成为经济社会发展的重要支撑。没有高度的文化自信，没有文化的繁荣昌盛，就没有中华民族的伟大复兴。

促进文化产业发展是我国的国家战略。《国家"十三五"时期文化改革发展规划纲要》（以下简称国家"十三五"规划）中提出，加快发展文化产业，促进产业结构优化升级，提高规模化集约化专业化水平，促进文化产品和要素在全国范围内合理流动，促进文化资源与文化产业有机融合，扩大和引导文化消费，提高文化产业发展质量和效益。

文化产业发展是经济持续增长的重要支撑。近十年来，我国文化产业实现了较快增长，在国民经济中的份额逐步提高。2010年，全国文化产业增加值突破了1.1万亿元，占国内生产总值的比重为2.78%。按照平均增速估算，2016年我国文化产业的增加值占国内生产总值的比重将超过5%，初步达到成为支柱产业的标准。从国际上看，美国文化产业占GDP的比重约为31%，日本约为20%，欧洲各国平均水平在10%~15%，韩国超过15%，与这些国家相比，我国文化产业的发展潜力仍十分巨大。

发展文化产业是提高国家软实力的根本途径。从国际上看，世界多极化、经济全球化、文化多样化、社会信息化深入发展，文化在国际交往中的地位和作用更加凸显，中华文化的国际影响力持续扩大。同时，世界范围内各种思想文化交流交融交锋更加频繁，综合国力竞争更加激烈，文化安全形势更加复杂，提高国家文化软实力、增强国际话语权的任务日趋紧迫。

我国政府历来十分重视扶持文化产业发展。党的十八届三中全会提出深化文化体制改革，加快完善文化管理体制和文化生产经营体制，建立健全现代公共文化服务体系、现代文化市场体系等一系列目标。地方各级政府根据本地区文化产业现状和发展目标制定了详细的发展规划，出台多种帮扶政策，增支减税，为文化产业发展营造良好的制度环境。

供给侧结构性失衡制约着文化产业的持续发展。从文化产业、产品结构看，低端同质化文化产品存在过剩，中高端个性化产品相对匮乏；从产业结构看，传统文化产业比重较大，新兴文化业还需培育；从区域结构看，东中西差距较大，发展不平衡、不协调矛盾突出；从要素投入结构看，偏重物力人力，制度、科技、管理等创新要素重视不足。在文化产业增加值占 GDP 比重不断攀升、文化企业数量不断增加、文化产能不断扩张的背景下，文化产业增长模式陈旧、文化企业多而不强、文化产品附加值不高的问题始终存在。文化"十三五"规划中提出，当前人民群众不断增加的精神文化需要与落后的文化生产力之间的矛盾，是制约我国文化发展的主要矛盾。文化发展亟须瞄准"需求侧"改革"供给侧"，提高文化产品的供给质量，更好地满足人民群众的文化需求。

完善财税政策体系是文化产业供给侧结构性改革的重要抓手。应通过财税手段鼓励企业不断创新，推动产业结构优化升级；应通过财税手段引导各地根据资源禀赋和功能定位，走特色化和差异化发展之路，优化文化产业发展布局；应通过财税手段培育骨干文化企业，推动文化企业跨地区跨行业跨所有制兼并重组，培育健全各类文化市场主体；应通过财税手段改善消费条件、营造消费环境，着力扩大文化消费；应通过财税手段鼓励和引导社会资本进入文化产业，加快完善文化产业投融资体系；应通过财税手段鼓励和引导企业高效提供具有外部性和准公共物品属性的文化产品。总之，财税政策亟须瞄准文化产业发展的薄弱环节，构建精准、长效扶持机制，持续推动文化产业供给侧结构性改革。

1.1.2 研究意义

1. 理论意义

第一，有助于进一步丰富文化产业发展相关理论。本书从供给侧结构性改革视角出发，以文化产品供给必须能够满足文化消费需求作为逻辑起点，以文化企业收入和净利润最大化作为目标，研究要素投入、企业经营行为与企业收入之间的关系。要素投入方面，产品与服务的科技文化内涵是文化企业竞争力和盈利能力的核心影响因素，经营行为方面，企业应通过整合产业链条实现创意价值和盈利能力的最大化。

第二，有助于进一步理顺文化产业发展过程中政府与市场的关系。市场应在资源配置中起决定性的作用，文化产业政策尤其是文化财税政策应以培育文化市场主体、兼顾经济效益和社会效益为核心考量，在关键技术研发、文化资源开发、文化人才培养等存在市场失灵的领域充分发挥作用。

第三，有助于进一步理顺文化产业发展过程中各级政府之间的关系。充分发挥中央政府在推动文化创新、建设重大工程、引导发展趋势方面的核心作用，充分发挥地方政府在文化资源开发、文化人才培养方面的积极作用，进而转变政府职能，优化财政资源配置。

2. 现实意义

第一，有助于提高文化产品的供给质量和文化企业的盈利能力。文化企业不仅需要进行生产、传播和展示技术的研发创新，改善文化产品技术结构失衡的现状，还需要强化资源创新利用和文化创意设计能力，运用先进技术对特色文化资源进行现代化转化，进而有效提升产品供给质量。文化企业应在充分发掘文化创意价值的基础上，通过兼并重组获得规模经济、范围经济和协同效应，提高行业集中度，实现盈利能力的最大化。

第二，有助于优化文化产业财政政策导向和财政支出方式。文化产业财政政策应重点支持文化创新、人才培育、资本积累和文化消费，以市场化为导向，优化研发补贴、项目资助、绩效奖励方式，以间接支持为导向，发展政府购买文化服务、文化产业投资基金、政社合作模式，提高财政支出绩效，增强财政支出的针对性和有效性。

第三，有助于完善文化产业税收政策体系和税收优惠措施。通过继续推进"营改增"、实行行业差别税率、扩大税收优惠覆盖面等多种方式，构建公平合理的税收环境。通过不断丰富有助于激发创新活力、开发文化资源、培育文化人才、引导产品出口、拓宽融资渠道的税收优惠政策，鼓励新兴业态和中小企业发展。

1.2　概念界定与研究范围

1.2.1　文化产业的定义与范围

关于文化产业的定义，学术界一直以来就没有定论，一是因为文化产品与服务的种类不断丰富，科技水平日新月异；二是因为文化产品与服务的生产者逐渐复合化、多样化；三是因为产业链条纵向持续延伸和产业横向不断融合，文化产业化和产业文化使得文化产业与其他产业，尤其是信息和科技产业的边界日益模糊。因此本书首先需要在参考前人研究的基础上对文化产业进行定义。

1. 西方政府和学者的定义

从文化产品的角度进行定义。美国称之为娱乐产业或者版权产业。日本的日下公人将文化产业分为三类：生产和销售文化产品、以劳务形式出现的文化服务、向其他行业提供附加值。英国曼彻斯特大学大众文化研究所执行主任贾斯汀·奥康纳（Justin O'Conner）[①] 认为文化产业经营的是基本价值源于文化价值的符号性商品，包括电影电视广播、出版发行、建筑设计等传统文化产业和剧院、音乐厅、画廊、演出、博物馆等传统艺术产业。

从文化产品生产流通环节进行定义。联合国教科文组织的蒙特利尔文件将"文化产业"定义为"按照工业标准生产、再生产、储存以及分配文

---

① Justin O C, Mark A. The Cultural and Creative Industries：A Review of the Literature ［J］. Creative Partnerships，2008（3）：72－82.

化产品和服务的一系列活动"，是以文化产品和文化活动为主体对象，从事生产经营、开发建设和管理服务的第三产业。这一定义概括了文化产业的两个基本属性：文化性和产业性。韩国将文化产业定义为与文化商品生产、流通、消费有关的产业。英国伦敦经济和政治学院的安迪·C.普拉特（Andy C. Pratt）[1] 认为，文化产业生产体系（Cultural Production Industry System）包括内容制作创作、生产、再生产和交易四个链条环节，其中各种文化活动和文化产品互相存在联系，构成了一条拥有巨大扩张性和延展性的产业链条。

从文化产品生产机构进行定义。英国著名媒体理论家尼古拉斯·加纳姆（Nicholas Garnham）[2] 认为，文化产业指那些使用同类生产和组织模式的机构，如工业化大企业的社会机构，这些机构生产和传播文化产品和文化服务，如报纸、期刊和书籍的出版部门、影像公司、音乐出版部门、商业性体育机构等。

2. 我国政府和学者的定义

《文化部关于支持和促进文化产业发展的若干意见》（文产发〔2003〕38 号）中，将文化产业定义为从事文化产品生产和提供文化服务的经营性行业，其特征是以产业为手段发展文化事业，以文化为资源来进行生产经营，向社会提供文化产品和文化服务。

《中国文化产业蓝皮书》中提出，就其所提供产品的性质而言，文化产业可以被理解为向消费者提供精神产品或服务的行业；就其经济过程的性质而言，文化产业可以被定义为"按照工业标准生产、再生产、储存以及分配文化产品和服务的一系列活动"，现代文化产业实际上是一个巨大的"产业群"，它们建立于大规模复制技术之上，履行最广泛的传播功能，经过商业动机的刺激和经济链条的中介，迅速向传统文化艺术的原创和保存两个基础环节渗透：将原创变成资源开发，将保存变成展示，并将整个过程奠定在现代知识产权之上。

---

[1] Andy C P. Creative Cities：The Cultural Industries and the Creative Class. ［J］. Geografiska Annaler, 2008（2）：107 – 117.

[2] Nicholas Garnham. From Cultural to Creative Industries ［J］. International Journal of Cultural Policy, 2005（1）：15 – 29.

王德高等（2011）[①] 认为，文化产业是按照工业标准生产、再生产、储存及分配文化产品和服务的一系列活动，包括为社会公众提供文化、娱乐产品和服务的活动，以及与这些有关联的活动的集合。具体分为以下五大类：提供实物形态文化消费品、提供可参与选择的文化服务、提供文化管理研究服务、提供文化产品和服务所需要的设备以及工艺美术和设计活动。

花建（2002）[②] 认为，文化产业应该具有以下三个特征：第一，文化产业必须是提供文化产品和文化服务的大规模商业运作，通过市场化和商业化的组织形态，进行可持续的简单再生产和扩大再生产；第二，文化产业必须以追求利润最大化的企业为核心，在提升企业竞争力的过程中，不断提高文化生产和经营的效益；第三，文化产业的主体是一条以企业为主的协作链条，把艺术家、经纪人、生产商、销售商连接起来，使文化价值转化为商业价值，又以商业价值的实现过程促进了文化价值的传播。

本书将文化产业定义为：建立在大规模复制和传播技术之上的，依靠商业化和市场化运作，为社会公众提供能够按照一定标准生产、再生产、储存与分配的文化产品与服务的厂商群体，这些厂商不仅追求利润最大化，还需考虑其产品的社会效益。

需要注意的是，后文划定的文化产业范围中，新闻、报刊、广播、出版等行业具有较强的意识形态属性，部分电影电视产品和文化艺术服务具有一定的意识形态属性，部分电影电视、动漫游戏、休闲娱乐产品会对社会舆论和政治文化生态产生影响，因此这部分文化产品与服务的提供者必须妥善处理经济效益和社会效益之间的关系，以社会效益为先，兼顾经济效益。

3. 文化产业范围的界定

国家统计局《文化及相关产业分类（2012）》中将文化产业定义为社会公众提供文化产品和文化相关产品的生产活动的集合。国家统计局《文化及相关产业分类（2004）》中的划分方法是，文化产业核心层包括新闻、

[①] 王德高，陈思霞，卢盛峰. 促进中国文化产业发展的财政政策探析 [J]. 学习与实践，2011（6）：105－111.

[②] 花建. 产业界面上的文化之舞 [M]. 上海：上海人民出版社，2002.

出版、广播电影电视、文化艺术、文物及文化保护、博物馆、图书馆、群众文化服务等传统和公共文化行业，外围层包括网络、娱乐、旅游、广告、会展、旅行社、文化社团等新兴文化行业，相关服务层包括提供文化用品、文化设备生产和销售业务的行业。

参考国家统计局分类方法，并由前文的定义，首先从文化产业核心层中排除文物及文化保护、博物馆、图书馆、群众文化服务等具有纯公共物品属性和较大外部性的文化产品与服务，因为我国公共文化产品与服务一般都由财政拨款、文化事业单位生产提供，并非依靠市场化和商业化的方式提供。然后从外围层中排除文化研究与文化社团等公益性文化活动与服务，这些文化活动的供给主体没有逐利性，并不渴望获得利润。最后从外围层中排除旅行社服务、游览景区文化服务，这些服务活动并不是以大规模传播与复制技术为基础，不符合本书的定义。

因此，本书所研究的文化产业的范围包括新闻出版发行、广播电影电视、文化表演艺术、文化信息传播等传统文化行业，也包括文化创意、休闲娱乐、广告会展、动漫游戏、网络文化等新兴文化行业，还包括文化用品制造等文化相关行业（如图1－1所示）。本书划定的研究范围不仅能够代表学术界对文化行业分类的主流方法，而且与证监会A股上市公司分类标准中文化产业的分类也是基本相同的，从而为后文的实证分析打下基础。

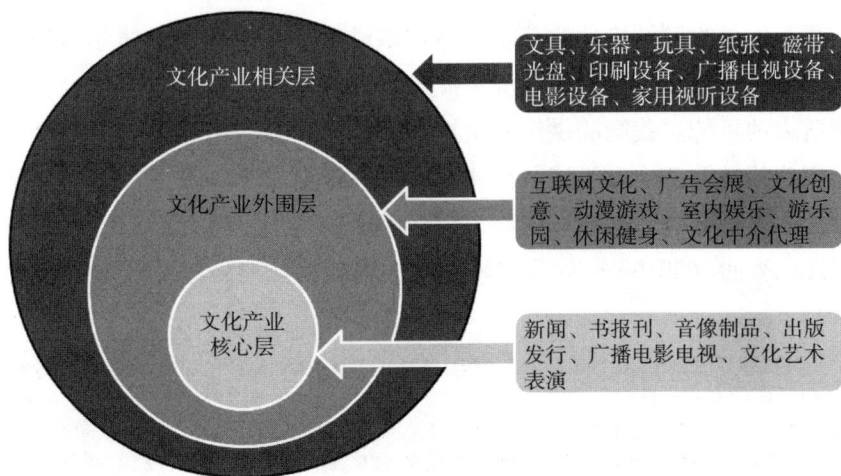

文化产业相关层

文化产业外围层

文化产业核心层

文具、乐器、玩具、纸张、磁带、光盘、印刷设备、广播电视设备、电影设备、家用视听设备

互联网文化、广告会展、文化创意、动漫游戏、室内娱乐、游乐园、休闲健身、文化中介代理

新闻、书报刊、音像制品、出版发行、广播电影电视、文化艺术表演

图1－1　文化行业分类

1.2.2 供给侧结构性改革

随着经济发展水平的提升，中等收入群体不断扩大，我国居民对产品品质、质量和性能的要求明显提高，多样化、个性化、高端化需求与日俱增。若是供给侧调整明显滞后于需求结构升级，居民对高品质商品和服务的需求难以得到满足，这将形成供给结构与需求结构不一致（任保平，2017)①。因此，从供给侧发力，解决消费品供给和需求错配问题具有可行性和必要性（师博，2017)②。

2015 年 11 月召开的中央财经领导小组第十一次会议上，我国决策层特别强调"着力加强供给侧结构性改革、着力提高供给体系质量和效率"，在学界内外引发广泛热议。"供给侧"经济学派（Supply – Side Economics)，可认为是在 19 世纪初"萨伊定律"的基础上发展而来的。"大萧条"之后凯恩斯主义对"萨伊定律"进行了几近全盘的否定；20 世纪 70 年代，"供给学派"重新兴起，紧接着又继续湮没于"凯恩斯主义复辟"的浪潮中；直至 2007 年美国次贷危机引发全球金融海啸，"供给侧"学派才又依靠各国"供给管理"政策而重新回归。"供给学派"的主要观点是，经济增长的唯一源泉在供给侧，增加供给的途径是经济刺激和投资，增加刺激的手段是减税，增加刺激的外部条件是减少政府对经济的干预（贾康、苏京春，2016)③。

我国的供给侧结构性改革政策与"供给学派"所提出的供给侧政策并不相同，并非单纯侧重于对经济主体进行税收减免，以达到激发经济主体供给活力的目的。我国的供给侧结构性改革，重点是解放和发展社会生产力，用改革的办法推进经济结构调整，提高全要素生产率，减少无效和低端供给，扩大有效和中高端供给，增强供给结构的灵活性和对需求变化的适应性。蔡昉（2016)④ 认为，凡是从供给侧增加生产要素供给数量和质

---

① 任保平. 供给侧结构性改革促进中国经济增长的路径与政策转型 [J]. 黑龙江社会科学，2017 (1)：46 – 51.

② 师博. 供给侧结构性改革与消费升级 [J]. 黑龙江社会科学，2017 (1)：52 – 56.

③ 贾康，苏京春. "供给侧"学派溯源与规律初识 [J]. 全球化，2016 (2)：30 – 54，132 – 133.

④ 蔡昉. 认识中国经济减速的供给侧视角 [J]. 经济学动态，2016 (4)：14 – 22.

量以降低生产成本，通过转变政府职能以降低交易费用，以及依靠提高全要素生产率保持产业与企业比较优势的政策调整和体制改革都属于结构性改革范畴。厉以宁（2017）① 认为，供给侧结构性改革最重要的目标是激发企业活力和技术创新的能力，创意也是创新的一种；供给和需求属于互动关系，供给必须满足消费的需要和变化。

1.2.3 科技创新与文化内涵

文化创新分为科技创新和文化内容创新。书中出现的文化科技，指的是与提供文化产品和服务相关的技术，不仅包括文化产品与服务的研发、设计、生产、传播和展示技术，还应包括商业模式和管理模式。研发、生产技术的创新能够创造新型文化产品、增加文化服务的吸引力，传播技术的更新能够提升文化传播辐射能力，展示技术的变化则会催生新兴文化业态。因此后文分析中提到的技术创新、研发创新是指文化产品研发、生产、传播、展示技术的创新。

文化内涵指的是文化产品与服务之中包含的文化观念、价值导向、审美情趣等。文化内涵反映的是人们精神和思想方面的内容。文化产品是否具有丰富的文化内涵是其能否产生文化感召力的重要影响因素。文化内涵来源于文化资源的创新利用和文化创意设计。文化资源创新利用指的是在充分发掘历史文化人物、著名历史事件、特色文化风俗和人文景观的基础上，通过影视作品、产业园区、虚拟现实等展示方式将传统文化资源进行现代化转化。文化创意设计指的是在充分借鉴古今中外优秀设计理念的基础上，将各民族的特色文化理念和作者天马行空的想象进行重新排列组合，使之充分地融合。无论是文化资源的创新运用还是文化创意设计，目标均是通过文化创新提高文化感召力。

1.2.4 产业政策与财政政策

1. 产业政策分类

产业政策是政府基于发展需要，通过多种政策手段使供给与需求相匹

---

① 厉以宁. 持续推进供给侧结构性改革 [J]. 中国流通经济，2017（1）：3 - 8.

配，以实现政府经济和社会目标的政策集合。本书参考周叔莲等（2008）[①]、Yilmaz（2011）[②] 的研究成果，将文化产业政策划分为"选择型"产业政策和"功能型"产业政策。此外，还可以按照产业政策的作用范围将其划分为"垂直型"产业政策和"水平型"产业政策，"垂直型"产业政策针对的是特定行业或者地区，而"水平型"产业政策对所有地区和行业均会发挥作用。尽管名称不同，但是依靠这两种分类方法划分出的产业政策存在明显的对应关系。

"选择型"产业政策以"经济发展论"作为出发点，目标是推动特定产业、行业或者地区的发展。"选择型"产业政策是指带有倾向性的支持特定产业发展的政策措施集合，包括制定有关规模、设备、工艺、所有权等行业准入标准，制定有利于行业发展的法律，保护扶持大型企业并限制市场竞争等。政府通过实施"选择型"产业政策直接干预市场运行，以政府判断代替市场机制发挥作用。

"功能型"产业政策以"市场不足论"为出发点，目标是使市场机制更好地发挥作用。"功能型"产业政策是指政府通过加强各种基础设施建设（广义的基础设施包括物质性基础设施、社会性基础设施和制度性基础设施），推动和促进技术创新和人力资本投资，维护公平竞争，降低社会交易成本，创造有效率的市场环境，使市场功能得到发挥的产业政策。

根据中共中央、国务院历年发布的文化产业发展规划中产业政策目标的不同将其划分为扩大产业规模、调整结构布局、推动科技创新、培育市场主体、完善要素市场和完善产品市场六大类。将前三类文化产业政策划入"选择型"产业政策范畴，后三类文化产业政策划入"功能型"产业政策范畴。六大产业政策包含的侧重点如表 1 - 1 所示。

---

① 周叔莲，吕铁，贺俊. 新时期我国高增长行业的产业政策分析 [J]. 中国工业经济，2008（9）：46 - 57.

② Yilmaz G. Resurgence of Selective Industrial Policy：What Turkey Needs. Working Papers，2011.

表 1 - 1　　　　　　　　　六大类文化产业政策的目标和侧重点

"选择型"产业政策		
扩大产业规模	调整结构布局	促进科技创新
（1）发展重点产业 （2）建设重大项目 （3）鼓励兼并重组	（1）维护国有企业主体地位 （2）建设产业园区基地 （3）建设产业带和产业群 （4）促进区域协调发展 （5）传统产业技术改造 （6）文化与相关产业融合	（1）发展特色产业 （2）发展新业态 （3）发展新型传播方式 （4）开发新型研发技术 （5）开发新型生产技术 （6）开发新型展示技术
"功能型"产业政策		
培育市场主体	完善要素市场	完善产品市场
（1）事业单位转企改制 （2）国有企业法人改造 （3）扶持龙头企业 （4）培育小微企业 （5）培育战略投资者 （6）引入民营资本	（1）完善人才市场 （2）完善资本市场 （3）完善技术市场 （4）发展中介组织 （5）发展行业组织	（1）引导文化消费 （2）鼓励产品出口 （3）发展流通组织 （4）建设物流中心 （5）发展连锁经营 （6）发展电子商务

2. 财政政策分类

文化产业财政支出按照支出方式的不同可以划分为"政府选择型"财政支出与"市场导向型"财政支出两种类型，"政府选择型"财政支出包括项目补贴、研发补助、政府奖励等，"市场导向型"财政支出包括政府购买、财政贴息、财政注资成立产业投资基金、财政出资成立贷款担保基金、政社合作模式等。财政支出按照政府层级可以划分为中央政府支出、省及以下地方政府支出。

本书实证部分在分析财政补贴对文化企业盈利能力和创新能力的影响时，使用的是 2004—2016 年文化上市公司财政补贴与税收返还数据，其中财政补贴各类名目分别为项目资助、技术补助、政府奖励、产业发展专项资金、人才补助、贷款贴息和贸易补贴，财政补贴尤其是专项资金的审批流程大都为"企业申请—政府资助"。前四项支出较为依赖政府的判断和选择，尤其是各级政府成立的文化产业发展专项资金，支持的均为重大项目，因此将其归类为"政府选择型"支出。与之相比，后三类支出更多地取决于企业获取要素和出售产品等市场行为，因此将其归类于"市场导向型"支出。需要说明的是，由于本书将我国文化产业政策划分为"选择型"产业政策和"功能型"产业政策，因此"政府选择型"财政支出与"选择型"产业政策密切相关，而"市场导向型"财政支出是"功能型"产业政策的重要组成部分。

1.3 研究思路与方法

1.3.1 研究思路

本书以文化产业发展供给侧结构性失衡、文化产品不能有效满足文化需求为出发点，以完善文化产业财税政策体系为目标，以切实增强文化企业内生增长能力为导向，研究现有文化产业财税扶持政策存在的问题，并提出具有针对性的改革方案。研究围绕"科技研发和文化内涵不足导致文化产业供给侧结构性失衡"，首先证明产品的科技含量和文化内涵是文化企业盈利能力强弱的决定性因素，然后评估产业政策尤其是财税政策对文化企业开发具有新颖创意和丰富内涵的文化产品的影响，最后提出财税政策优化建议。具体步骤包括：（1）在梳理相关理论研究的基础上，探寻决定文化企业竞争力和文化产业发展水平的核心要素，对产品技术水平和文化内涵对文化企业盈利能力的影响进行实证检验；（2）整理我国不同时期文化产业政策的目标和侧重点，重点梳理我国文化产业财税政策的目标与具体措施，分析文化产业财税政策是否有效地促进了文化企业内生增长能力的提高，并进行实证检验；（3）从增强优质文化产品供给能力、强化文化企业竞争力的角度出发，结合我国国情，并根据实证分析得出的"财政支出效果不佳""税收优惠方式单一"的结论，提出文化产业财税扶持政策优化的框架与路径，包括调整政府支出结构和支出方向、变"政府选择型"财政支出为"市场导向型"财政支出、丰富税收优惠手段以充分发挥市场机制在资源配置中的决定性作用。

1.3.2　逻辑框架

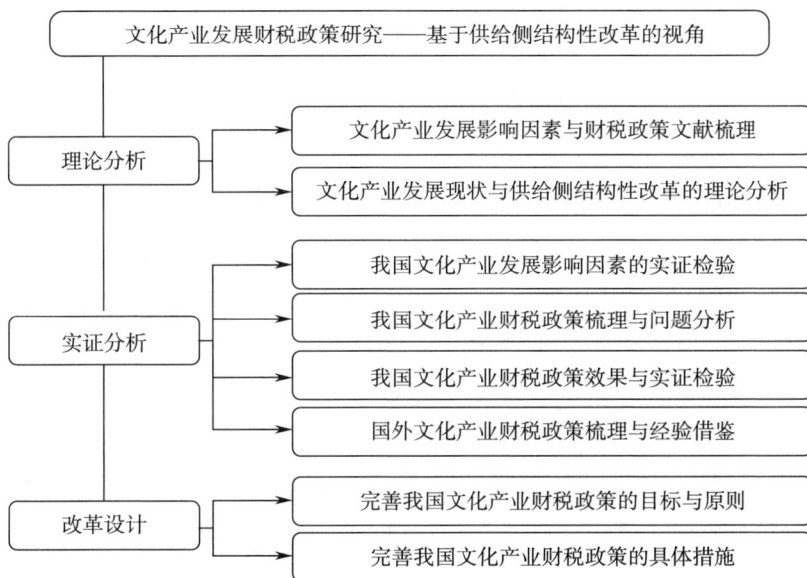

图1-2　供给侧结构性改革视角下促进我国文化产业发展财税政策研究的逻辑框架图

1.3.3　章节安排

本书共分为七章，第1章为导论，主要描述了研究背景，阐明本书的理论和现实意义，阐述研究思路和研究框架，划定研究的行业范围，指明本书研究的难点和可能的创新点。

第2章为文献综述，梳理近年来文化产业财税政策的相关研究成果，包括文化产业发展宏观和微观层面的影响因素、政府扶持文化产业发展的理论依据、文化产业财税政策目标和政策选择、文化产业财税政策实施效果评估、文化产业财税政策的优化与完善，在综合前人研究成果的基础上，分析现有研究的不足，进而提出本书的研究方向。

第3章是供给侧结构性改革视角下文化产业发展的理论分析。介绍供给侧结构性改革的目标的特征，明确文化产业供给侧改革的实现路径，以及优化与完善文化产业政策体系必须处理好的三个关系。

第 4 章是文化产业发展影响因素的实证分析。主要讨论文化企业研发创新、扩张资本规模、整合产业链等行为对企业盈利能力产生的影响，并实证检验决定文化企业盈利能力的核心因素。实证结果显示，提升产品的科技水平和文化内涵是文化企业赢得市场青睐的唯一途径，平衡生产和研发的关系是文化企业加快创意变现速度的现实选择。此外，文化企业还应不断整合产业链条，实现创意价值的最大化。

第 5 章是财政与税收政策对推动文化产业发展的实证分析。通过梳理我国文化产业政策的演进历程，得出我国文化产业政策本质上是"选择型"的产业政策，政府依靠行政方式和财税政策"选择性"地支持某些行业发展。财税政策作为"选择型"产业政策的组成部分，具有财政支出主导资源配置、税收优惠措施较为单一等特点。通过将财政补贴和税收优惠措施分类的方法实证检验不同财税政策工具对文化产业发展的影响，得出"政府选择型"财政补贴和地方政府的财政补贴并不能增加文化企业的创新能力而只能用于增加企业的收入，创新型文化企业税收负担较重等几个重要结论。

第 6 章是发达国家文化产业政策的经验借鉴。通过梳理美国、法国、日本和韩国的文化产业政策后发现，尽管发达国家政府大都对文化产业给予多种税收优惠，但是在财政政策导向和具体措施上却存在较大的差异。例如美国政府就没有运用财政政策直接支持文化产业发展，且法国、日本和韩国通过财政政策支持文化产业的力度也是不同的。尽管如此，各国的政策选择还是能够为我国优化文化产业财税政策体系提供经验借鉴。

第 7 章是供给侧结构性改革视角下文化产业财税政策的优化与完善。首先，明确了提升文化产品的供给质量、增强文化企业的创新能力是优化文化产业财税政策体系的主要目标。其次，阐明了精品导向原则和市场导向原则是优化文化产业财税政策体系的基本原则。最后，根据主要目标、基本原则提出了优化完善文化产业财税政策体系的具体建议，包括增加中央政府财政支出规模，调整地方政府财政支出结构；财政支出应以激发企业创新活力、优化企业融资环境、加大人才培养和资源开发力度、推动产业链条整合和扩大文化消费规模为导向，优化消费补贴、研发补助、项目资助、各类奖励等"政府选择型"财政支出方式，发展政府购买、文化产业投资基金、政社合作等"市场导向型"财政支出方式,不断丰富文化产业税收优惠措施。

1.3.4 研究方法

在对国内外文献梳理的基础上,本书采用了规范分析、实证分析与比较分析等研究方法对文化产业财税政策的完善进行研究。规范分析方面,主要运用迈克尔·波特产业竞争力"钻石模型"中的要素竞争力理论,分析促进文化产业发展的核心要素;在梳理我国文化产业财税政策的基础上,结合供给学派经济理论,探讨如何通过财税手段,在增加生产要素供给质量、促进文化企业快速发展的同时,提高文化产品供给质量,不断满足文化市场消费需求。实证分析方面,通过收集、整理、分析数据,为现状描述与问题分析提供支撑;构建包含财税政策变量在内的文化企业生产函数,并使用计量经济学方法对影响文化企业发展和财税政策实施效果的因素进行经验性分析,作为提出政策建议的重要参考。比较分析方面,主要用比较分析法对比国内外文化产业政策和财税政策差异,包括基本制度、政策目标、政策手段和政策效果等,为我国文化产业财税政策优化完善提供借鉴。

1.4 研究的重点、难点、创新与不足

1.4.1 研究重点

第一,本书以供给侧结构性改革为切入点研究文化产业财税政策的改革问题,从系统论的高度探索财税政策改革中应处理好的关系,针对改革中存在的困难和问题提出总体框架和具体方案。

第二,本书对文化企业生产研发行为进行了分析,探讨了文化企业投入与产出之间的关系,研究了决定文化企业竞争力的核心要素,并对这三个问题进行了实证检验。

第三,本书对现有文化产业财税政策的目标、侧重点与政策措施进行了系统性的梳理,通过构建财政补贴与税收优惠细分项变量,将不同财税

政策手段纳入分析框架，并对不同类型的财政补贴与税收优惠对文化企业生产研发和盈利能力的影响进行了实证检验。

1.4.2　研究难点

第一，文化产业发展的影响因素较多，企业要素投入、产业链整合、区域集聚情况、政府的财政税收与金融政策、地区的经济发展水平等均会对文化产业发展造成影响。将各类因素对企业发展的影响纳入统一的分析框架，并探究影响因素之间的关系，是十分困难甚至不可能的。因此，本书只能通过理论梳理，从企业微观视角出发，选择最有可能对企业发展产生影响的变量，并对其进行分析。

第二，文化产业相关数据十分匮乏，《中国文化及相关产业统计年鉴》从 2013 年才进行数据统计；《中国文化文物统计年鉴》在 2004 年和 2012 年前后数据口径存在巨大差异，且衡量文化产业发展的诸如地区增加值、增长率数据只统计到 2009 年，数据质量较差，不利于从总体上判断文化产业发展情况，也不利于实证检验的进行。因此，只能选用文化上市公司相关数据进行分析，但又面临财税数据缺失、样本总量过小等问题。

1.4.3　研究的创新点

第一，本书从企业微观角度出发分析了生产要素投入和产业链条整合对文化企业盈利能力的影响。现有研究在要素投入方面取得了大量成果，而本书在此基础上将整合产业链条等企业经营行为纳入分析框架，并实证检验其对企业盈利能力的影响。本书的研究表明，文化企业盈利能力与其产品的文化及科技含量存在正"U"形的相关关系；跨行业经营的文化企业具有更强的盈利能力。文化企业应在生产和研发中求取平衡，既要提高经营绩效，又要提高内生增长能力；文化企业应在提高其产品文化与科技含量的基础上，通过整合产业链条实现创意价值的最大化。财政政策应向具有较强文化创新能力但盈利能力不足的文化企业倾斜，并加大对文化企业整合产业链的支持力度。

第二，本书分析了不同层级政府提供的财政补贴对文化企业盈利水平和创新能力的影响。现有文献较为缺乏对不同层级政府财政补贴效果差异性的分析。而本书的实证结果表明，中央政府的财政补贴既不能增加文化企业收入，也难以提高其创新能力；地方政府的财政补贴只能增加文化企业的收入，未能促进企业进行文化创新。由于存在资金总量不足、项目的逆向选择问题，中央政府财政补贴效果不佳；由于存在企业规模偏好、企业收入偏好、短视性、项目的逆向选择和道德风险问题，地方政府财政补贴只能增加企业收入而不能提高其创新能力。

第三，本书提出应完善"政府选择型"财政支出方式，发展"市场导向型"财政支出方式，发挥市场机制在资源配置中的积极作用。现有文献并未对财政支出方式不同造成扶持效果存在差异性的问题进行研究。而本书的研究结果表明，由于存在逆向选择和道德风险问题，以研发补贴、项目资助、各类奖励为主要支出方式的"政府选择型"财政支出只能增加文化企业收入，难以提高文化企业的创新能力。由于存在规模不足问题，以人才补贴、贸易补贴、贷款贴息为主要支出方式的"市场导向型"财政支出效果不佳。

1.4.4　研究存在的不足

本书研究存在以下不足：第一，受限于文化产业宏观数据的可获得性，本书只能采用文化上市公司数据。因此实证结论可能存在由于样本选择导致的偏误，并不能全面反映产业规划的侧重点与财税政策的扶持效果。第二，由于缺乏实务经验，本书只能以建议性的方式提出税率和税额优惠措施。

第2章

文献综述

2.1 文化产业发展影响因素的相关研究

2.1.1 产业层面影响因素的相关研究

1. 要素投入与全要素生产率

熊彼得[①]将"发展"定义为"执行新的组合",包括实现新组织、运用新生产方法、生产新产品、开辟新市场与原材料控制。亚当·斯密[②]认为文化产业发展是经济繁荣的结果。向勇和喻文益(2011)[③] 认为,文化产业发展是经济增长的原因而不是结果。

马箭和陈子华(2014)[④] 认为,从宏观层面来看,产业增长主要有三个决定性因素,分别是技术进步、要素投入增加和效率的提高。郭国锋和郑召锋(2008)[⑤] 认为,与其他产业类似,文化产业的发展同样离不开人力、资本、政府、科技和文化资源一系列投入,文化产业发展与人力资本、物质资本要素投入存在长期的均衡关系(马箭和陈子华,2014)。

郭国锋、郑召锋(2008)采用主成分分析法分析中部六省份文化产业

---

① 约瑟夫·A. 熊彼得. 经济发展理论 [M]. 北京:文献出版社,2005.

② 亚当·斯密. 国民财富的性质和原因的研究 [M]. 北京:文献出版社,2005.

③ 向勇,喻文益. 基于全要素生产率的文化创意与国民经济增长关系研究 [J]. 福建论坛(人文社会科学版),2011 (10):27-33.

④ 马箭,陈子华. 人力资本、物质资本对文化产业增长影响的实证研究 [J]. 财经理论与实践,2014 (5):108-114.

⑤ 郭国峰,郑召锋. 我国中部六省文化产业发展绩效评价与研究 [J]. 中国工业经济,2009 (12):76-85.

现状得出：人力、资本、政府等各类基础投入以及科研、教育等各类投入均会影响文化产业的发展，人力、资本等基础投入对产出效益存在直接与间接影响，且大于教研投入对产出的影响，我国各省市基本依靠增加要素投入作为文化发展的主要路径。马箭和陈子华（2014）认为，在短期内，资本积累和储蓄率提高能够影响经济增长，但从长期来看，技术进步才是文化产业增长的决定性因素。

与传统产业不同，文化产业着重强调人"智力产出"劳动成果的市场化或者社会化，是典型的来自于人、服务于人的情智产业，具有低能耗、无污染的特征（王德高等，2011）。文化产品能够激发社会灵感，文化企业需要依靠人才优势、灵活的经营策略和先进的技术才能占领市场（向勇和喻文益，2011）。弗里德曼[①]认为，社会生产力可以划分为人类生产力和非人类生产力，资本主义的显著特征是人力资本投资在投资中所占的比例越来越大。

Robert（1956）[②] 认为。生产函数中不能用劳动和资本投入解释的产出余值，即产出增长率超过要素投入增长率的部分被命名为全要素生产率（TFP）。全要素生产率常常被用来衡量要素利用水平和企业生产能力。向勇和喻文益（2011）认为，全要素生产率可以划分为专利等无形技术（Intangible Technologies，INT）、企业文化和企业家精神等产业组织与管理技术（又称资产负债表外管理投入，Management Input Over Balance Sheet，MIO）、文化创意与思想（又称资产负债表外的文化创意，Cultural Creative Over Balance Sheet，CCO）。

王家庭和张容（2009）[③] 运用 Fried 等（2002）[④] 提出的三阶段 DEA 模型，采用 2007 年文化产业数据分析文化产业投入产出效率。文化投入包

①　米尔顿·弗里德曼. 价格理论 ［M］. 北京：文献出版社，2005.

②　Robert M S. Technical：Change and Aggregate Production ［J］. Review of Economics and Statistics，1956（37）：312 – 320.

③　王家庭，张容. 基于三阶段 DEA 模型的中国 31 省市文化产业效率研究 ［J］. 中国软科学，2009（9）：75 – 82.

④　Fried H O，Lovell C A K，Schmidt S S，Yaisawarng S. Accounting for Environmental Effects and Statistical Noise in Data Envelopment Analysis ［J］. Journal of Productivity Analysis，2002（17）：157 – 174.

括文化产业资产、从业人数，产出则包括文化营业收入和增加值。蒋萍和王勇（2011）[①] 采用超效率 BCC – DEA 三阶段模型，以资本、从业人员数、法人单位数为投入指标，以营业收入和增加值为产出指标进行 DEA 分析。实证研究结果表明，全要素生产率的提高会对文化产业发展产生正向影响。戴祁临和安秀梅（2016）[②] 的研究结论与之相似。

2. 财政支持与文化体制改革

向勇和喻文益（2011）、蒋萍和王勇（2011）认为，政府的财政支持和文化体制改革措施会影响文化企业发展。

袁海和吴振荣（2012）[③] 的实证分析表明，各地区建设文化产业园区，增加产业集聚的初衷是好的，但是效果并不明显；财税支持优惠措施更为丰富，更早进行文化体制改革的东部地区文化企业效率更高。王德高等（2011）认为，政府应该在厘清政府和市场边界的基础上，以弥补市场失灵为导向，增加财政文化支出，在拓宽企业融资渠道，培养文化产业人才，争夺文化话语权方面发挥更大的作用，并建立相应的绩效考核标准。黄永兴和徐鹏（2014）[④] 以资本、从业人员数量作为投入，以营业收入和增加值作为产出，采用 Bootstrap – DEA 分析文化企业生产效率；采用 DEA – Tobit 模型，以市场需求、人员报酬、文化企业占比、人力资本和交通设施水平以及财政支持等变量作为影响因素分析文化企业产生效率差异的原因；分别采用空间滞后（SDM）和空间误差模型（SEM）分析了邻近区域文化产业政策的影响，得出财政支持是影响文化企业发展的决定性因素。

金雪涛和潘苗（2013）[⑤] 构建了包含基本支出、项目支出、经营支出等财政支出项的文化产业柯布—道格拉斯生产函数，回归结果表明，项目

① 蒋萍，王勇. 全口径中国文化产业投入产出效率研究——基于三阶段 DEA 模型和超效率 DEA 模型的分析 [J]. 数量经济技术经济研究，2011（12）：69 – 81.

② 戴祁临，安秀梅. 公共文化传播效率评价与影响因素研究 [J]. 云南社会科学，2016（6）：145 – 150，184.

③ 袁海，吴振荣. 中国省域文化产业效率测算及影响因素实证分析 [J]. 软科学，2012（3）：72 – 77.

④ 黄永兴，徐鹏. 中国文化产业效率及其决定因素：基于 Bootstrap – DEA 的空间计量分析 [J]. 数理统计与管理，2014（3）：457 – 466.

⑤ 金雪涛，潘苗. 我国文化产业公共财政投入的绩效分析与对策选择 [J]. 经济与管理，2013（6）：76 – 80.

支出对产业发展的推动作用最大，我国文化产业财政支出存在总量不平衡、结构不均衡、区域不均衡等问题。周莉等（2015）[1] 认为，财政分权对文化产业发展存在一定的阻碍作用。蒋萍和王勇（2011）认为，政府支持方式和方向的不恰当会阻碍文化企业提升技术效率。Vitkauskaite（2015）[2] 认为，政府支持是一把双刃剑，管制过严会阻碍文化产业发展。

3. 区域经济发展与市场化水平

向勇和喻文益（2011）认为，经济发展水平、产品需求、市场结构也会左右文化企业的发展。黄永兴和徐鹏（2014）认为，文化消费水平、文化人员报酬、文化企业占比、人力资本和基础设施水平均会左右文化企业的发展环境；宏观环境不同，企业的发展水平也不尽相同。马萱和郑世林（2010）[3] 分别采用 CCR – DEA 和 BCC – DEA 两种方法，以资本和人力作为投入变量，以增加值为产出变量，分析我国文化产业发展效率的省级差异，进而得出我国文化产业效率不断提高、区域差距加大等结论。蒋萍和王勇（2011）以人口受教育程度、城市化率、人均 GDP 作为经济发展影响因素，文化事业机构作为文化体制因素，文化财政支出作为政府因素，专利申请作为科技因素进行 SFA 分析后得出文化企业的生产效率不仅受到自身投入与经营水平的影响，也会受到经济发展水平、产品需求、市场结构、政府支持等一系列企业不可控因素的影响。

马跃如等（2012）[4] 的分析表明，市场化程度会影响文化产业发展。郑春荣（2010）[5] 认为，我国文化企业竞争力不足，是因为多个文化领域受到行政权力的支配。王德高等（2011）同样认为，市场机制不完善，条块分割与行业壁垒的存在使得文化产业社会化、市场化程度不高，市场并

① 周莉，王洪涛，顾江. 文化产业财政投入的经济效应——基于 31 省市面板数据的实证分析 [J]. 东岳论丛，2015 (7)：71 – 77.

② Vitkauskaite I. Cultural Industries in Public Policy [J]. Journal of International Studies, 2015 (1)：208 – 222.

③ 马萱，郑世林. 中国区域文化产业效率研究综述与展望 [J]. 经济学动态，2010 (3)：83 – 86.

④ 马跃如，白勇，程伟波. 基于 SFA 的我国文化产业效率及影响因素分析 [J]. 统计与决策，2012 (8)：97 – 101.

⑤ 郑春荣. 我国文化产业发展面临的问题与公共政策探讨 [J]. 税务研究，2010 (7)：17 – 22.

未在资源配置中起决定性的作用。焦德武（2010）[①] 运用产业组织理论的"S – C – P"即"市场结构、市场行为、市场绩效"范式对安徽文化产业现状进行了深入分析。对市场结构的分析表明，安徽文化产业市场集中度不高、区域集中度较高，行业横向（不同细分行业）和纵向（产业链整合）差异化较为明显，经济壁垒逐步取代政策壁垒成为民营企业进入文化产业的主要障碍；对市场行为的分析表明，文化龙头集团和支柱产业正在逐步形成，集聚效应显现，民营文化企业发展迅速；对市场绩效的分析表明，通过技术创新和实现规模经济是文化企业获得利润的重要途径。

陶喜红（2008）[②] 认为，新闻、出版、印刷、发行、广告等文化产业各个环节几乎都存在规模经济壁垒。例如一份报纸发行量很大，市场占有率很高，其长期平均成本就会下降。此外由于资产共用的高经济性，媒介各环节纵向一体化将带来可观的经济收益，则生产者相对于竞争者更容易制定较低的广告费用和发行价格等低价策略，这对于竞争者将是不易突破的规模经济壁垒。此外，由于市场文化需求的不确定性和部分文化产品之间的低可替代性，在位文化企业通过制定内容、广告、促销、公关等一系列经营策略，容易培养起忠诚的客户群体，新进文化企业因此将面对高产品差异性壁垒。在位企业更容易获得固定资产、信息资源，新进企业则会受到其绝对成本优势的压制。较高的结构性壁垒容易使在位者失去创新动力，且不利于文化产业多元化发展和文化多元需求的满足。

4. 城市化与科技教育水平

各地区城市化与教育水平存在差异。肖卫国和刘杰（2014）[③] 采用DEA – Tobit 两阶段模型实证得出经济发展水平、城市化率、金融发展水平和教育水平是中部地区文化产业效率的影响因素。王家庭和张容（2009）的结论与之类似，地区经济发展水平、科技水平、人口受教育程度提高了文化企业的全要素生产率，但是城市化率、体制改革、财政支持对文化产业效率存

---

① 焦德武. 市场结构、行为与绩效：安徽文化产业现状研究 ［J］. 江淮论坛, 2010 (4)：54－59.

② 陶喜红. 传媒产业结构性进入壁垒探析 ［J］. 新闻界, 2008 (4)：10－12.

③ 肖卫国, 刘杰. 文化产业资源配置绩效评价研究——以中部地区为例 ［J］. 当代经济研究, 2014 (3)：61－66.

在负向影响。

2.1.2　企业层面影响因素的相关研究

1. 人力资源与文化创新

张洁（2013）[①] 将文化产业的技术分为制造、展示和传播三种类型，将文化技术创新分为渐进型、空缺型、结构型和根本型四种类型。张洁（2013）认为，文化企业依托结构型和根本型创新，将过去不能产业化的文化产品迅速市场化是近年来文化产业迅速发展的重要原因。此外，张仁寿等（2011）[②]、韩顺法和郭新茹（2012）[③] 认为，文化企业还能够通过技术创新向制造业的设计研发、生产销售等环节渗透，延长产业链条，丰富产品的文化价值。

刘畅和赖柳华（2014）[④] 以文化上市公司总资产、营业成本、管理费用、劳动者报酬作为投入变量，以企业营业总收入和净利润为产出变量，分析了我国文化企业的生产效率。郭淑芬等（2013）[⑤] 以文化上市公司资本和营业成本为投入变量，以净利润和营业收入为产出变量，结合超效率 DEA – Mamlquist 指数方法分析 2011—2012 年我国 30 家文化上市公司投入产出效率，结论是我国文化上市公司技术进步速率较低，效率的提升更多依赖技术效率的提高。因此，文化创意企业可以通过深化人力资本、生产知识和提升创新能力等多种途径实现内生性增长以及经济效率的提升。值得注意的是，栾强等（2016）[⑥] 的研究结果表明，文化企业效率与人力资本之间并不是单调的正向关系，人力资本的过度投入会导致投入产出不

① 张洁. 技术创新与文化产业发展 [J]. 社会科学，2013（11）：36 – 45.

② 张仁寿，黄小军，王朋. 基于 DEA 的文化产业绩效评价实证研究以广东等 13 个省市 2007 年投入产出数据为例 [J]. 中国软科学，2011（2）：183 – 192.

③ 韩顺法，郭新茹. 我国文化创意产业对全要素生产率影响的计量分析 [J]. 统计与决策，2012（24）：95 – 97.

④ 刘杨，赖柳华. 中国文化上市企业全要素生产率研究 [J]. 经济与管理研究，2014（7）：123 – 127.

⑤ 郭淑芬，郝言慧，王艳芬. 文化产业上市公司绩效评价——基于超效率 DEA 和 Malmquist 指数 [J]. 经济问题，2014（2）：75 – 78.

⑥ 栾强，罗守贵，方文中. 文化产业生产率与高学历人力资本——基于上海市文化企业的实证研究 [J]. 经济与管理研究，2016（9）：62 – 68.

匹配。

2. 企业规模与融资约束

袁海和吴振荣（2012）认为，文化企业想要获得更好的发展，必须增加企业规模。郭淑芬等（2013）同样认为，增加企业规模、整合产业链条是文化上市公司发展的必由之路。蒋萍和王勇（2011）认为，我国文化企业效率不高的原因在于企业规模偏小与资源重复配置。池建宇、姚林青（2010）[①] 认为，与英美两个发达国家相比，我国文化产业人均资本过低，缺乏技术创新，因而产出水平不高。通过增加资金投入和提高全要素生产率可以弥补资本不足的劣势。束义明（2011）[②] 通过主因子分析法得出影响文化上市公司经营绩效的因素有实业资本、人力资源、无形资产、激励约束机制等因素，但是企业盲目扩大经营规模和多元化经营不利于企业发展。

郑春荣（2010）认为，我国文化产业规模小、竞争力弱，产业规模化和集约化程度低；营业收入单一，未形成完整产业链条；经济效益不高，缺乏龙头企业和知名品牌。王德高等（2011）同样认为，当前制约我国文化产业发展的重要原因一是资金匮乏，文化投资风险大，企业融资渠道单一，财政资金优先支持国有企业，大量中小企业和处于发展初级阶段的企业融资困难；二是市场机制不完善，条块分割与行业壁垒的存在使得产业社会化、市场化程度不高，市场并未在资源配置中起决定性的作用。

李华成（2011）[③] 将文化产业投融资分为文化产业投资和融资两个部分，投资是指投资者将资本投入文化产业并获取利润的过程，投资又包括直接投资和间接投资，前者是投资人直接经营或者控股文化公司，而后者投资人并不参与公司经营。融资是指企业资金筹集行为和过程，分为债权性融资和股权性融资。与其他企业相比，文化企业融资相对困难。

---

① 池建宇，姚林青. 中国文化产业劳动生产率的国际比较——基于与英美两国之比较 [J]. 中央财经大学学报，2010（11）：75 – 79.

② 束义明. 我国传媒上市公司经营绩效评价及实证研究 [J]. 出版发行研究，2011（1）：15 – 19.

③ 李华成. 欧美文化产业投融资制度及其对我国的启示 [J]. 科技进步与对策，2012（7）：107 – 112.

第一，市场不确定性使得企业进入文化产业面临着较大的风险。与其他物质化产品相比，由于市场的不确定性和文化产品的意识形态属性，文化投融资面临的商业风险和政策风险相对更大（李华成，2011）。林丽（2011）[①] 认为，由于文化产品并非生活必需品，其需求的价格弹性和收入弹性较大，容易受到经济波动的影响，投资机构对于文化产业投资意愿较低。张凤华和傅才武（2013）[②] 认为，行政性壁垒和体制壁垒造成文化产业收益不确定和"国强民弱"的局面，进而导致资本进入意愿不足以及资金的"国有企业偏好"。郑春荣（2010）认为，文化创新容易失败、知识产权确权和保护难度大导致文化企业融资困难，且政府管理体制改革和行业中介组织发展水平滞后。

第二，企业轻资产特点使得文化企业较难获得间接融资。林丽（2011）认为，文化企业具有的轻资产性质，使得多数文化企业很难从银行直接获得信贷资源；龙头企业更容易获得银行青睐，得到更多的信贷支持，中小企业间接融资量不足；文化管理体制条块分割，导致投融资困局加剧。此外，缺乏中介组织是文化企业难以获得间接融资的重要原因。刘金林（2013）[③] 认为，我国文化投融资市场较为缺乏相应的行业协会商会，导致文化产业信息不对称；缺乏担保和再担保机构；缺乏全国性的知识产权交易平台和文化产品交易市场，文化产品确权、评估、交易与变现机制不完善。林丽（2011）同样认为，资产评估体系不健全，缺乏知识产权、版权和未来收益质押贷款等贷款模式，产权交易平台的价格发现和信息聚集能力缺失，使得银行缺乏贷款意愿。

第三，融资成本过高导致文化企业不易获得直接融资。林丽（2011）认为，文化企业上市难度大，直接融资门槛和公关、人力、时间、咨询、担保等各项成本较高，导致文化企业直接融资量不足，而公司债、短期票据市场目前仍处于发展初级阶段，并没有形成规模。

---

① 林丽. 我国文化产业发展中的投融资问题及对策［J］. 经济纵横，2012（4）：68 - 72.

② 张凤华，傅才武. 我国文化产业投融资及财政政策的成效与优化策略［J］. 学习与实践，2013（8）：115 - 122.

③ 刘金林. 完善我国文化产业投融资市场体系的财税政策选择［J］. 税务研究，2013（12）：48 - 52.

3. 并购重组与产业链整合

王乾厚 (2009)[①] 认为文化企业通过并购重组能够实现规模经济、范围经济，专业分工和技术开发的规模效应，这都能提高文化企业的竞争力。潘爱玲和邱金龙 (2016)[②] 认为，主并购公司能够通过并购重组发展全新的业务模式，化解产品同质化的问题，并购高溢价还可鼓励潜在标的企业进行技术创新。文化产业并购重组分为拓展产业链条、平台式并购、企业转型和借壳上市四种类型。其中拓展产业链条是为了拓展业务种类，平台式并购是为了完善产业生态圈。文化产业并购标的以"互联网＋"为主。

王克岭等 (2013)[③] 认为，文化产业链通常涵盖上游研发、中游生产、下游销售三个主要环节。文化产业的高附加值就体现在产业链延伸和衍生品开发上，技术进步会带来产业链的延伸，而且产业链整合促进了市场主体融合，并能提高潜在进入者的成本，保护在位厂商的利益。花建 (2014)[④] 认为，文化产业链纵向延伸和横向整合能带给文化企业新的发展机遇。他以迪士尼公司为例，提出文化企业应从创意出发，带动产品制造、配套衍生服务、专卖商店发展，不断延伸创意产业链条。戴祁临和安秀梅 (2018)[⑤] 从协同效应和规模效应的角度出发，构建了产业链整合模型，实证检验了跨行业经营对文化企业盈利能力的促进作用。

4. 管理水平与股权结构

影响文化企业绩效的因素还有管理层薪酬和股权结构。刘志杰和朱静雯 (2011)[⑥] 认为，文化上市企业高管薪酬与企业绩效、管理费用和资产

① 王乾厚. 文化产业规模经济与文化企业重组并购行为 [J]. 河南大学学报 (社会科学版), 2009 (6)：78－85.

② 潘爱玲, 邱金龙. 我国文化产业并购热的解析与反思 [J]. 华中师范大学学报 (人文社会科学版), 2016 (5)：75－86.

③ 王克岭, 陈微, 李俊. 基于分工视角的文化产业链研究述评 [J]. 经济问题探索, 2013 (3)：167－172.

④ 花建. 文化创意产业与相关产业融合发展的四大路径 [J]. 上海财经大学学报, 2014 (4)：26－35.

⑤ 戴祁临, 安秀梅. 产业链整合、技术进步与文化产业财税扶持政策优化——基于文化企业生产与研发的视角 [J]. 财贸研究, 2018 (3)：30－39.

⑥ 刘志杰, 朱静雯. 传播与文化产业上市公司高管薪酬与公司绩效相关性研究 [J]. 出版科学, 2011 (5)：69－73.

增值存在较为明显的关系。孙万欣和陈金龙（2013）[①] 针对文化企业国有股权比例较高的问题进行了实证研究，结果表明，文化上市公司降低大股东持股比例有利于降低由第二类代理问题产生的无效率成本。赵琼和姜惠宸（2014）[②] 采用 DEA – Tobit 模型分析得出，国有股权比重、智力成果比重、营销规模等变量对文化上市公司生产效率均存在正向影响。

2.2　文化产业财政税收政策的相关研究

2.2.1　政府扶持文化产业发展理论依据的相关研究

政府介入文化产业发展的理论依据有两个，第一个是外部性理论，部分文化产品社会收益高于生产产品获得收益，企业提供产品的意愿不强；第二个是公共产品理论，文化产品的消费有时很难做到排他，且消费群体广泛，许多文化产品通过拷贝再加工处理之后传播渠道会逐步加宽，具有非竞争性，这些文化产品的提供存在市场失灵（柳光强，2012）[③]。

第一，外部性方面。首先，文化产品的个人效用难以准确衡量。肖建华（2010）[④] 同样认为，文化产品的实际效用高于个体主观效用，消费者在市场中难以表达自己的真实偏好，厂商不易把握真实的市场状况。路春城和綦子琼（2008）[⑤] 认为，文化产品中内涵的价值观和人生理念等，使其具有广泛的外部性，这决定了财政介入文化产业发展的必要性。

其次，文化产品的社会影响难以准确衡量。张利阳和吴庆华（2010）[⑥] 认为，文化不同于其他产业，具有人文精神方面的内在特征，对公众心理

---

① 孙万欣，陈金龙. 内部治理机制与绩效相关性——基于传播与文化产业上市公司的实证研究 [J]. 宏观经济研究，2013（2）：80 – 90.

② 赵琼，姜惠宸. 文化产业上市公司效率评价及影响因素分析——基于 DEA 模型的分析框架 [J]. 经济问题，2014（9）：52 – 58 + 71.

③ 柳光强. 完善促进文化产业发展的财税政策研究 [J]. 财政研究，2012（2）：16 – 18.

④ 肖建华. 发展我国文化产业的税收政策思考 [J]. 税务研究，2010（7）：30 – 33.

⑤ 路春城，綦子琼. 促进我国文化产业发展的税收政策研究 [J]. 山东经济，2008（5）：96 – 100.

⑥ 张利阳，吴庆华. 文化体制改革与财政税收政策研究 [J]. 湖北社会科学，2010（3）：83 – 85.

和社会风俗有着不可忽视的影响。肖建华（2010）认为，文化产品的外部性可正可负，过大的外部性导致市场机制失灵，优秀文化产品的供给可能不足，低俗文化产品供给又可能过量，文化产品与文化产业具有显著的外部性，政府应通过公共政策对其发展给予必要的扶持和引导。

最后，文化产业发展对其他产业存在影响。李姝、赵佳佳（2014）[1]认为，文化产品所具有的外部性（知识传播、文化传承）、文化科技产品所具有的外部性（技术发展与技术外溢），文化产业和文化科技产业的高风险性会导致文化产业投资不足等市场失灵问题。Rodgers（2015）[2]认为，文化创意可以使制造业产品增值。韩顺法和郭新茹（2012）通过构建文化产业发展与经济增长全要素生产率之间的协整关系，并通过格兰杰因果检验验证了这一点。文化创意产业除了能够通过自身发展促进经济增长之外，还能够对经济体中的其他行业产生引致效应，也就是说，文化产业发展具有正的外部性。

第二，公共物品属性方面。路春城和綦子琼（2008）认为，文化产品的消费不会带来文化内涵的耗散，至多消耗文化产品的载体，这使其具有非竞争性。魏鹏举（2009）[3]认为，文化产品具有经济和精神属性，精神属性既可以满足个体的精神文化需求，又是国家、族群价值观的基本载体，由于文化产品所具有的精神公共产品特征，财政应对文化产业发展进行扶持。刘吾康（2011）[4]认为，文化的意识形态属性、文化产品的公共产品属性是政府介入和支持文化产业发展的重要原因。

2.2.2 财税政策目标与政策选择的相关研究

王凤荣等（2016）[5]认为，我国政府文化产业投入方式包括财政奖励、

① 李姝，赵佳佳. 文化产业融合与公共财政支持 [J]. 财政研究，2014（1）：22 – 24.

② Rodgers J. Jobs for Creatives Outside the Creative Industries: A Study of Creatives Working in the Australian Manufacturing Industry [J]. Creative Industries Journal，2015（1）：3 – 23.

③ 魏鹏举. 公共财政扶持文化产业的合理性及政策选择 [J]. 中国行政管理，2009（5）：45 – 47.

④ 刘吾康. 发展我国文化产业的财税政策研究 [J]. 财政监督，2011（9）：56 – 58.

⑤ 王凤荣，夏红玉，李雪. 中国文化产业政策变迁及其有效性实证研究——基于转型经济中的政府竞争视角 [J]. 山东大学学报（哲学社会科学版），2016（3）：13 – 26.

贷款贴息补助、项目资助等。财政投入有力地推动了我国文化产业的发展。税收优惠的手段包括所得税抵免扣除、增值税和营业税减免、房产税和车船税的减免等，文化产业税收优惠的对象可以分为三类：给予艺术家的税收优惠、区域税收优惠和产业税收优惠（马衍伟，2008）①。学者们针对当前文化产业发展所面对的瓶颈，讨论了财税扶持政策的目标和支持方式。

1. 促进文化企业研发创新

第一，增加文化科技投入。金雪涛和潘苗（2013）认为，现阶段文化事业经费的使用集中在行政管理方面。应进一步转变财政职能，优化财政投入结构，增加对中西部和农村地区的转移支付，增加财政对于文化技术创新和人才培养的投入；发挥财政资金的杠杆作用，增加绩效考评。

第二，减轻新兴产业和创新型企业的税收负担。杨京钟和吕庆华（2010）② 认为，我国文化产业税收优惠政策的横向覆盖范围仍然较窄，仅适用于新闻出版、广播影视和文化艺术三大文化产业，对新兴文化产业关注不足。申国军（2010）③ 在系统比较美、法、日、韩等国文化产业政策的基础上得出，我国文化产业税收政策存在系统性不够、税负较重、忽视中小企业等缺陷。应通过允许企业从应纳税所得额中提取技术储备金，扣除研发人员费用，给予研发人员所得税减免等税收手段鼓励文化创新研发，并采用所得税税基优惠激励文化企业开发市场。

2. 提高文化企业融资能力

刘金林（2013）认为，我国文化产业投融资市场的主体分别为政府、银行、风险投资基金和民间资本，政府是重要的投资主体；各级政府应制定多样化的产业政策，促进文化产业与金融资源对接。

第一，构建多元化的财政投入方式。张凤华和傅才武（2013）在梳理文化产业投融资政策后得出，我国现有文化产业投融资政策主要目标是通

---

① 马衍伟. 税收政策促进文化产业发展的国际比较 [J]. 涉外税务，2008（9）：34 – 38.

② 杨京钟，吕庆华. 基于中国文化产业发展的税收政策取向研究 [J]. 江南大学学报（人文社会科学版），2010（4）：92 – 97.

③ 申国军. 发达国家促进文化产业发展税收政策及其借鉴 [J]. 涉外税务，2010（4）：57 – 60.

过财政资金引导社会资本进入文化产业，财政奖励、贴息、补助、项目资助、补充国家资本金等是主要方式。财政出资建立文化产业发展基金，拓展文化企业融资渠道。建立文化产业发展基金、文化科技研发基金、风险投资基金、文化创业基金构建文化产业的多元化投融资渠道（马洪范，2010）①。

第二，从直接投入转为间接引导。李华成（2011）认为，应建立财政资金注资的文化产业投资基金和担保基金。张凤华和傅才武（2013）提出设立"体制改革""文化与科技融合""园区补助"三大专项基金，打造合格的文化市场主体；提升文化产品吸引力，引导文化企业区域集聚。郑春荣（2010）认为，财政政策应该为处于不同发展阶段的文化企业所面临的不同融资需求提供有针对性的解决方式，通过文化发展基金、风险基金、财政担保基金"孵化"企业；通过财政出资成立信用担保公司、资产评估公司和政策性银行，为企业融资提供专业化的基础条件。

第三，拓宽间接融资渠道。杨向阳和童馨乐（2015）② 认为，应鼓励银行转变信贷审核评价机制，关注文化企业"未来现金流"，并基于此开发新型信贷产品，政府可给予贴息补助；发展担保、再担保公司，制定专门针对文化企业的信用评级体系，降低银行风险和征信成本（林丽，2011）。此外，可以有选择地培育一批优秀文化企业家，打造特色和品牌企业，加强文化产业协会建设，推动以行业协会为桥梁的联保联贷，促进投资主体多元化，为企业提供资金结算、并购贷款、国际业务等综合性金融服务（李华成，2011）。

第四，降低直接融资门槛。私募、风投、信托融资、融资租赁、股票债券市场是文化企业获得资金的另一重要通道（闫坤和于树一，2015）③。林丽（2011）认为，应不断完善知识产权评估和保护体系，加强文化市场建设，提高产业资本的预期收益。适当降低文化企业在创业板上市融资的

---

① 马洪范. 文化产业发展与财税金融政策选择 [J]. 税务研究，2010（7）：14 – 16.

② 杨向阳，童馨乐. 财政支持、企业家社会资本与文化企业融资——基于信号传递分析视角 [J]. 金融研究，2015（1）：117 – 133.

③ 闫坤，于树一. 支持文化产业发展的财税金融政策研究 [J]. 华中师范大学学报（人文社会科学版），2015（3）：9 – 21.

门槛，鼓励文化企业通过短期融资债券、中期票据和集合票据等多种债券融资工具；通过知识资产证券化和引入境内外风险投资机构，发展产权交易平台，给予产业投资更多的获利、变现、退出渠道。李华成（2011）认为，应通过建立风险投资基金、小额贷款公司、非上市股权交易市场和垃圾债券市场，丰富文化资本市场层次。

第五，增加文化产业税收优惠措施。张凤华和傅才武（2013）认为，我国文化产业税收优惠力度小、覆盖面窄、优惠期短导致文化投资吸引力不足。通过研究欧美国家的政策实践，李华成（2011）得出，税收优惠能够刺激资本进入文化产业。所得税方面，低税率、研发费用抵免、捐赠扣除是西方国家的常用手段；流转税方面，英国出版印刷行业免征增值税，这些税收政策充分激发了企业进入文化产业的欲望。

第六，完善相关配套政策。杨向阳和童馨乐（2015）提出，短期来看，政府应进一步完善财政支持项目遴选机制，加强过程监管和绩效评估；长期来看，建立财政扶持的具有准公益性质的文化企业公共信息平台，推动文化企业信息披露公开化和规范化。李华成（2011）认为，应该赋予文化行业协会正确的定位，提升其运行效率，不断改革政府管理体制，并成立跨部委的文化产业管理委员会。

3. 推动文化产业链条整合

第一，打造跨行业经营龙头集团。迟树功（2010）[1] 认为，应以推动文化企业做大做强的政策为核心，以科技政策为支撑，以人才政策为关键，以出口外销政策为保障，综合运用财税金融政策、品牌培育政策和市场规范政策，促进文化产业快速发展。构建市场竞争主体应以集团化建设为突破口，鼓励开放经营，形成一批主业突出、拥有核心知识产权、竞争力强的大型文化集团企业。张利阳和吴庆华（2010）认为，文化产业财税政策实施的重要前提是理顺政府与市场的关系，根本目的是促进文化产业发展与繁荣，首要任务是创造公平合理的市场环境。财政支持应遵循"扶新、扶大、扶强、扶优"和"有限扶持"的原则，打通产业链条，提高产

---

[1] 迟树功. 将文化产业培育成支柱性产业的政策体系研究 [J]. 理论学刊, 2011 (1)：43 – 46.

品出口竞争力。

第二，鼓励文化科技融合发展。李姝和赵佳佳（2014）认为，文化与科技融合分为产品融合、技术融合、市场融合和产业融合四个阶段。财政应加大对文化企业整合产业链的支持力度，引导社会资本进入文化产业，通过重大项目工程、搭建技术服务平台、整合各类资源和放松产业管制分阶段支持文化科技深度融合。江光华（2014）[1] 认为，高科技文化产品存在的正外部性，文化科技产业存在的高投入门槛和高投资风险，是政府支持文化与科技融合发展的理论依据。科技可以促进传统文化产业升级，并催生新兴文化产业。北京市文化科技产业融合存在科技对文化产业支撑不够、多部门管理导致的政策落实不到位、人才和龙头企业匮乏等问题。应发挥财政专项资金带动作用，分阶段、多手段扶持，促进文化科技资源区域集聚，吸引社会资本，培养专业人才，打造具有区域特色的文化精品。

第三，多维度延伸文化产业链条。王家新（2012）[2] 认为，财政应支持文化产业业态拓展、空间拓展和国际拓展。财政应创新投入模式（信托）、鼓励股权投资（税收抵免），尝试基金化运作，着重发挥引导作用。建立"国有文化资产出资人—集团公司或资产运营公司—国有文化企业"三层资产管理体系，税收优惠应向兼并重组和产品出口倾斜（王家新，2013）[3]。

第四，鼓励文化企业兼并重组。马洪范（2010）提出应鼓励文化企业通过股票和债券市场进行直接融资，完善信用担保体系，引导信贷和保险资金进入文化产业，促进文化企业兼并重组和文化产业链整合。郑春荣（2010）认为，应通过鼓励企业跨地区、跨行业兼并重组、发展中介机构等方式整合文化产业链条；通过提高文化产业园区管理水平、给予入园企业同等优惠待遇等方式，提高园区内部产业链整合水平。

4. 培养文化产业专业人才

迟树功（2010）认为，应形成吸引、培养、奖励人才的政策体系。运

---

[1] 江光华. 推进北京文化产业与科技融合的财政政策研究 [J]. 科技管理研究, 2014 (4): 20 - 24.

[2] 王家新. 构建财政支持文化产业发展的新格局 [J]. 中国财政, 2012 (9): 25 - 27.

[3] 王家新. 振兴文化产业的财政思考 [J]. 求是, 2013 (18): 48 - 50.

用科技创新基金、财政奖励、税收减免引导文化企业进行技术创新和创意开发。改进财政补贴方式。充分发掘地区传统文化和民间工艺，避免同质化低水平竞争，变"普享"式补贴为"绩效"式补贴，发掘区域特色，鼓励文化企业技术创新（郑春荣，2010）。

总之，政府通过财政税收政策支持文化产业发展的核心目标是增加文化产业规模化、集约化和专业化水平，优化文化企业的产品结构、技术结构、产权结构和市场结构，解放和发展文化生产力（王家新，2012）。

魏鹏举（2009）认为，培育文化生产力可以从价值链和产品属性两个维度出发，通过增加文化资源开发保护、文化人才培养和原创作品奖励投入，提高创意水平；通过支持公共技术平台、重大项目和文化产业园区建设，提高科技水平；通过引导文化企业改制重组和建设金融服务平台，提高资本化水平通过培育骨干企业、文化战略投资等，提升国际竞争力。政府应根据文化产品的经济属性给予差异化的财政支持。

财政应立足于资产管理等基础性环节，通过国有资本经营预算、文化产业专项资金、文化产业投资基金等杠杆，加快人才培养、科技创新，培育市场主体，引入社会资本，延伸文化产业链条，发展文化产业集群（王家新，2012）。

2.2.3 财税政策实施效果的相关研究

1. 财政支持对文化产业发展的影响

第一，财政投入能够推动文化产业发展。周莉（2015）等基于我国 31 个省（自治区、直辖市）2003—2012 年文化产业相关数据的实证结果表明，文化财政投入、文化资本投入和文化劳动投入三大要素对文化产业发展均存在正向推动作用。其中财政投入贡献率最大，资本投入贡献率次之，劳动投入贡献率最小。成学真和李玉（2013）[①]的实证检验结果表明，文化产业增长相当依赖财政投入。金雪涛和潘苗（2013）通过实证检验得

---

① 成学真，李玉. 文化产业发展对经济增长影响的实证研究 [J]. 统计与决策，2013（3）：114 – 117.

出，地区文化事业支出对文化产业增加值具有显著的正向影响，其中基本支出的影响最大。

第二，财政投入能够增加文化企业收入（臧志彭，2015[①]、2016[②]）。刘鹏等（2015）[③] 对文化上市公司财政补贴绩效的实证结果表明，财政补贴能够促进企业营收水平的提高，但有一定的滞后性。

第三，财政投入能够提升文化产业的技术水平。臧志彭（2015、2016）对不同所有制文化企业的实证研究结果表明，政府补助显著能够带动文化企业增加研发投入，进而间接提升企业绩效。

第四，财政投入能够提升文化企业的融资能力。杨向阳和童馨乐（2015）从信号传递的视角，通过实证方法研究了政府财政支持和企业家社会资本对文化企业融资的影响。研究结果表明：财政支持可以显著增加文化企业获得外部融资的机会，因为财政支持不仅为企业走出融资困局提供了可能，更为外部投资者判断企业经营现状和未来发展提供了信号；企业家社会资本同样对文化企业融资具有正向影响。刘鹏和杜啸尘（2014）[④] 通过演化博弈分析得出，当文化企业获得的收益大于成本时，无论政府是否补贴，企业都会扩大生产规模；即使企业不扩大生产规模，政府补贴也能够降低文化产品价格并使社会受益。目前我国文化企业不愿扩大规模的原因是产业利润率较低和盗版侵权现象严重。

第五，财政投入能够提升文化产业的就业水平。周莉和胡慧源（2016）[⑤] 通过实证检验得出，文化财政投入能够促进文化产业就业水平的提升。

第六，财政投入同样存在一定程度的负面影响。刘鹏和杜啸尘

---

① 臧志彭. 政府补助、研发投入与文化产业上市公司绩效——基于161家文化上市公司面板数据中介效应实证［J］. 华东经济管理, 2015（6）：80 – 88.

② 臧志彭. 政府补助、公司性质与文化产业上市公司经营绩效关系研究——基于2011—2013年的面板数据实证分析［J］. 现代管理科学, 2015（3）：48 – 50.

③ 刘鹏, 赵连昌, 杜啸尘. 文化产业财政补贴绩效评价及影响因素研究——基于上市公司的实证分析［J］. 中国海洋大学学报（社会科学版）, 2015（3）：55 – 60.

④ 刘鹏, 杜啸尘. 经营性文化产业企业财政补贴的博弈研究［J］. 东岳论丛, 2014（7）：151 – 155.

⑤ 周莉, 胡慧源. 文化产业财政投入的就业效应研究［J］. 经济问题探索, 2016（7）：97 – 105.

（2014）认为，财政文化产业投入存在"挤出效应"和"时滞效应"，"挤出效应"造成投入增长和产出增长不匹配，"时滞效应"使得文化企业更为依赖财政支持，文化投资"看财政脸色行事"。

2. 税收政策对文化产业发展的影响

第一，税收优惠政策更为公平。魏鹏举和王玺（2013）[①] 认为，相较于税收政策，文化产业财政补贴的弊端主要有四个：一是欠缺公平，国有文化企业更易获得支持；二是资金错配，政府无法区分项目和公司的优劣；三是腐败和寻租；四是容易培养文化企业的惰性，造成企业盈利动力与能力的下降。

第二，税收优惠政策可以有效降低企业投资风险。马衍伟（2008）、杨京钟和吕庆华（2010）认为，税收与产业发展是相互促进的关系。税收优惠可以降低投资风险，鼓励引导社会资本进入文化产业，而产业发展能够带动就业、消费和经济增长，又可以涵养税源。

第三，税收优惠政策可以有效引导文化产品消费。柳光强（2012）认为，税收对于文化产业的影响主要有收入效应和替代效应。收入效应指的是税收并不改变商品的比价关系和消费结构，但是减少了市场主体的收入，使之消费和投资的能力下降。替代效应指的是征税改变了文化产品之间的比价关系，消费者会选择低价消费品。

2.2.4　财税政策优化完善的相关研究

1. 财政政策存在的问题

第一，财政投入的重点不明确。郑春荣（2010）认为，财政政策存在投入不足、城乡与区域差距较大、补贴效果不明显等问题。董为民（2003）[②] 认为，我国文化产业进入壁垒较高，文化产业财政政策存在投入总量不足。胡若痴和武靖州（2014）[③] 认为，我国扶持文化产业发展的财

---

① 魏鹏举，王玺. 中国文化产业税收政策的现状与建议 [J]. 同济大学学报（社会科学版），2013（5）：45－51.

② 董为民. 探讨发展我国文化产业的财政政策 [J]. 财政研究，2003（12）：7－9.

③ 胡若痴，武靖州. 支持文化创意产业发展的财政政策研究 [J]. 经济纵横，2014（1）：92－95.

政政策存在产业界定范围过宽导致的扶持重点不突出；政策区分度不大导致的针对性不强；财政补贴过多导致的企业"等靠要"等行为。

第二，财政政策对小微企业发展、创意人才培养、知识产权保障、信息平台建设等问题关注不够，且缺乏绩效管理。闫坤和于树一（2015）认为，我国文化产业正面临投资风险大、公共技术信息平台缺失、人才不足导致市场失灵，资本积累不足导致的主体能力欠缺，区域发展失衡、信息技术冲击等问题。政府一方面对于公共信息平台、创意人才培养、知识产权保障、文化国际交流、文化产品出口、小微文化企业的支持不足，另一方面令出多门，重投入轻绩效。

2. 财政政策的优化与完善

第一，财政应分区域、分阶段采用不同的扶持方式。胡若痴和武靖州（2014）认为，尽管各地区文化企业面临的发展障碍并不完全相同，但总的来说知识产权保护不力、融资困难是文化产业发展中亟须解决的主要矛盾。财政支持应突出文化性、创意性、区域特色，防止扶持范围过宽导致的区域产业趋同；分阶段扶持对处于发展初级阶段的小微企业给予重点支持和直接支持；探索财政补贴市场化和阶梯化模式，提高补贴绩效。

第二，财政政策应将支持重点放在鼓励企业创新、培育文化品牌、扩大产业规模等方面。迟树功（2010）认为，应减少行政审批、降低准入门槛，引导社会资本投资文化产业；建立无形资产评估、信用担保和再担保公司，鼓励银行创新信贷产品供给模式和种类，帮助文化企业走出间接融资困境。通过完善财政奖励、吸引外资、产权保护等方式，培育优秀文化品牌。李华成（2011）认为，开发性金融是解决文化产业融资难题的重要手段。开发性金融可以构建和完善市场机制，形成"政府＋国家开发银行＋中介组织＋企业"的融资模式，充分发挥中介组织"自身信用""政府间接信用""社会信用"等信用优势，充分发挥政府优势进行高效率的资源配置。促进文化产业投融资的财税政策包括对银行机构进行以奖促贷、贴息和补贴。

第三，财政政策应能鼓励引导文化消费。周莉（2015）等认为，相比文化供给，文化消费对文化产业的促进作用更大，地区财政投入应倾向于提高居民的文化消费能力。通过发放文化消费券和"政府采购—对外输出"等模式引导文化消费，促进文化产品出口（郑春荣，2010）。

第四，财政扶持不能代替市场机制。迟树功（2010）认为，财政优先支持重点企业、项目和文化基础设施建设，支持文化事业单位转企改制。完善文化生产要素市场、中介机构、行业组织和物流体系，破除行业壁垒，令市场在资源配置中起决定性的作用。

3. 税收政策存在的问题

第一，现有的税收优惠措施不够丰富。李本贵（2010）[①] 认为，在个人税收优惠（如免征个人所得税）、区域税收优惠（如特定区域免征流转税和个人所得税、免征财产税）、文化产业税收优惠（如企业所得税减免扣除、流转税减免）与文化产品税收优惠（如增值税减免）这几大类税收优惠手段中，我国政府偏向于采用减征个人所得税和企业所得税等手段，多为税率和税额直接优惠，缺乏所得税抵扣等间接优惠。

魏鹏举和王玺（2013）认为，文化产业税收优惠以流转税为主，缺乏所得税优惠，对创新鼓励不足。李本贵（2010）认为，税收优惠政策对于从业人员和研发活动的关注不够，应在适当降低文化产品的货物劳务税的基础上，扩大税收优惠覆盖范围，给予文化产业从业人员个人所得税优惠（平均收入法），投资研发税收扣除，文化产业园区须有税收优惠作为配套。给予文化企业无形资产进项税抵扣、降低增值税一般纳税人标准、提高增值税起征点；各类准备金扣除、加速折旧、免征进口关税、境外收入免征营业税等一系列税收优惠。

第二，现有的税收优惠措施覆盖面不广。魏鹏举和王玺（2013）认为，现行税收优惠政策主要针对转企改制文化企业、广播电影电视和动漫等重点行业中的企业以及促进文化产品出口。政策的过渡性、临时性特征较为明显，覆盖面不广，带有体制性的不公，且容易造成地方政府恶性竞争。郑春荣（2010）认为，税收政策存在覆盖面过窄、低抵扣率导致的捐赠不足等问题。

第三，税制改革不彻底。魏鹏举和王玺（2013）认为，"营改增"对处于产业链不同位置的文化企业影响不同。纯服务性源头企业需要投入大量人力和无形脑力成本，缺乏进项税抵扣，税收负担增加；生产和服务混

---

① 李本贵. 促进文化产业发展的税收政策研究［J］. 税务研究，2010（7）：9－13.

合性源头和非源头企业，受益较多。从整体上看，"营改增"有利于小规模纳税人，但也使得小规模纳税人脱离了抵扣链条。

4. 税收政策的优化与完善

第一，扩大税收优惠覆盖面。柳光强（2012）认为，文化产业存在税负较重、税收优惠覆盖面窄等问题。肖建华（2010）整理了现有文化事业单位税收优惠政策。主要的优惠政策有：增值税优惠、出口退税、免征关税、营业税减免；免征所得税、企业和个人文化捐赠实行所得税扣除，自用房产、车船、土地免征相关税负。税收优惠存在诸如重文化事业轻文化产业、差别税率设计不当、研发风险分担不足、龙头企业获利更多、优惠手段与方向单一等问题。

第二，变直接优惠为间接优惠。杨京钟和吕庆华（2010）认为，目前颁布的文化产业的税收优惠政策尽管税种门类齐全（涉及流转税、所得税、财产税、资源税），但是其以所得税优惠为主要优惠税种，以直接优惠为主要优惠方式还是存在一定缺陷。如优惠政策笼统、零星分散、方式单一，没有通过税率、纳税期限、征收管理、减免税、出口退税、成本核算、税项扣除、亏损弥补、投资抵免等多种方式鼓励文化产业发展。袁艳红（2007）[1] 认为，对文化事业和文化产业应以所得税税基优惠为主，减少流转税优惠，加大个人文化捐赠税前扣除比例。梁云凤等（2010）[2] 认为，应改变以货物和劳务税优惠为主的税收优惠政策，采用所得税税基优惠。对处于不同发展阶段的文化企业实施不同的税收优惠政策，对中小文化企业进行重点帮扶。

第三，增强税收政策延续性。李秀金和吴学丽（2010）[3] 认为，我国文化产业税收政策存在各地出于本地状况和地方利益考量，给予短期性、即时性的文化产业政策所导致的政策系统性不足，税收优惠政策覆盖面有限导致的企业税负较重等问题。因此，应明确税收支持文化产业发展的重点，扶持龙头企业、强化平台建设、平衡产业发展；强化税收优惠政策针

---

① 袁艳红. 完善文化产业发展的税收政策 [J]. 税务研究, 2007 (10): 97.

② 梁云凤, 孙亦军, 雷梅青. 促进文化产业发展的财税政策 [J]. 税务研究, 2010 (7): 23 – 26.

③ 李秀金, 吴学丽. 文化产业发展与税收政策选择 [J]. 税务研究, 2010 (7): 27 – 30.

对性，延长税收优惠期限，增加研发费用扣除额度。

5. 财税政策的地方化、市场化与国际化

戴俊骋等（2011）[①] 通过对比北京与上海、广州等五个城市文化产业扶持政策得出，专项资金的主要使用方式为无息贷款、贷款贴息、配套资助和补助以及奖励，深圳市对各使用方向设定了比例上限；各市税收优惠政策覆盖面较窄，集中于所得税和营业税，并未对流转税作出明确规定；融资担保、资产抵押和鼓励上市是各城市发展文化产业投融资的主要手段，存在担保难度大、上市缺乏具体实施细则等问题；人才政策主要包括建设文化产业培训基地、设立奖励基金和改革分配制度等；集聚区政策则重点关注"腾笼换鸟"、人才吸引，避免园区重复建设。应实施更为严格的知识产权保护措施，对不同行业实行差别税率，吸引风险投资扶持中小企业，并出台扶持企业上市细则，加快行业协会和中介组织的建设，实现产业政策"市场化"；充分挖掘自身文化资源，利用自身文化优势，发展具有鲜明特色的重点产业，加强对集聚区建设的引导，利用户籍政策吸引人才，实现产业政策"地方化"；通过举办国际文化节、博览会，加强文化企业对外交流合作，鼓励文化企业跨境兼并重组和文化产品出口，实现产业政策"国际化"。

2.3 文化产业供给侧结构性改革的相关研究

2.3.1 文化产业供给侧结构性问题的相关研究

范周和周洁（2016）[②] 认为，我国文化产业供给端存在日渐严重的结构性问题。从要素投入结构看，偏重于增加人力物力投入，对制度、科技、管理等创新要素的重视不够；从产品结构看，低端同质化文化产品存在明显过剩，中高端个性化产品则相对匮乏；从产业结构看，传统文化产业比重较大，新兴文化产业还需培育；从区域结构看，东中西差距较大，发展不平衡、不协调矛盾突出；从所有制结构看，国有企业一家独大，民

---

① 戴俊骋，王佳，高中灵. 北京与国内重点城市文化产业政策比较研究［J］. 北京社会科学，2011（5）：4 - 10.

② 范周，周洁. 正确理解文化领域供给侧结构性改革［J］. 东岳论丛，2016（10）：5 - 14.

营企业发展受限。齐骥（2016）[1] 同样认为，文化产业结构性矛盾主要体现在中高端文化产品供需失衡，城乡、区域差距较大。宋朝丽（2016）[2] 认为，阻碍文化产业实现内生增长的因素有初级产品依赖、创新成本较高、人力资本不足等因素。

要素投入失衡是导致产品结构失衡和产业结构失衡的根本原因。要素投入失衡表现为文化创新不足和人力资本匮乏。孔少华和何群（2017）[3] 实证检验了财政投入、人力资本、固定资本和科技研发等要素供给对文化产业发展的影响。财政投入和人力资本投入会推动文化产业进行跨越式发展，研发投入和固定资本投入与文化产业增长存在线性关系。秦宗财和方影（2017）[4] 认为，只有不断进行科技创新和文化创新才能满足人民群众日益增长的文化需要，使得文化产品供给与文化需求变化相适应。值得注意的是，学者们普遍认为，文化内容、文化创意和文化科技创新的根源是文化人才。专业人才能够丰富文化产品的内容、增加文化服务的创意、提升文化产业的科技水平，进而帮助文化产业实现边际收益递增和全要素生产率的提高。

2.3.2 文化产业政策结构性问题的相关研究

有学者认为，文化产业产生结构性问题的根源在于文化政策供给的结构性失衡。"产值崇拜"导致文化产业生出大量呆滞和无效供给。胡霁荣（2017）[5] 的研究表明，我国每年约40%的出版物难以发行，600部国产故事片中只有50%能够上映，国产电视剧的产量播出比常年维持在5∶1左右，电影票房在2017年初也首次出现了负增长。"资本崇拜"导致各类资

---

① 齐骥．文化产业供给侧结构性改革的要素与行动逻辑研究 [J]．东岳论丛，2016（10）：15－21．

② 宋朝丽．供给侧改革视角下文化产业发展内生动力机制探究 [J]．东岳论丛，2016（10）：22－29．

③ 孔少华，何群．"十三五"文化产业供给侧要素创新研究 [J]．山东大学学报（哲学社会科学版），2017（4）：24－31．

④ 秦宗财，方影．我国文化产业供给侧动力要素与结构性改革路径 [J]．江西社会科学，2017（9）：75－83．

⑤ 胡霁荣．论创造性推进文化产业政策供给侧结构性改革 [J]．探索与争鸣，2017（12）：175－178．

本盲目进入文化产业，追逐热点、制造泡沫，资金配置效率较低。"技术崇拜"导致文化发展"平台化""去文化化"，网络文化 APP 层出不穷，"平台化"只带来了较为新鲜的消费体验，却没有提升内容价值，难以培养出稳定的消费者群体，而 2017 年大量虚拟现实 VR 平台的倒闭，说明"唯技术论"导向下的产业发展模式难以为继。

文化产业应加速市场化改革。第一，市场主体方面，魏娜等（2013）①认为，转企改制文化事业单位存在无法切断与主管部门之间的利益关系、无法实现全国统一大市场、无法实现市场化等问题。第二，要素市场方面，文化产业条块分割、所有权区别对待、隐性和行政性垄断阻碍要素自由流动配置，制约要素供给创新（秦宗才和方影，2017）。徐鹏程（2016）② 从金融供给侧的角度出发分析文化产业现状后认为，我国文化产业投资来源较为单一，文化与金融缺乏联动。文化企业行政色彩浓厚、小而分散、盈利能力不稳定是阻碍其与金融资本融合的根本原因，中介组织缺乏、财政投入不足、法律法规建设不完善是阻碍文化金融融合发展的制度性原因。第三，产品市场方面，文化传播渠道不够完整和统一，例如光缆支线网络仍由各省市单独运营（秦宗才和方影，2017）。

政府应提升制度供给质量。政府的职能不是选择文化行业和补贴文化企业，而是增加优质制度供给，充分调动社会发展文化产业的积极性，充分发挥市场在资源配置中的积极作用，并为市场机制发挥作用保驾护航（胡霁荣，2017）。

财政支出应以"市场化"作为导向，增加对于人才培养和文化科技融合的支持力度。孔少华和何群（2017）认为，2016 年中央财政文化产业发展专项资金规模首次下降，专项资金的分配方式已开始由"无偿"转向"有偿"，从"直接"分配向"间接"分配转变。在财政资源有限的前提下，必须优化资源配置，增加人才培养和科技研发投入；弥补市场失灵，增加对公共服务平台建设的支持力度；优化固定资产投入结构，发展文化特色小镇、升级传统文化主题公园；推广政府与社会资本合作（PPP）模

---

① 魏娜，杨跃锋，徐晴. 文化事业单位行政管理体制改革导向——基于新公共管理的视角[J]. 南京社会科学，2013（8）：90 - 96.

② 徐鹏程. 文化产业与金融供给侧改革［J］. 管理世界，2016（8）：16 - 22.

式，引导民间资本进入文化产业。

2.4 文献述评

2.4.1 现有研究的主要贡献

第一，现有文献系统总结了影响文化产业发展的各项因素。从"钻石模型"理论出发，文化产业发展的基本要素是资本和劳动力投入，高级要素是文化科技与文化内涵。文化产业发展已经逐步从依靠增加基本要素投入转变为依靠技术进步和科技创新。此外，地区经济发展水平、文化教育水平、金融科技水平均会左右文化产业发展。这为本书从要素投入视角分析企业发展提供了思路。

第二，现有研究结果表明，政府制定的产业政策在文化产业发展过程中扮演着重要角色。从生产要素投入的视角看，政府的财政补助和税收优惠可以增加企业收入，进而吸引更多的资本进入文化产业，财政贴息可以帮助文化企业以更低的成本融资；政府的财政奖励与所得税扣除又能够鼓励文化企业创新。从产品服务产出的角度看，政府购买和财政补贴可以降低文化产品价格，激发文化消费欲望。从资源配置的角度看，政府通过制定产权保护措施、建立监督执法机构等方式激发文化企业活力，保证文化市场的正常运转，鼓励要素充分流动，优化产业资源配置。这为本书将产业政策纳入企业绩效分析打下了基础。

第三，学者们针对文化产业政策导向和财税扶持方式提出了大量建议。政策导向方面，政策体系构建应坚持市场化原则，财政应关注人才培养、技术创新等具有外部性的领域。这为本书分析财政支出尤其是"政府选择型"财政支出的效果提供了思路，也为本书提出优化政策体系导向提供了借鉴。财税扶持方式方面，财政不能一味地增加投入，而应该变直接支持为间接引导，各类文化产业专项资金应变"直接补贴"为"间接引导"，变"无偿使用"为"有偿支持"；建立文化产业发展基金、文化产业创新基金，发挥财政投入的杠杆作用，以股权投资的方式吸引社会资本进入文化产业。而税收政策应从单纯依靠降低增值税税率、所得税减征免征等直接优惠措施，转变为依靠所得税税基优惠等间接优惠措施。所得税、增值税等税制设计应充分考虑新兴产业发展诉求，减轻创新型企业的税收负担。本书在此基础上提出了优化财税政策的导向与具体措施。

2.4.2　现有研究存在的不足

第一，现有研究大都是从宏观角度出发分析文化产业发展的影响因素。其中，大部分文章以定性分析为主；一些实证研究以文化产业的增加值作为产出的衡量标准，以劳动力数量、资本价格作为基础要素的衡量标准，得出要素投入增加、产业发展水平提高的结论。而从发展经济学视角来看，增加资本和劳动力等要素投入肯定会带来产出的增加。因此，这些研究结论只具有一般性的指导意义。其实，产业发展的影响因素归根结底是企业发展的影响因素，产业发展水平的高低与企业盈利能力的强弱是密不可分的。文化行业的"轻资产"特征，决定了各类要素的投入与边际产出是不相同的，因而从企业微观视角构建投入产出模型，分析不同生产要素对企业产出和净利润的影响，确定影响文化产业发展的核心要素，就具有了重要的理论和现实意义。

第二，现有研究对财税政策实施效果的分析不够细致。部分文献从产业经济学的角度定性分析了产业政策和财税政策的作用，但基本结论均是"增支减收"；部分使用省市文化产业相关指标进行实证分析的文章将财政文化、体育和娱乐支出作为财政投入的代理变量，得出增加财政投入就能促进文化产业发展的结论；使用企业数据的实证研究大都没有考虑税收政策的影响。因此，这部分研究对财税政策优化与完善的指导作用不强。众所周知，财政支出与税收优惠对企业发展的影响是不同的。因此，应在仔细梳理现有财税政策的基础上，通过实证方法详细比较财政支出和税收优惠在企业增收和促进创新等方面的效果，并以此为基础对财税政策工具进行选择和搭配。

第三，现有研究几乎没有关注不同类型财政补贴和税收优惠措施对文化企业生产与研发的影响。我国各级政府颁布的财税政策的目标集中于支持文化企业进行科技创新、培养人才、扩大规模、开发文化资源和拓展销售渠道；财政支出方式多样，包括政府购买、消费补贴、科技研发和项目建设资助、各类奖励等；税收优惠政策中既有针对中小企业的所得税与增值税减免，又有针对高新技术企业的所得税优惠，这些措施对企业生产和研发行为的影响是截然不同的。此外，来自中央和地方政府的财政补贴的目标也不尽相同，对文化企业盈利水平和内生增长能力的影响同样存在差异。因此，必须在对财政补贴和税收优惠措施进行细致分类的分析基础上，比较不同政策的实施效果，为政策措施的优化提供支撑。

第四，现有研究对于文化产业供给侧结构性改革的相关建议仍带有"政府选择"和"政府主导"的特征。建设特色文化小镇、增加文化科技投入等政策措施与供给侧结构性改革的目标，即转变政府职能并充分发挥市场在资源配置中的积极作用并不相符，文化产业供给侧结构性改革的相关政策仍存在优化空间。

第3章

供给侧结构性改革视角下
文化产业发展的理论分析

本章中，我们将首先分析供给侧结构性改革的目标和特征，明确进行供给侧结构性改革是为了转变经济发展方式、增强企业竞争力、提升产品供给质量；而后从供给侧要素端和生产端出发，分析影响文化产业发展的因素，明确文化企业应依靠提升要素利用水平、整合产业链条增加竞争力，并通过增强文化创新能力满足和创造文化需求；然后阐明政府支持文化产业发展的理论基础，探讨政府扶持方式和支持力度对文化产业发展的影响；最后提出供给侧结构性改革视角下发展文化产业必须解决好三个问题，即激发企业文化创新能力、完善政府制度供给能力、提升市场资源配置能力，以推动文化产业不断发展壮大。

3.1　供给侧结构性改革的基本理念

随着我国经济发展进入新常态，习近平总书记于2015年11月10日正式提出了供给侧结构性改革的思想。从宏观层面来看，供给侧结构性改革是通过去产能、去库存、去杠杆等手段，转变经济发展方式，增加社会生产力水平，解决经济发展不平衡、不充分的矛盾；从微观层面来看，供给侧结构性改革是通过降成本、补短板等方式为优质企业发展创造更好的环境，增强企业竞争力，增加优质产品供给，满足人民群众日益增长的美好生活需要。

3.1.1　供给侧结构性改革的目标

1. 转变经济发展方式

进行供给侧结构性改革是为了转变经济发展方式。改革开放之后，我国经济常年保持7%以上的高增速,1978年至2015年的平均增长速度达到9.7%,取得了举世瞩目的经济成就。长期以来,我国经济增长依靠的是消费、投资和出口这"三驾马车"作为驱动力。由于国民收入水平不高,经济发展更为倚重投资与出口双轮驱动。2008年国际金融危机之后,外需下降使得服装、家电等传统行业产品出口受阻,我国经济和产业结构面临深度调整,多个行业投资收益下降,民间投资需求不足,只能由政府担任投资的主力军。为了满足基础设施建设需要,在积极的财政政策和货币政策支持下,各地政府兴建了大量高能耗、高污染、高成本的制造业项目,为了保证企业的生存和消化这些产业提供的天量产能,就必须继续增加基础设施等行业的投资,这使得投资收益率下降,民间投资疲软,经济整体上陷入了增长方式不佳导致发展动力不足的困境。

想要转变经济增长方式就必须转变发展理念。供给侧结构性改革就是在充分认识到经济增长的根本动力不仅是投资与出口、经济发展是为了更有效地满足现有需求的基础上,转变依靠投资刺激经济增长的凯恩斯模式,将经济增长动力由需求端移向供给端,降低金融杠杆、消除僵尸企业、化解低端过剩产能,增加企业利润和竞争力,激发经济主体活力。

2. 消除低质无效供给

进行供给侧结构性改革是为了消除低质无效供给。长期以来,我国政府投资的主要方向是基础设施和制造业等领域,由此导致的结果是:一方面,部分地区基础设施超前建设,煤炭、钢铁、汽车等能源与制造业产品供给过剩;另一方面,部分中高端消费品行业发展滞后,人民群众日益增长的物质文化需要难以满足。数据显示,我国社会消费品零售总额增长率已从2011年的17.5%下降到2016年的10%左右。与之相比,2016年我国游客境外消费达到了2610亿美元,较2015年增加了110亿美元。正是由于目前国内难以提供能够满足需求的高端生活用品、旅游与文化产品,大量购买力才流向境外。

想要留住购买力就必须提供符合消费需求的产品。供给侧结构性改革就是通过简政放权、降成本补短板等一系列措施,收回政府对市场的干预之手,充分发挥市场机制对资源配置的作用,为优秀企业的发展创造公平竞争的良好环境,减轻企业负担,进而增加优质产品供给。

文化产业供给侧结构性改革的目标是以创新提高文化产品服务的供给,政府在其中扮演着重要角色。具体来看,政府应通过建立惩戒机制杜绝低俗供给，通过引导文化业态创新减少低端供给，通过完善市场竞争机制淘汰过剩供给，通过推动技术升级清理僵尸供给，通过充分开发文化资源盘活呆滞供给，进而培育新的经济增长点。

3.1.2 供给侧结构性改革的特征

1. 发挥市场在配置资源中的决定性作用

供给侧结构性改革就是让市场在资源配置和收入分配中起决定性的作用。市场的存在本身就是为了平衡供求矛盾，引导资源配置。经济学的基本原理告诉我们，在一个完全竞争市场中，供给不变的情况下，需求的增加使得单位产品价格提高，企业利润上升，吸引更多厂商进入，进而扩大产品供给规模。而当需求降低时，价格也会下跌，企业利润下降，部分企业退出市场，产品供给规模也随之下降。市场通过价格信号指导资源配置。目前我国各行业均存在不同程度的进入退出壁垒，既有经济层面的，也有政策层面的，企业进入与退出困难，导致以煤炭钢铁为代表的部分高经济壁垒行业价格扭曲，以石油行业为代表的部分行业价格失真，供给过剩与供给不足同时存在，市场机制失灵。

文化产业也是如此。长期以来，由于文化产品具有的意识形态属性、公共产品属性，政府对文化市场的管制十分严格，公共部门承担了新闻出版发行、广播电影电视等大部分文化产品的供给，并在资源配置中起决定性的作用。文化产业供给侧结构性改革就是通过简政放权、降低行业进入门槛等方式，改善价格信号扭曲问题，完善市场竞争机制，优化资源配置。

2. 发挥企业在产品供给中的决定性作用

供给侧结构性改革就是让企业在满足需求和创造需求中起决定性的作用。理想状态下，企业应通过价格信号和自身对于市场需求变化的判断决定生产何种产品，市场需求千变万化，企业也必须随时作出调整。在技术、资本和人力等各类资源有限的前提下，企业必须合理分配研发、生产、营销投入，依靠产品与服务的质量赢得消费者的信赖与喜爱；通过"创造性破坏"占领现有市场甚至创造一个新市场；提高管理水平，降低企业成本，增加企业利润。企业的信息源自市场，企业的决策依靠市场，企业的奖赏也来自市场，企业自主决策、自负盈亏，在产品生产中起决定性的作用。供给侧结构性改革就是通过去产能、去库存、去杠杆，消除僵尸企业，消解行政手段配置资源的后遗症，恢复市场功能，使企业无论是研发还是生产均以提高产品服务质量，满足需求为目标，合理决策、勇于创新、高效生产。

具体到文化产业，笔者认为，文化企业必须承担起提供优质文化产品、满足现有消费需求的责任，这就要求文化企业不断进行研发创新、投入资本、培养人才以提升要素供给质量和利用水平；企业必须承担起打造新颖消费模式、创造全新文化业态的责任，这就要求文化企业不断进行产业链整合，以多元化的产品供给为消费者提供更多的选择。

3. 发挥政府在制度供给中的决定性作用

供给侧结构性改革就是让政府在维护市场机制和保护企业利益中起决定性作用。众所周知，产业发展离不开政府的引导与扶持。政府的财政支出可以增加企业收入，鼓励企业创新，增加"创造性破坏"发生的可能性；政府的税收优惠能够吸引企业投资，提升市场竞争程度；政府制定的法律能够保护企业产权，维护企业的合法权益。政府的目标就是维持市场的正常运转，让市场机制充分发挥作用。应该注意到，当前我国各行业中政府的作用并不总是积极的：政府可能会阻碍市场机制发挥作用，如设置行政性进入退出壁垒，使得部分企业享受垄断收益而部分行业竞争激烈、利润微薄；对市场主体厚此薄彼，如片面追求做大做强国有企业导致的滥用财政补贴、税收优惠现象时有发生；产权保护不力又使得企业权益得不到保障，创新动力匮乏。因此，充分发挥政府在制度供给中的决定性作用，是供给侧结构性改革的重要特征。通过增加有效制度供给，激发市场活力，进而增加优质要素供给，引导资源合理配置，以实现优化产品供给、升级产业结构和转变发展方式的最终目标。

3.2 供给侧结构性改革视角下文化产业发展的影响因素

3.2.1 满足文化需求与创造文化需求

1. 依靠企业满足文化需求

按照马斯洛需求层次分析法，人们在满足了自身生理需求和安全需求之后，就会产生包括文化消费需求在内的高级需求。随着我国人均收入跨入 8000 美元大关，我国人民对于文化产品和服务的需求日益增加。国家统计局数据显示，2016 年我国城镇居民人均收入 33616 元，人均教育、文化和娱乐消费支出 2638 元，文化消费支出占人均收入的 7.8%，比 2013 年提高 0.3%；农村居民人均收入 12363 元，人均教育、文化和娱乐消费支出 1070 元，文化消费支出占人均收入的 8.6%，比 2013 年提高 0.6%。俗话说，"人心似水、民动如烟"，文化需求同样难以捉摸、飘忽不定。面对日益增长的文化消费需求，单纯依靠财政公共文化事业投入已经远远不能满足需要，必须依靠数量众多的文化企业提供更为丰富的文化产品。

2. 鼓励企业创造文化需求

熊彼得认为，创新就是产生"创造性破坏"的过程。产业的发展离不开"创造性破坏"的出现，世界上绝大多数的顶尖企业都是依靠"创造性破坏"脱离竞争激烈、利润微薄的成熟市场，并在新市场中独占鳌头，获得超额利润，实现企业的快速发展。文化企业也是如此，面对激烈的市场竞争和飘忽不定的文化需求，文化企业想要生存和发展就必须不断进行产品和服务的创新，创造新的文化需求，开辟新的文化市场，开发新的文化业态，获得超过竞争对手的利润和市场地位。文化产品的消费粘性较高，后发者不一定具有优势，只有先发者才能率先吸引到消费者，并在消费者头脑中创造出全新的消费需求。

3.2.2　要素供给质量与要素利用水平

产品的价值和吸引力是文化企业的核心竞争力（Lee 和 Drever，2013）[①]，是企业构筑竞争优势的重要抓手。企业只有提供科技水平较高、文化内涵较为丰富的文化产品，才能有效满足现有消费需求并创新的消费需求。因此，无论是从宏观层面即文化产业发展的角度来看，还是从微观层面即文化企业发展的角度来看，其提供的产品与服务的质量均是衡量其竞争力的核心指标。

---

① Lee N, Drever E. The Creative Industries, Creative Occupations and Innovation in London [J]. European Planning Studies, 2013（12）：1977 – 1997.

我国文化产业从产品结构看，存在日渐严重的结构性问题，低端文化产品明显过剩，中高端个性化文化产品与服务相对匮乏。以我国各地普遍开发的文化产业园区为例，目前，各地文化产业园区同质化倾向加剧，大量文化产业园区处于亏损状态。《中国主题公园行业发展模式与投资战略分析报告》中数据显示，截至 2015 年，我国共有 1500 亿元资金进入主题公园行业，项目质量参差不齐，70% 的主题公园处于亏损状态，只有约一成的公园能够盈利。与之相比，上海迪士尼乐园以其掌握的包括动漫、电影等优质 IP（Intellectual Property）资源为核心，依靠特色化的娱乐体验项目和个性化的衍生品开发零售模式，在短短一年内就实现了盈利①。国内优秀园区方面，可参考表 3 - 1 中列示的我国三大主题公园开发商集团经营状况。在不考虑园区数量和集团业务覆盖面的情况下，主题公园所提供的文化产品与服务的特色化与个性化倾向越明显，则其盈利水平增长越快。

表 3 - 1　　　　　　　　我国三大主题公园 2015 年集团经营概况

	园区主题	2015 年净利润（亿元）	净利润增速（%）
华侨城集团	旅游地产	46.41	- 2.80
华强方特	动漫虚拟现实	4.13	8.94
宋城集团	演艺与互联网	6.31	74.70

资料来源：《中国主题公园行业发展模式与投资战略分析报告（2015）》。

1. 生产要素的类型

一个行业所提供的产品的质量取决于高级生产要素的质量以及其利用高级生产要素的水平。"钻石理论"是由迈克尔·波特于 1990 年在《国家竞争优势》一书中提出的用于解释评价产业竞争力的理论。钻石理论包括六大要素，分别是生产要素、需求条件、关联产业、企业战略、政府行为和机遇。前四种要素是决定一个产业或者国家竞争力的主要因素，后两种要素为辅助要素，而政府行为的重要性相对高于机遇。

迈克尔·波特的"钻石体系"是一个动态的、双向强化的系统。作为双向强化的系统，模型本身内部各要素之间在产业竞争优势的提升过程中具有相互影响的互动关系，即其中任何一项因素的效果必然影响到另一项

---

① http：//www.chinanews.com/jingwei/07 - 14/58220.shtml.

的状态，且模型强调产业的要素创造能力对于竞争力的作用比简单拥有要素更为重要。

根据"钻石理论"，文化产业的生产要素主要包括人力、知识、资本、天然资源和基础设施，而这些生产要素的分类方法又有两种：将生产要素分为初级生产要素和高级生产要素，根据生产要素的专业程度将它们分为一般性生产要素和专业性生产要素，第一种分类中的高级生产要素有专业化的倾向。就文化产业发展来看，低端人力资源、天然资源和基础设施属于初级和一般性生产要素，高端人力资源、知识和资本属于高级和专业性生产要素。

2. 生产要素的质量

当前，我国文化产业发展同时面临着要素供给不足和要素使用效率不高两大困境（钟廷勇和孙芳城，2017）①。高端人才、知识、资本等高级要素供给较为缺乏，文化产品与服务的技术含量和文化内涵不高，文化产品与服务缺乏吸引力和文化感召力；文化企业生产和管理能力不足，各类生产资源并非处于高效利用的状态。因此，我国文化产业想要依靠生产要素建立起产业强大而又持久的竞争优势，就必须开发好、利用好高级生产要素和专业性生产要素，提高文化产品和服务的合意性。

值得一提的是，尽管生产要素会对产业竞争力产生重要的影响，但迈克尔·波特认为，与拥有生产要素相比，拥有能创造出高级生产要素并提高要素使用效率的合理的机制可能更为关键。我们知道，要素利用的影响因素又可以分为要素供给价格和要素使用效率两个方面。20 世纪 80 年代，美英两国在面对经济"滞胀"时，不约而同地采用了供给侧改革的办法。当时美国的情况是要素价格昂贵，因此美国政府主要采用减税的方法降低要素价格，增加要素供给，激发经济主体的活力。而英国的情况则是要素使用效率不高，因此英国政府主要采用放松管制和国有企业私有化的方式提高要素使用效率。这就提示我们，可尝试通过减轻文化市场主体税负，以增加优质文化生产要素供给数量；适当放松政府管制，进而提高行业竞争程度和各类生产要素的使用效率。

---

① 钟廷勇，孙芳城. 要素错配与文化产业供给侧改革［J］. 求是学刊, 2017（6）: 37 - 45.

3.2.3 整合价值链条与塑造文化品牌

1. 关联产业和价值链理论

迈克尔·波特"钻石理论"从宏观层面将企业战略和关联产业作为影响行业竞争力的重要因素。迈克尔·波特认为,相关与支持性产业的存在为产业竞争提供了一个优势网络,该网络通过由上而下的扩散流程和相关产业内的提升效应而形成。因此,相关和支持性产业的竞争力,对促进和增强产业的竞争优势,具有重要意义。此外,企业面对的是市场竞争对手的表现,企业怎样创立、组织和管理,同样是决定其竞争力的重要因素。

从微观层面来看,企业经营模式的差异也会影响企业的盈利能力。企业经营模式是其商业模式的一个组成部分,而商业模式的概念又源自于价值链理论。Timmers(1998)[①] 将价值链定义为一个描述参与者角色和获利渠道的,由产品、服务和信息构成的系统流程。商业模式在不同的视角下具有不同的定义。从经济视角可以将其定义为企业的盈利模式,从经营视角可以将其定义为企业的内部流程和组织管理,从战略视角又可以将其定义为企业在构建竞争优势、促进可持续发展方面的总体战略。

2. 波及延伸和价值最大化

如果说要素供给质量和利用水平直接决定了企业产品的价值与吸引力,解决的是企业"能不能"盈利的问题,那么商业模式则直接决定了产品价值的实现,解决的是企业盈利"多与少"的问题。企业在通过创新获得有价值的产品之后,如何实现价值最大化,即战略视角下的企业竞争优势构建和经济视角下的企业盈利模式构建,应是企业重点关注的对象。

笔者认为,文化企业应在着力打造产品核心文化科技价值的基础上,充分发掘文化价值链条,并通过打通研发、生产、推广等链条节点,实现规模经济和范围经济,形成自身独特的盈利模式,进而实现其创意价值的最大化。也就是说,文化企业如能实现文化价值链条的纵向延伸、内部延伸和波及延伸,就能够实现科技与创意的"再增值"。

---

① Timmers P. Business Models for Electronic Markets [J]. Journal of Electronic Markets, 1998 (2): 3 - 8.

需要说明的是，纵向延伸指的是企业拓展新业务，例如出版企业开发发行业务，动漫制作企业开拓网络动漫业务等，企业实现业务纵向延伸的关键在于打通融资、传播和销售渠道；内部延伸指的是企业通过兼并重组扩大现有业务规模，企业进行内部延伸的关键则在于增加自身各方面的优势；波及延伸指的是企业围绕核心文化品牌，进行跨区域和跨行业经营，如迪士尼集团就是围绕其拥有的高质量知识产权，通过经营动画电影播映、文旅乐园建设、衍生品制造与销售实现产业链的波及延伸，波及延伸最为重要的是文化产品的品牌建设和维护。

3. 品牌塑造和消费者依赖

根据"钻石模型"理论，产业发展的重要影响因素还包括产业的需求条件。对于普通产品市场来说，价格机制发挥着重要作用，价格变动不仅能够引导着供给和需求，还能够为生产者和消费者传递信号，"高质高价""一分钱一分货"。与之相比，文化产业则比较特殊，价格信号可能存在失真，品牌和口碑则成为消费者获得产品信息的重要渠道，知名厂商生产的产品由于存在品牌效应，价格再高也可能吸引众多的消费者。

文化品牌是企业区别于竞争对手的最显著的特征，也是文化企业的核心竞争优势。根据市场结构理论，在位企业依靠技术、资本获得的规模经济和绝对成本优势并不能成为强大的行业进入壁垒。除去政府管制，对于行业中的竞争对手和潜在竞争对手来说，产品差异化才是在位企业拥有的核心优势。消费者一旦习惯于消费个别企业提供的某种特定的文化产品与服务，则其竞争对手将很难扩大自身的市场份额，在位企业将凭借品牌优势获得稳定的客户群体和超过均衡价格的高额收益。

强大的品牌效应的存在使得我国政府应不断增强文化企业的品牌意识，打造具有象征意义的文化品牌，完善知识产权认定与维权等文化品牌保护措施。此外，由于波及延伸是文化企业延伸价值链条最为主流也是收益最高的方式，因此我们需要对文化品牌塑造进行重点分析。

以美国著名影视剧生产商 HBO 电视台为例。在 21 世纪初，电视剧的故事情节、场景再现能力均不如电影，导致电视剧行业的发展速度远不如电影行业，当时在美国名不见经传的影视剧生产商 HBO 电视台也因此处于破产的边缘。面对日益严重的经营危机，HBO 电视台审时度势，制作了全景展示新泽西黑帮家族斗争与生活的《黑道家族》电视连续剧。《黑道家族》与《教父》《好家伙》等传统黑帮电影不同，其主角尽管是新泽西州的黑道大佬，能够在地下世界呼风唤雨，但其依然受困于夫妻感情、子女教育等常人都会面临的问题。该剧播出之后迅速风靡全美，电视剧和黑帮文化再次赢得了美国人民的关注与喜爱，HBO 电视台凭借知识产权带来的丰厚收益一跃成为美国最大、盈利能力最强的商业性电视台。其出产的电视剧以写实风格、精良制作赢得了市场口碑，并在此后几十年间把持着美国电视剧制作的"头把交椅"，无人可以望其项背。

3.2.4 政府支持力度与政府扶持方式

1. 政府对文化产业的扶持力度

第一，根据幼稚产业保护理论，政府应加大对文化产业的扶持力度。幼稚产业保护理论又称为幼稚产业理论，最早由美国经济学家汉密尔顿在1791 年提出，其基本观点是：某个国家的一个新兴产业，当还处于最适度规模的初创阶段时，可能无法应对外国优势产业的竞争，如果要想发展该幼稚行业就应该采取过渡性的保护与扶植政策，提高其竞争能力，使其产生比较优势，对国民经济作出贡献。19 世纪德国的李斯特（Friedrich List）对该理论进行了深化和发展，他从生产力保护的角度，阐述了保护民族工业的重要性。政府必须从政策上支持民族工业，以保护本国生产力。英国经济学家穆勒（John Stuart Mill）曾指出，并非所有产业都需要保护，只有当国内某种工业、产业适于建立，并且经过一定时间的保护后能够自立且能够达到其他国家的发展水平，才可以采取保护措施。

一般说来，幼稚产业具有以下特点：一是该国尚未发展成熟的新兴产业，也就是说该产业暂时还没有能力同国外较发达的同类产业进行竞争，但该产业具备强劲的发展潜力；二是具有较大的产业关联度，即该产业的发展和国内很多其他产业的发展息息相关，能够带动其他产业的发展，对这些产业来说具有正的外部性；三是现阶段该产业本身比较缺乏推动其发展的资金实力。上述特点决定了一个国家有必要通过宏观政策的制定和实施来保护幼稚产业，使其免受国外同类产业的竞争，同时采取一系列包括财税优惠政策在内的保护政策促进其发展。

分析文化产业的特点可知，首先，文化产业具有就业创造和市场开拓能力强、消费需求升级快，与工农业以及其他服务业具有强关联关系等众多特点。其次，现阶段我国文化产业尚处于初创期，文化产业产值占 GDP 的比重较小；产品与服务品种单一，技术不成熟；生产规模小，需求增长缓慢；产业利润率低，自身积累弱；研发投入少，产业赖以生存的创新力不足。再次，在加入世界贸易组织后，西方发达国家的文化资本、文化产品服务以前所未有的规模和速度进入我国文化产业领域，面对西方发达国家拥有资本、技术、创新、经营管理优势的文化企业，我国的文化产业、文化传统、意识形态都受到了巨大的冲击力。因此，政府完全有必要采取一系列优惠政策措施扶植文化产业的发展。

第二，根据公共产品理论，政府应妥善确定文化产业的扶持范围。依照公共经济学和微观经济学理论，社会产品分为公共产品和私人产品两大类型。萨缪尔森在《公共支出的纯理论》中将纯粹的公共产品和劳务界定为，每个人消费这种物品或劳务不会导致他人对该种产品或劳务的减少。公共产品不仅包含有形的物质产品，也包含无形产品和服务。经济学和财政学相关理论均认为，相对于私人产品而言，公共产品或服务具有三个显著特征：效用的不可分割性、非排他性和非竞争性。也就是说，凡是具有非排他性和非竞争性特点的是公共产品，具有排他性和竞争性特点的是私人产品，介于两者之间的则是准公共产品。

按照公共产品理论的分类方法，可将文化产品分为三类。第一类是纯公共文化产品，这类产品同时具有非排他性和非竞争性。非排他性意味着不管提供者是否愿意，凡是在该产品的效应覆盖范围和区域内，任何人都能对其进行消费或享用。非竞争性指该产品的效应覆盖范围和区域内新增消费者导致的边际成本为零，比如公共广播和公共电视服务，非排他性体现在只要某人购买了收音机和电视机就能进行收听收看，而任何人都无法对其进行限制或排除，非竞争性体现在每增加一人收听收看广播电视服务，给电台和电视台带来的边际成本为零，也不存在消费上的拥堵现象。第二类是准公共文化产品，如免费博物馆，随着参观人数的增多会增加博物馆运营的边际成本和拥挤成本，但是政府出于公共目的却不对有意愿参观的人予以排他。第三类是私人文化产品，既具竞争性又具排他性，这类产品通过市场引导和供给是有效率的，其生产和提供一般要遵循市场化的原则，依据供求关系来定价。公共产品和准公共产品一般会由政府提供，私人文化产品政府则不应对其生产和消费进行过多的干预和补贴。随着技术的发展，部分文化产品的公共物品属性逐渐消失，例如有线电视网络的发展使得运营商可以轻而易举地将部分消费者排除在外，因此从公共产品理论出发，除了部分满足基本消费需求、具有显著公共物品特征的文化产品外，政府不应对文化产品生产给予过多的补贴和优惠。

此外，根据公共物品理论可以将文化产品的生产提供方式可划分为三类。一是政府生产、政府提供，主要适用于纯公共文化产品，比如公共基础设施、公共文化服务、公益宣传片等，由公共部门生产，然后由政府部门向社会以不收费的方式提供。二是政府生产、市场提供，主要适用于准公共文化产品，这类产品主要满足基本公共文化需求，例如收费博物馆、剧院、大型文化场馆等。这类设施最初由政府运用财政资金投资建设，但为了提高运行效率，可以委托经济主体进行管理，采取市场化的经营方式进行，而且一般会和经济主体签订合同，当需要通过这些场馆为民众提供公共文化服务时，政府可以在一定次数内免费使用。大型的文化产业服务平台或文化产业共用技术平台由于投资规模很大，投资回收期漫长，产业发展初期一般没有私营企业投资建设，因此也需要政府部门来投入生产，并在后期可引入市场机制，为各类文化企业提供有偿服务。三是市场生产、政府提供，即文化产品或服务的生产通过市场来进行，然后由政府来提供。这类产品的提供主要通过政府购买的方式来实现。

第三，根据外部性理论，政府应对具有正外部性的文化产品给予补贴。由于本书研究的文化行业所生产的产品大都为私人文化产品，所以如果使用公共产品理论进行分析，则政府没有对其进行补贴的必要。文化产业与其他产业不同，其生产的私人文化产品尽管具有竞争性和排他性，但同时也具有外部性。因此从外部性的角度出发，政府应给予文化产品生产以补贴和资助。

英国经济学家马歇尔（Alfred Marshall）在 1890 年发表了《经济学原理》，他提出并阐述了"外部经济"的概念，但并未明确外部性的说法。庇古（Arthur Cecil Pigou）在马歇尔"外部经济"的基础上进行了扩充，提出了"外部不经济"的概念和内容，将外部性问题的研究从外部因素对企业的影响转向企业或居民对其他企业或居民的影响。其主要观点是：外部性实际上就是私人边际成本与边际社会成本、边际私人收益与边际社会效益的不一致；在没有外部效应时，边际私人成本就是生产或消费一件物品所引起的全部成本；当一个人或厂商从事的行为所产生的利益不仅使行为人得到好处而且可以使其他个人或厂商得到好处时，就产生了正的外部性，此时企业所产生的收益并没有由本企业完全占有，其差额就是外部收益；当一个人或厂商的行为会损害他人或给他人带来不利影响时，行为人无须考虑承担损害的机会成本，即边际私人成本小于边际社会成本时，就会产生负的外部性，此时产品的成本只有一部分为行为人承担，其余的成本由其他人承担，但全部收益却为行为人所有。学者们对外部性的论述，无外乎从两个角度进行，一是从生产的角度考察外部性，即生产过程带来的正外部性或负外部性；二是从消费的角度考察外部性，即消费过程带来的正外部性或负外部性。

文化产业的外部性同样可以从生产和消费两个方面来理解。从生产角度看，文化产品具有正外部性，主要因为文化产品的供给主体文化企业，通过提供能够弘扬优秀文化传统、有助于树立正确的价值观、高质量高品位的文化产品，就能够在实现企业经济效益的同时使他人或其他企业受益，取得一定的社会效益。从消费角度看，文化产品的正外部性是指人们通过消费文化产品或文化服务享受愉悦的同时，还可以从文化消费中获得文化知识、提高自身道德素养，不仅有利于提高国家的整体文化素质，还能取得促进社会和谐的额外效果。

当然，文化产品也可能产生负外部性，从生产角度看，如果文化企业或个人生产、传播负面效应的文化产品，会腐蚀消费者的心灵，消磨人的意志，最终可能导致社会整体素质低下，使他人或其他企业受损。从消费角度看，庸俗、低级的文化产品不仅对消费者本身产生严重误导，扭曲消费者的精神世界和价值观念，而且对整个社会和民族文化也会造成严重的精神污染，甚至摧毁民族的文化根基。例如经常观看暴力恐怖视频或玩暴力游戏的消费者不仅自身世界观和人生观很可能出现偏差，产生仇视社会、仇视他人的极端思想，更有甚者，可能诱发犯罪行为，制造暴力事件，危害其他社会成员。因此，政府应对正外部性给予适当的补贴，对于负外部性则要及时矫正。值得注意的是，由于外部性缺乏固定的判断标准，所以正外部性的补助标准和负外部性的矫正程度有时难以把握。

文化产品外部性的进一步划分。仅以正外部性为例，我们可以尝试将文化产品的外部性划分为意识形态外部性、技术外部性和文化外部性。技术外部性和文化外部性分别对应文化创新定义中的科技创新与文化内涵（见 1.2.3 节），其中技术外部性主要指的是技术研发外溢效应带来的外部性，表现为技术进步带来的产品结构和产业结构升级；文化外部性主要指的是产品文化内涵不断丰富带来的外部性，表现为相关产业产品"文化创意化"、国家文化感召力和吸引力的提升。外部性的强弱方面，由于我国是社会主义国家，因此"意识形态无小事"。影响技术外部性强弱的因素较多，一般来说，一个行业的基础研发生产和传播技术具有较大的外部性。在文化外部性方面，一个区域中越是具有特色性和代表性的文化产品，其外部性越大。

表 3 - 2 中列示了本书研究涉及的部分文化产业的公共物品属性、外部性和提供方式，我们可以大致上得出，如果一种文化产品和服务具有显著的公共物品属性，那么这种产品和服务的提供责任主要在于政府；而如果一种文化产品和服务具有显著的外部性，无论是意识形态外部性还是技术与文化外部性，则政府应对其生产消费活动进行补贴，外部性越大，补贴支持的力度就应该越大。

表 3 - 2　　　　　　　文化产业和文化产品的提供方式

文化行业	非竞争性	非排他性	外部性	提供方式
新闻	√	√	意识	政府直接提供
出版发行	—	—	意识、技术	政府补贴提供
广播	√	√	意识、技术、文化	政府直接提供
电影电视	—	—	意识、技术、文化	政府补贴提供
文化艺术	—	—	文化	政府补贴提供
互联网文化	—	—	技术、文化	政府补贴提供
广告会展	—	—	技术	政府补贴提供
文化创意	—	—	技术、文化	政府补贴提供

续表

文化行业	非竞争性	非排他性	外部性	提供方式
动漫游戏	—	—	技术、文化	政府补贴提供
文具乐器	—	—	—	市场方式提供
专用设备	—	—	技术	政府补贴提供

注：意识、技术、文化分别表示该行业具有意识形态、技术和文化外部性。

2. 政府对文化产业的扶持方式

尽管从公共物品理论和外部性理论出发，政府确实存在干预文化生产的必要，但是由于同时存在信息不完全等因素导致的"政府失灵"，政府制定的政策有时并不能够推动文化产业发展。

通过梳理我国文化产业政策可以发现，我国实行的是"选择型"文化产业政策，大量文化产业政策集中于"需求侧"，较为忽视市场作用。由于我国文化产业脱胎于文化事业，且部分文化产品具有意识形态属性，政府对文化的管制与干预一直较强，大量文化产品由政府直接生产和提供。2003 年以后，随着管制放松和各类资本大量进入文化产业，我国政府开始由"办文化"逐步转向"管文化"，财政也由"直接支出"逐渐转向"间接支出"。与此同时，政府通过实施包括设置进入壁垒、选择财政补贴对象等在内的"选择型"产业政策，对资源配置、收入分配进行干预。

中央政府制定的产业发展规划、财政扶持政策并不能有效推动文化产业发展，反而会造成资源配置的"潮涌现象"和"马太效应"；部分地方政府在"GDP 锦标赛"导向下"一哄而起、一拥而上"，建设了大量的文化产业园区，导致投资"固定资产化"，部分地区在"唯技术论"导向下支持了众多文化产业科技项目，造成技术"泛滥化"，部分地区在"资金崇拜"导向下盲目引入各类资本，使得资金"泡沫化"。政府代替市场对资源配置起决定性的作用，导致文化产业供给侧结构性失衡。

文化产业想要获得大发展大繁荣就必须依靠市场机制发挥作用。市场的有效运转能够高效地进行资源配置和收入分配。一方面，在一个完全竞争市场中，消费者通过支付市场价格就能轻而易举地购买到合意的文化产品。一旦文化产品供给不足，文化消费需求难以满足，文化产品的价格就会超过均衡价格，在位厂商就能获得超额利润，这就会吸引新的厂商进入文化产业，提供文化产品，满足消费者的需求，并使文化产品价格回落到均衡价格。另一方面，一旦某个厂商生产的文化产品的质量低于其竞争对手，消费者就可能"用眼投票"，转为其竞争对手的用户，该厂商选择就只剩下提高产品质量或者退出文化市场。市场机制能否发挥作用，政府是重要的影响因素。具体到文化产业，政府必须妥善维护企业利益，保护企业的知识产权，必须有效保护消费者权益，剔除不良文化产品，进而维护市场机制的正常运转。

企业的创造力是产业发展最宝贵的资源。任何挫伤企业积极性的行为带来的后果都是十分严重的。如果知识产权保护不到位，企业就会缺乏创新欲望，如果财政税收政策厚此薄彼，企业就会失去增长激励，如果文化行业准入壁垒过高，企业就会失去发展机遇。当市场中充斥着缺乏机遇、激励、欲望的文化企业，文化产业发展就会举步维艰，文化产业结构呆板僵化，文化产业政策偏离失效。

财政补贴与税收优惠是政府扶持产业发展的重要手段。如前文所述，在面对具有正外部性的文化活动时，政府扶持的力度不易把握。更为重要的是，政府作出的扶持"选择"往往不是"最优选择"，政府补贴可能会妨碍市场机制发挥作用，导致各类生产要素的无效率配置，进而扭曲市场主体行为，削弱其创造力。

与财政直接扶持相比，税收优惠政策可能更为中性。由于税收涉及产品生产、流通、消费各个环节，扩大税收优惠政策覆盖面可以鼓励资本进入文化产业、减轻文化企业生产研发负担、降低文化产品价格；与政府投资、项目建设和研发补贴、消费补贴等财政支出政策相比，税收优惠政策将资源配置和收入分配的决定权交给了市场，由市场主体在资源总量约束下进行投资、研发、生产和推广等生产经营活动，依靠市场机制尽可能地消除信息不对称、逆向选择和道德风险问题。因此，应尝试减少政府对文化产品生产消费的干预，减少政府补贴数量，扩大相对更为"中性"的税收优惠政策覆盖面；保护文化企业的创造力和活力，为文化企业创造良好的市场环境，让文化企业成为文化产业发展的根本动力。

　　根据本节的论述，本书的分析框架如图 3 - 1 所示。文化厂商是文化产业供给侧结构性改革研究的中心。第一，分析文化产品质量对企业盈利能力的影响。供给侧要素端，厂商在市场上获取生产要素，并将其转化成文化产品；供给侧产品端，厂商在市场上出售文化产品和服务，并获得收入。文化创新通过提升要素供给质量和要素使用效率，提高文化产品与服务的质量，进而增强企业的盈利能力。当然，这种影响是建立在产品与服务能够切实满足市场消费需求的基础之上的。第二，分析企业行为对其盈利能力的影响。即市场主体在文化创新的基础上，如何通过整合产业链条实现创意价值的收益最大化。第三，分析政府支持方式对厂商盈利能力的影响。由于政府可以依托财税政策左右文化企业获取要素的成本、出售产品的收益以及整合产业链的行为，因此，将财税政策纳入分析框架，就可以在产品供给质量与制度供给质量之间建立联系。

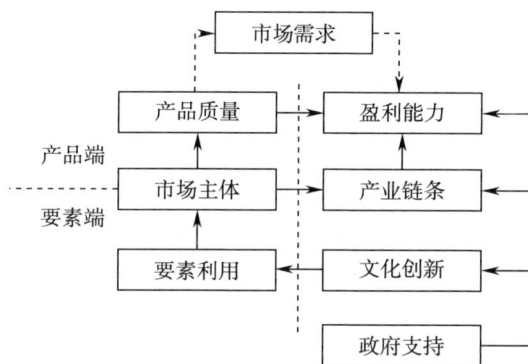

图 3 - 1　文化产业发展影响要素的分析框架

3.3　供给侧结构性改革视角下文化产业发展涉及的三个关系

　　如图 3 - 2 所示，我们可以在影响文化产业发展的文化创新、产业链整合、企业盈利能力与政府支持方式这四大要素的基础上，提出发展文化产业和实现文化产业供给侧结构性改革所必须处理好的三个关系。

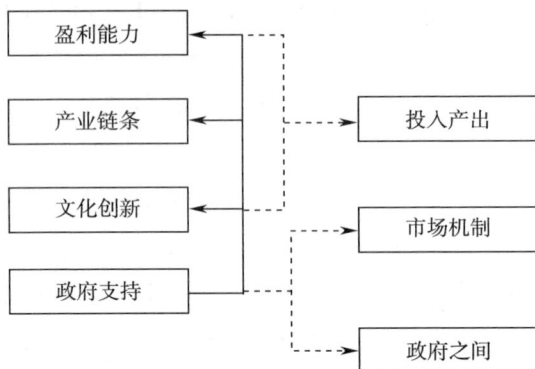

图 3-2 供给侧结构性改革视角下发展文化产业必须处理好的三个关系

3.3.1 投入与产出之间的关系

文化产业的发展离不开技术、人力、资本、文化资源等各类要素的投入。在资源有限的前提下，必须妥善处理好要素投入与产业发展之间的关系。我国文化产业发展进程可以对此进行较好的证明。首先，在文化产业发展初期，可以通过优化存量资源配置将资源从生产率较低的部门转移到生产率较高的部门从而促进文化产业发展，我国进行的文化事业单位转企改制就是如此。其次，进入产业发展起飞期，就必须依靠增加各类要素投入，获得规模经济和范围经济，进而促进文化产业发展。培养文化产业人才、吸引社会资本进入文化产业，就是我国在促进文化产业发展上作出的有益尝试。最后，一旦产业发展速度下降或者进入发展瓶颈期，单纯依靠增加要素投入已经不能有效驱动产业发展，人力、资本等各类要素的边际产出递减，甚至边际产出为负时，就必须转变产业发展方式，转变产业发展理念，激发市场主体的创新活力，提高文化产业的全要素生产率，使投入产出的价值比最大化。

3.3.2 政府与市场之间的关系

政府在市场无法提供的公共文化产品与服务领域不能"缺位"。文化产品能够影响消费者的世界观、人生观、价值观，能够影响社会价值导向，具有公共物品的属性。文化产业的发展能够带动相关产业发展，增加相关产业产品的附加值,具有显著的外部性。在提供具有外部性的公共文化产品时,市场无法进行有效的资源配置。具有公共物品属性文化产品必须由政府负责提供,或者由私人生产政府购买提供。政府必须对具有显著外部性的文化产品生产进行干预,对具有正外部性的文化产品可通过给予财政补贴以弥补其生产成本与社会收益的差额,对具有负外部性的文化产品则必须予以严格管控,防止负外部性的外溢。

政府在市场能够高效提供的私人文化产品与服务领域不能"越位"。文化产品能够满足消费者的需求,增加消费者的效用。大部分文化产品具有消费的竞争性和排他性,是典型的私人物品。市场能够高效提供私人物品,政府不应对其进行过多干预。在 1978 年以前,我国已经形成了完整的文化管理体制,各级政府内部均设置了相应的文化管理部门,经营性文化产业几乎没有生存发展的空间,文化产品和文化服务几乎全部由文化事业单位提供。随着文化体制改革的稳步推进,文化市场逐渐繁荣起来。文化产业的发展带来了大量新机遇,也产生了不少新问题,政府的管理理念和扶持措施必须进行调整才能更好地支持文化产业持续发展。政府必须转变观念,从"办文化"变为"管文化",从直接支持变为间接保障,从管制审查变为宽容鼓励。在明确扶持目标的基础上,创新扶持手段,加大扶持力度,激发产业活力,让市场在资源配置中起决定性的作用。

3.3.3 不同层级政府之间的关系

我国文化产业的发展离不开各级政府的协同配合,各级政府必须形成政策合力。目前,在政府支持文化产业发展的问题上存在"羊群效应"。以财政专项资金为例,中央政府设立了包括促进文化产业发展、宣传文化事业发展、电影事业发展、中小企业发展、动漫产业发展等十多项文化产业发展专项资金,地方政府也大都设置了对应的省市级专项资金。中央政府如果决定支持某个产业的发展,地方政府往往会选择跟进,发达地区支持某个产业的发展,落后地区往往会进行模仿。这既有好处也有不足。好处是能在短期之内集中资源,解决制约产业发展的资金与技术问题。不足则在于各级政府容易"一拥而上""一哄而起",各类资源在财政资金的引导下涌入这个行业,短期之内就会造成产品同质化、行业竞争加剧和企业利润下降等一系列问题。因此，必须协调好各级政府的政策目标与扶持方式，优化财政资源配置。

中央政府必须完善经济激励和政治激励方式，对地方政府进行有效引导。文化产业的发展是一个长期的过程，技术创新的见效周期可能很长，需要技术、资本、人力资源的持续投入，尤其需要对研发创新和文化内涵的持续投入。目前，我国地方政府是在中央政府设置的政治和经济激励下进行 GDP 锦标竞争。在 1994 年分税制改革之后，地方政府拥有了更多的政策竞争工具。这就有可能导致地方政府为了实现增加 GDP、赢得经济和政治锦标赛的短期目标，将有限的财政资源投入到支持低端文化制造业和文化服务业方面。从短期来看，这些行业产出较高，但是从长远来看，却不利于文化产业的结构调整和全要素生产率的提高。因此，中央政府必须在政治和经济绩效考评中加入培育文化产业内生增长能力的相关指标，以更好地评价地方政府的工作绩效，引导地方政府将财政资源投入能够激发文化创意和科技进步的活动中。

总而言之，要想实现文化产业供给侧结构性改革，就必须处理好投入产出、政府与市场、不同层级政府之间的关系。推动文化创新，提高要素使用的专业化水平和文化产品的供给质量；破除行业壁垒，帮助文化企业确立盈利模式；强化政府的制度供给能力，发挥市场在资源中的积极作用；鼓励因地制宜，推动各级政府不断转变职能。

第4章

文化产业发展影响因素的
实证分析

由前文分析可知，文化产业供给侧结构性改革的根本目标在于增加文化产品供给合意性，进而提高文化企业的盈利能力。钻石理论和价值链理论告诉我们，生产要素和文化企业选择的经营模式，都会左右文化企业的盈利能力和竞争力（刘颖琦等，2003）[①]。

通过文献梳理可以发现：第一，大量定性和定量研究（成邦文等，2001[②]；郭玉清，2006[③]；束义明，2011；张洁，2013；马箭和陈子华，2014；臧志鹏，2015）的研究结果均表明，技术、资本和人力资源对文化企业的发展具有重要的意义，这与发展经济学中有关国家和产业增长的结论是相同的。例如，马箭和陈子华（2014）认为，人力资本和物质资本对文化企业发展具有重要影响。

但需要注意的是，在实证方面，前人的研究（马跃如等，2012；袁海和吴振荣，2012；夏一丹等，2014[④]）普遍采用员工人数和资产总值作为投入要素变量，以文化产业净利润或者营业收入作为产出变量，对文化企业的生产函数进行分析，这忽略了文化企业"轻资产"和无形资产较多的特点，容易得出增加投资便可以促进文化产业发展的结论。其实，各类要

---

① 刘颖琦，吕文栋，李海升. 钻石理论的演变及其应用 [J]. 中国软科学，2003（10）：139－144，138.

② 成邦文，刘树梅，吴晓梅. C－D生产函数的一个重要性质 [J]. 数量经济技术经济研究，2001（7）：78－80.

③ 郭玉清. 资本积累、技术变迁与总量生产函数——基于中国1980—2005年经验数据的分析 [J]. 南开经济研究，2006（3）：79－89.

④ 夏一丹，胡宗义，戴钰. 文化传媒上市公司全要素生产率的 Globe Malmquist 研究 [J]. 财经理论与实践，2014（4）：48－52.

素投入带来的收益肯定是不同的。比如刘畅和赖柳华（2014）就认为，人力资本和文化资本的积累是产业发展的重要因素，文化企业不能盲目扩张规模。

第二，学者们大都是从宏观角度出发分析"技术进步"对文化产业发展的作用，得出的结论均相对正面。但他们忽略了一点，那就是从微观角度来看，文化企业的资源总量是有限的，如何平衡生产与研发之间资源投入，对企业来说是一个重要问题。一味增加研发投入，提高创新和技术水平，对企业生产和创意"变现"的能力肯定会造成影响。

第三，文化企业整合产业链条的行为对企业盈利能力的影响并不明确。部分学者指出，文化企业整合产业链条能够帮助文化企业实现规模经济、范围经济与协同效应，增加营业收入和净利润，并促进文化创意在产业链上不断增值（冯华和温岳中，2011[1]；吴利华等，2011[2]；花建，2014）。但也有学者认为，文化资产价值波动性较大，专业性较强，对收购方是一种巨大挑战。被并购资产估值不当和产生收益能力不强，会导致并购企业营业收入和净利润下降（潘爱玲和邱金龙，2016）。此外，由于缺乏文化企业经营行为的信息，有关文化产业链的文献均是理论分析和实例分析，缺乏对企业整合产业链对盈利能力影响的实证检验。

因此，在本章中我们首先从宏观角度简要分析我国文化产业发展的现状，简单探讨我国文化产业发展面临的技术研发能力不足等问题；其次从企业微观角度出发，构建文化企业生产研发模型，分析文化企业资源投入与企业盈利能力的关系，实证检验企业科技水平和产品文化内涵对企业盈利的影响；再次通过加入市场地位、经营模式等相关变量，实证检验文化企业面对的不同市场环境以及企业整合产业链的行为对其盈利能力产生的影响；最后分析企业应如何在生产研发资源投入中间取得平衡，以获得可持续发展的能力。本章的模型构建和实证检验能够为后续章节将财税变量纳入模型分析框架，从微观层面讨论财税政策对文化企业的影响打下基础。

---

① 冯华，温岳中．产业链视角下的我国文化产业发展 [J]．国家行政学院学报，2011（5）：82－86．

② 吴利华，张宗扬，顾金亮．中国文化产业的特性及产业链研究——基于投入产出模型视角 [J]．软科学，2011（12）：29－32．

4.1　我国文化产业供给侧现状分析

4.1.1　文化产品供给与文化消费需求不匹配

从产品端来看，文化产业存在供给与需求不匹配的现象。第一，我国文化消费需求不足。钱纳里（Hollis B. Chenery）的研究表明，当一国居民人均 GDP 达到 3000 美元时，居民文化消费支出占总支出的比例应高于 20%（孔少华和何群，2017）。国家统计局的数据显示，2014 年我国居民人均文化消费支出为 3600 元，占总收入的比例为 10.13%，2015 年两项数据均小幅上升，分别为 3950 元和 10.23%。与美国和欧盟国家动辄超过 30% 相比，我国文化消费支出比例不高。据专家估算，我国文化产业潜在消费规模为 4.7 万亿元，而实际消费规模仅为 1 万亿元左右，文化消费需求明显不足。此外，我国文化消费存在明显的外溢倾向。2017 年我国居民赴海外旅游人数达到1.17 亿人次，境外消费 1045 亿美元（陈清，2017）[①]。再比如 2014 年我国电视节目进口量 26089 小时，进口总额 20.90 亿元，电视节目出口量 21670 小时，出口总额 2.72 亿元，充分说明我国消费者更愿意观看西方电视节目，而我国的文化产品对消费者的吸引力则非常不足。

第二，我国文化产品供给不能有效满足文化消费需求。数据显示，2014 年我国出版物库存销售金额比约为 130∶100，50% 以上的影视作品得不到播映机会。2014 年我国共生产国产故事片 618 部，而最后在电影院放映的只有 259 部，大量影视作品处于院线 "一日游" 甚至 "半日游" 状态，发行方不认可、院线不认可、消费者更不认可。低端产能过剩，叫好又叫座的精品十分稀缺，而且这种情况并未随着时间推移发生改变。2016年我国获准生产的电视剧超过 330 部共 15000 集，而只有《人民的名义》等少数几部电视剧能够获得市场青睐。由于文化消费需求具有被动性和滞后性，即文化消费需求更多的是在文化产品与服务出现在市场上之后才被激发出来，这表明我国的文化产品和服务并不能满足消费者的需求（陈

---

① 　陈清. 文化产业供给侧结构性改革的缘由、方向和路径探讨 [J]. 现代传播（中国传媒大学学报），2017（10）：120 – 122，142.

清,2017)。因此,想要保持文化产业的高速增长,增强文化产业竞争力就必须增加文化产品的吸引力。

4.1.2 要素投入总量与产业增长速率不匹配

从要素端来看,我国文化产业存在要素投入总量与产业增长速率不匹配的现象。第一,要素投入不断增加。 《文化及相关产业统计年鉴(2014)》中的数据显示,截至2014年,我国城镇文化产业就业总人口达到145.51万人,与2005年相比,增加20万人,年均增幅1.9%。固定资产规模不断扩大。固定资产投资24356亿元,与2005年相比,增加21464亿元,年均增幅27.06%。技术要素价值凸显。2014年,我国文化产业专利授权71304件,发明专利5551件,新型专利18399件,实用外观设计34866件,实用外观设计占比达到了48.89%。

第二,产业增速持续下降。近年来,尽管我国文化产业获得了快速增长,但是文化产业增加值占GDP的比重变化却不大,且增长率有所放缓。如图4-1所示,从2004年到2014年,我国文化产业及相关产业增加值由3440亿元增加到23940亿元,占GDP的比重由2.30%增加到3.76%,增长率由37.1%下降到12.1%。根据《国民经济和社会发展第十三个五年规划纲要》,到2020年我国文化产业要成为国民经济的支柱产业,与之对应,我国文化产业在"十三五"期间必须保持15%以上的高速增长才能达到这个目标,而当前文化产业增速则远低于这个标准。

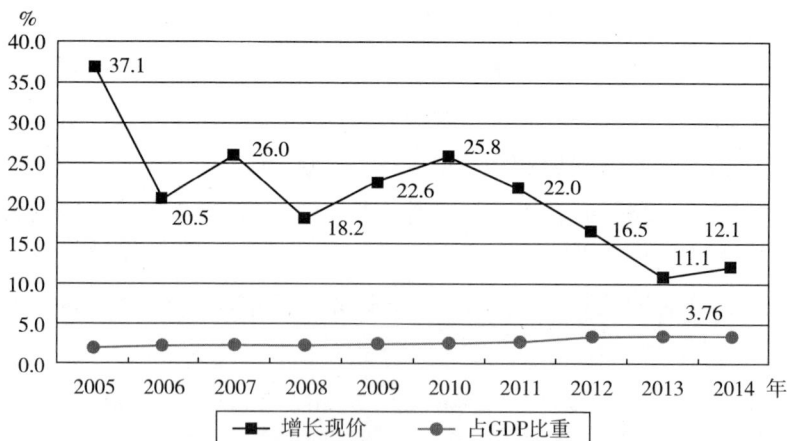

图4-1 2005—2014年我国文化产业产值增速以及占GDP的比重

4.1.3 产品生产能力与企业盈利能力不匹配

从企业端来看，我国文化产业存在产品生产能力与企业盈利能力不匹配的现象。第一，部分文化行业存在严重的产能过剩。以文化主题公园和影视剧行业为例。前瞻产业研究院发布的《中国主题公园行业发展模式与投资战略规划分析报告》显示，目前全国已累计开发主题公园旅游点 2500 多个，投入资金达 3000 多亿元，一座城市拥有多达 10 个主题公园的现象亦不少见。然而，十余年来，已倒闭的主题公园约占 80%，当前仍在运营的主题公园中，有 70% 处于亏损状态，20% 收支持平，仅有 10% 能维持较好的经营业绩。再比如电视剧行业。我国电视剧产量世界第一，2015 年全国生产完成并获发行许可的电视剧剧目共计 394 部，16540 集，但播出量只有 8000 集左右。反观国际市场，优质进口电视往往以强大的有效供给占据更高的收视率。例如《太阳的后裔》只是韩国娱乐工业流水线上的一件产品，但其每集 23 万美元转播权的价格以及播出 6 集达到 28.5% 收视率，播出 15 集时收视率已达 34.8%。

第二，低端文化产品的生产能力较强，高端文化产品与服务较为匮乏。如图 4 - 2 所示。从 2004 年到 2013 年，我国文化制造业[①]增加值由 1481 亿元增长到 9166 亿元，营业收入由 8911.2 亿元增长到 43501.9 亿元；文化服务业增加值由 1241 亿元增长到 10039 亿元，营业收入由 3423.3 亿元增长到 21762.0 亿元。尽管文化服务业盈利能力明显高于文化产品制造业，但是文化服务业的发展仍落后于文化制造业。

与文化产品供给能力形成鲜明对照的是文化企业的盈利能力。《文化及相关产业统计年鉴（2014）》数据显示，2014 年我国规模以上文化企业营业利润 4965 亿元，营业收入为 72838 万亿元，平均毛利润率仅为 6.8%。此外，2015 年 A 股 70 家文化上市公司总收入为 2160 亿元，总利润为 259 亿元，财政补贴 25 亿元，企业净利润的 1/10 来自财政补贴。这

---

① 根据 2004 年国家统计局发布的《文化及相关产业分类》，文化产业分为文化制造业、文化服务业和文化批发零售业。文化制造业包括工艺美术品、乐器、文化设备制造等；文化服务业包括新闻出版、广播电影电视、文艺创作与表演、文化遗产与群众文化服务等；文化批发零售业包括工艺美术品销售、广播电影电视设备销售等。

其中，民营企业总收入 1000 亿元，净利润 84 亿元，财政补贴 8.6 亿元，净利润不高，依靠财政补贴增厚业绩现象较为突出①。

造成产品生产能力与企业盈利能力不匹配的原因是大量文化产品缺乏文化内涵与创新创意。许多低俗供给、低端供给、过剩供给、僵尸供给和呆滞供给挤占了文化市场，中低端产品生产过剩，企业产品积压，高质量、高科技产品需求不断增加但是有效供给不足。文化产品进出口相关数据可以说明我国文化产品科技文化含量不高，高端供给不足的现状。2014年我国文化产品进出口总额达到 1273.70 亿美元，与 2005 年相比增加 1086亿美元，年均增幅达到 25.67%，净出口额 962.94 亿美元，增加 798.2亿美元，年均增速 23.34%。工艺美术品、文具、乐器、玩具等文化用品贸易顺差最大，分别为 650.57 亿美元和 274.42 亿美元，音像制品、收藏品以及印刷专用设备则存在贸易逆差。

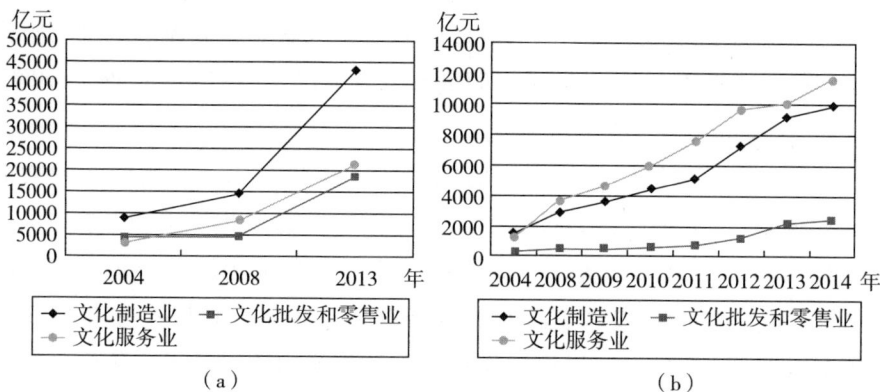

（a）

（b）

图 4-2 文化制造业、服务业和批发零售业发展概况

简言之，我国文化产业存在低端文化产品产能过剩，文化消费需求难以满足；行业利润水平下降，企业投资欲望不足；要素利用效率低下，产业发展速度不足等种种问题。而产生这些现象的根本原因在于，文化产品质量不高，科技文化含量不足；企业盈利模式不明，利润增长点不定，进而导致文化产业持续发展动力缺失。因此，文化产业亟需从供给端入手，转变文化产品供给方式、激发文化市场主体活力，优化企业经营模式、创

---

① 数据来源为 Wind 数据库。

造全新的文化业态，以增强企业盈利能力，促进文化产业全面协调可持续发展。

4.2　文化企业盈利能力影响因素的实证检验

2012 年文化部下发的《"十二五"时期文化产业倍增计划》中就提出"以优质、丰富的文化产品和服务吸引消费者，增加文化消费总量，提高文化消费水平，增强文化产业发展的内生动力"。

目前，我国大部分文化企业集中在价值链底部，依靠劳动力密集型的文化制造业以及自然资源密集型的文化旅游业提供文化产品与服务仍是主要方式，缺少具有自主知识产权的原创性文化产品和服务，原始创新、集成创新和引进消化吸收再创新能力有待提高。《文化及相关产业统计年鉴(2014)》中相关数据显示，2014 年，我国 86 万个文化企业中，规模以上文化企业只有 45000 余家，规模以下文化企业数量仍占到企业总数的 90%以上，就业人员占 52.3%，主营业务收入只占 24.4%。而规模以上文化企业中，文化制造企业又达到 19100 家，占比 41.63%，大多数文化企业位于产业链中下游。

从 4.1 节的分析中我们可以发现，产值增速下降、企业盈利能力有限的根本原因在于产品的市场吸引力不足。而科技水平与文化内涵又是决定文化产品吸引力的根本因素。进而我们可以先验得出文化产业单纯依靠增加要素投入已经不能获得持续与飞跃性发展，文化企业只有坚持创意第一，满足各类文化消费需求，不断丰富产品和服务的文化内涵，才能占领市场、持续盈利。本小节将对此结论进行实证检验。

4.2.1　文化创新对文化企业盈利能力的影响

（1）柯布—道格拉斯（C－D）生产函数

先从企业微观视角出发，构建文化企业生产函数，以分析不同生产要素在增加企业盈利水平的过程中扮演的角色。由于除了人力资源和产业资本之外，技术、文化资源也是文化企业可以利用的生产要素。因此设文化企业拥有的生产要素为无形资产 A 元、固定资产 B 元、员工数量为 C 人，文化企业的产出以企业营业总收入和企业净利润衡量。构建柯布—道格拉斯生产函数如下：

$$Y = A(t)^{\alpha}B(t)^{\beta}C(t)^{\sigma}, \alpha \text{、} \beta \text{、} \sigma > 0 \qquad (4-1)$$

Y 为企业总收入或者企业净利润，对式（4-1）左右两边取对数后得到：

$$\ln Y = Cons + \alpha \ln A(t) + \beta \ln B(t) + \sigma \ln C(t) \qquad (4-2)$$

考虑到数据的可得性和准确性，本书采用证监会上市公司分类表中的文化上市公司数据，数据来源为 Wind 数据库。通过资产负债表附注中主营业务分类剔除主营业务不属于文化产业相关业务的年份，并剔除 ST 类上市公司，获得了文化上市公司 2004—2016 年的总收入（Torev）、净利润（Prof）、无形资产（Iasset）、固定资产（Fixasset）和期末员工总数（Staff）数据，并得到 533 个总收入有效样本和 507 个净利润有效样本，通过取对数消除异方差。

需要说明的是，鉴于存在以下三个问题：第一，文化企业属于轻资产企业，其资产中的较大部分是以无形资产的形式存在的；第二，专利包括发明专利、新型专利、实用外观设计等，并不能很好地体现产品中包含的文化内涵；第三，由于文化上市公司年度专利数据缺失较为严重，且财政补贴对企业专利存在选择效应（黎文靖和郑曼妮，2016）[①]，企业可能存在为了获取补贴而进行的"表面"与"策略性"创新行为，笔者认为企业专利数量并不能很好地代表文化企业的创新能力。此外，由于会计学定义中，无形资产包括专利权、非专利技术、商标权、著作权、土地使用权等，可以较好地概括文化企业投入生产的技术和各类文化资源，因此本书使用除去土地使用权后的企业无形资产总量表征其投入的技术和文化资源总量，也可以将无形资产数量视为产品中包含的科技和文化创意总量，即本书定义的文化创新的总量。

此外，由于文化产品质量、市场认可程度、产业发展水平难以依靠数字衡量，因此设置此生产函数模型还隐藏着一个重要假设，即要素投入数

---

① 黎文靖，郑曼妮. 实质性创新还是策略性创新？——宏观产业政策对微观企业创新的影响[J]. 经济研究，2016（4）：60-73.

量和结构影响产品质量，进而影响产品的市场认可程度，最终影响企业的盈利能力和产业发展水平。我们同样可以先验地说，投入无形资产数量较多的企业，其产品质量和市场认可程度较高，盈利能力较强，进一步地，盈利能力强的企业越多，产业发展水平越高。也就是说，从宏观角度观察，要素供给质量和要素利用水平，影响着产业发展水平；而从微观角度出发，要素供给质量和要素利用水平，决定着产品供给质量和企业盈利能力。

上市公司投入产出数据的描述性统计如表 4－1 所示，文化上市公司五项数据差异均比较明显，其中无形资产和固定资产方差较大，波动较为剧烈。总的来看，我国文化企业投入生产与研发的固定资产数量超过无形资产，净利润占比不高，文化企业盈利能力不强。通过 Hausman 检验采用面板固定效应模型对式（4－2）进行实证检验，通过设置时间虚拟变量 Dumyear 控制住时间影响，回归结果如表 4－2 中（1）、（2）列所示。从系数回归结果来看，无形资产投入和员工人数对文化上市公司的营业收入和净利润存在显著正向影响，固定资产投入尽管也可以增加收入和利润，但是并不显著；人力投入的系数最高；无形资产（lnIasset）对于净利润（lnprof）的影响系数高于总收入（lntorev）。

这就告诉我们：第一，增加无形资产和人力资本投入可以增加文化企业收入和利润；第二，相较于总收入，增加无形资产数量可以更快地增加文化企业净利润，与 Benghozi 等（2015）[①]的研究结论相同，研发创新已成为文化传媒企业竞争力核心标尺；第三，文化上市公司更多依靠人力资本投入增加企业营业收入能力。系数回归结果比较符合我们对文化企业做出的基本判断。

在式（4－1）中，我们使用无形资产 lnIasset 作为文化创新的替代变量，而为了检验结果的稳健性，我们将 C－D 生产函数做如下变换：

$$Y = e^{\alpha + \omega t} B(t)^{\beta} C(t)^{\sigma}, \alpha 、\beta 、\sigma 、\omega > 0 \qquad (4-3)$$

对式（4－3）左右两边取对数后得到：

---

① Benghozi P J, Salvador E, Simon J P. Technical Innovations: Looking for R&D in the Creative Industries [J]. Communications and Strategies, 2015 (99): 171－181.

$$\ln Y = Cons + \alpha + \omega t + \beta \ln B(t) + \sigma \ln C(t) \qquad (4-4)$$

式（4-4）是将文化创新看成是时间 t 的增函数 Techyear。而后对其进行面板固定效应回归，lntorev 和 lnprof 有效样本数分别为 576 个和 548 个，回归结果如表 4-2 中（3）、（4）列所示。与式（4-2）相比，人力资源与技术进步仍然是文化企业发展的重要影响因素，只是人力资源的系数稍微缩小了一些，但是基本结果不变，也表明式（4-2）的回归结果是稳健的。

表 4-1   文化上市公司基本投入要素与产出数据的描述性统计

变量	Mean	Std. Dev.	Min	Max
lntorev	20. 52303	1. 467585	11. 86129	23. 81371
lnprof	18. 46256	1. 415486	12. 84088	21. 88526
lnIasset	17. 61659	2. 117405	10. 37453	22. 65218
lnFixasset	18. 92235	2. 056409	12. 24187	22. 54084
lnStaff	7. 090319	1. 474689	2. 197225	10. 12607

表 4-2   文化上市公司 C-D 生产函数的参数估计结果

	（1）	（2）	（3）	（4）
	lntorev	lnprof	lntorev	lnprof
lnIasset	0. 117 ***	0. 176 ***		
	(4. 75)	(4. 85)		
Techyear			0. 108 ***	0. 166 ***
			(12. 64)	(12. 84)
lnFixasset	0. 0699	-0. 0337	0. 0188	-0. 0548
	(1. 47)	(-0. 47)	(0. 54)	(-1. 09)
lnStaff	0. 623 ***	0. 413 ***	0. 600 ***	0. 353 ***
	(13. 25)	(5. 85)	(14. 77)	(5. 90)
_cons	12. 72 ***	13. 14 ***	15. 00 ***	15. 57 ***
	(16. 86)	(11. 70)	(28. 53)	(20. 45)
Dumyear	控制	控制	控制	控制
观测值	533	507	576	548
R-Square	0. 6339	0. 3552	0. 6743	0. 4244
F-统计量	100. 43	27. 41	255. 27	112. 02
Prof > f	0. 000	0. 000	0. 000	0. 000

注：*、**、*** 分别表示在 10%、5%、1% 的水平上显著，括号中的数值是 t 统计量值。

（2）超越对数生产函数

由于超越对数生产函数可以更好地对数据进行拟合，因此，为了更为细致地考察无形资产和人力资源对文化企业盈利能力的影响，本书在参考前人研究（汪祖杰，2004[①]；徐志仓，2015[②]）的基础上尝试建立文化企业超越对数生产函数模型：

$$\ln Y = \mathrm{Cons} + \alpha \ln A(t) + \sigma \ln C(t)$$
$$+ 1/2\beta_1 [\ln A(t)]^2 + 1/2\beta_2 [\ln C(t)]^2 + \beta_3 \ln A \ln C(t)$$

依然采用前面数据，获得的有效样本数分别为 533 个和 507 个，回归结果如表 4 - 3 所示。lnIasset 一次项系数为负，其二次方项的系数为正，lnStaff 则与之相反。这说明文化上市公司的盈利能力与无形资产数量呈正"U"形关系，与人力资源呈倒"U"形关系。文化企业持续增加劳动力投入会导致企业盈利能力的下降，这是由于劳动力的边际产出下降与边际成本上升造成的；而如果文化企业不断增加无形资产数量或者说进行文化创新，则在一定限度内文化企业营业收入和利润会下降，超过这个限度，其利润和营业收入水平就会快速上升。

综合两种生产函数的回归结果可以得出，文化企业实现长期盈利、文化产业获得长期发展的决定性因素是文化产品的技术水平与文化内涵。从这个角度分析，企业应该将资源投向技术创新和内容创新，增加产品的吸引力，只有如此才能帮助文化企业获得持久的内生增长能力。

表 4 - 3　　　　文化上市公司超越对数函数参数估计结果

	lntorev	lnprof
lnIasset	- 1. 278 ***	- 0. 981 ***
	（ - 6. 74）	（ - 3. 27）
lnStaff	1. 327 ***	1. 131 **
	（4. 73）	（2. 55）

---

① 汪祖杰. 商业银行生产函数的定义与规模效应的方法论研究 ［J］. 金融研究，2004（7）：80 - 89.

② 徐志仓. 基于超越对数生产函数的制造业技术效率分析 ［J］. 统计与决策，2015（5）：139 - 143.

	lntorev	lnprof
（lnIasset）²	0.0389 ***	0.0371 ***
	（4.85）	（2.95）
（lnStaff）²	− 0.0767 ***	− 0.0462
	（− 4.35）	（− 1.59）
lnIasset · lnStaff	0.0186	− 0.00917
	（0.99）	（− 0.31）
观测值	533	507
调整后 R − square	0.679	0.377
F − 统计量	110.04	25.18
Prof > f	0.000	0.000

注：*、**、*** 分别表示在10%、5%、1%的水平上显著，括号中的数值是 t 统计量值。

4.2.2　资本投入对文化企业盈利能力的影响

从供给侧结构性改革的角度来看，在一个行业中引入新的生产率较高的企业或者依靠兼并重组提高集约发展水平，会带来全要素生产率的提升（钟廷勇和孙芳城，2017）。从宏观层面来看，引入新企业可以看作资本规模的扩大，即通过资本扩张将生产效率较高的资本纳入文化产业。尽管前文设定的实证检验模型中，固定资产对企业盈利能力的影响并不显著，但这并不是说资本投入对文化产业发展就不存在影响。

文化产业是资本和技术密集型行业，文化企业想要进行技术研发和扩大生产规模，就需要资本的大量投入。从宏观角度来看，我国文化产业存在较为严重的资本错配现象，钟廷勇和孙芳城（2017）的研究结果表明，大多数企业被迫以较高的成本获取资金。从企业微观视角来看，影响资本进入文化产业的原因十分复杂（如图4－3所示）。

第一，企业是否愿意进入文化产业与它对进入市场之后的盈利预期相关，而盈利预期又与文化产品的市场风险和政策风险有关。如果文化产品需求的收入弹性比较低，而供给的价格弹性比较高，那么企业就拥有较高的议价空间和盈利预期。但是由于文化需求属于高层次需求，因此其需求的收入弹性比较高；而且多数文化产品生产商在没有实现垄断的情况下均

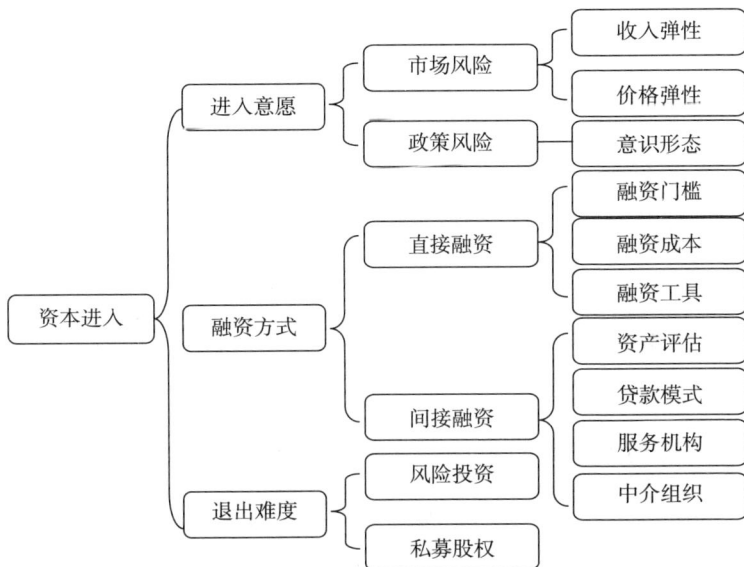

图4-3　影响资本进入文化产业的主要因素

处于供给弹性较小的状态，因此文化产品的价格会显著影响企业的盈利预期和盈利能力。此外，由于文化产品具有意识形态属性，所以文化产品的研发与推广会受到政策影响。

此外，民营文化企业盈利预期不足，使得民间资本缺乏进入文化产业的意愿。例如，2016年已在A股上市的出版发行企业中，国有企业有12家，资产总值1150亿元，总收入758亿元，净利润8.2亿元，民营企业4家，资产总值182亿元，总收入93亿元，净利润9900万元，民营企业与国有企业在资产规模和营业收入上都有较大差距。此外，根据《国有文化企业发展报告（2014）》，截至2013年末，全国国有文化企业共计1.2万户，从业人员120.5万人，营业总收入1.07万亿元，企业平均营业收入8900万元。以中小微企业为主体的民营文化企业虽然发展迅猛，但总体实力相对弱小，加之受制于一些行业壁垒限制和政策约束，民营文化企业做强做大难度较大。

第二，融资方式的差异会显著影响企业的融资成本。我国多数文化企业都是依靠银行贷款等间接融资方式扩大企业规模。由于文化企业大部分核心资产都是无形资产和知识资本，在缺乏相应资产评估体系的条件下，商业银行没有充足的意愿对其进行贷款；知识产权质押融资和资产证券化融资模式还没有得到广泛使用；知识产权交易平台和融资担保、审计等中介组织发展水平不高等一系列原因导致文化企业间接融资成本较高。由于IPO门槛较高，债券、短期融资券等债券工具也并不成熟，文化企业直接融资成本同样较高。此外，由于退出渠道并不畅通，风险投资和私募股权等普遍在企业发展初期介入的资本并不愿意进入文化产业，大量小型文化企业融资困难。总之，融资难、融资贵等问题会造成文化企业盈利能力的下降，这个结论的实证检验结果将在4.2.3节中同市场因素相关变量的检验结果共同报告。

4.2.3 市场因素对文化企业盈利能力的影响

由于市场因素对文化企业的盈利能力也会产生影响（向勇和喻文益，2011），必须加入相关解释变量才能更好地解释文化企业盈利能力存在差异的原因。市场影响分为市场需求和市场竞争程度两种。与前人（王家庭和张容，2009；袁海和吴振荣，2012；马跃如等，2012）采用区域文化消费支出、市场化指数等变量作为市场需求和市场竞争程度的替代变量不同，本书在式（4-2）中引入三个新的控制变量，分别是技术选择指数TechInd、规模指数SizeInd和垄断指数MonoInd，分别代表企业在市场中的相对技术水平、相对资产规模和相对垄断程度。由于是相对指标，三个变量均能代表企业在不同方面面对的市场竞争的激烈程度。此外，垄断指数MonoInd可以从需求角度代表市场企业产品的认可程度。上述三个变量均取对数以消除异方差。

此外，由于文化企业风险偏好不同，因此需要在回归过程中加入反映企业资产负债水平的解释变量DebtAsset；文化产业中的国有企业具有得天独厚的优势，因此还需加入产权性质控制变量Property。变量计算公式如表4-4所示，新加入变量的描述性统计省略。对新加入的变量取对数后，进行面板固定效应回归，依然采用Dumyear控制住时间影响，回归结果如表4-5中（1）、（2）列所示。

（1）股权结构和融资能力的影响

控制变量前的系数说明，国有文化企业普遍能够获得更高的净利润，这与文化体制改革历程、国有企业所处的行业和市场地位密切相关。本书选取的样本中，国有企业普遍成立时间较长，拥有较大的受众群体和强大的社会影响力。例如出版发行行业中的华媒控股、中文传媒等公司，电影电视剧行业中的中国电影、上海电影、华录百纳等公司，信息传输服务行业中的歌华有线等公司，均为各自行业中的龙头企业。DebtAsset 系数为负说明，文化企业依靠借债扩大资产规模对企业营业收入存在负面影响，这与刘鹏等（2015）的观点相同，同时验证了 4.2.2 节中的结论。

（2）市场地位和创新优势的影响

在市场中拥有垄断优势对于文化企业十分有利。规模指数 lnSizeInd 与营业收入和净利润正相关，这与臧志彭（2015）的研究结论是一致的。而相对技术水平 lnTechInd 越高的企业，盈利能力似乎并不会提高，与超越对数生产函数的回归结果结合在一起分析可以得出，企业在资源有限的前提下，如果短期内将大量资源用于文化创新，则可能会挤占生产与宣传的资金，导致技术和创意"变现"能力的下降。也就是说，企业"纸面上"的创新优势（lnTechInd）并不等于真正的市场优势（lnMonoInd），也并不一定能转化成市场优势。因此，文化企业必须向市场看齐，以市场的需求为导向，才能使自身的收益最大化。

（3）市场准入和技术壁垒的影响

对于民营企业来说，我国文化产业的行业进入壁垒较为明显，广播电影电视、出版发行等部分行业存在政府的准入限制，文化创意和文化传媒等部分行业存在技术条件限制。参考 Bain（1956）[1]、Stigler（1986）[2]、陶喜红（2008）、焦德武（2010）对于行业进入（退出）壁垒的分析，设定行业壁垒变量 PolicyBar（行政性壁垒）[3]、lnTechBar（技术壁垒）[4] 刻画行

---

[1] Bain J S. Barriers to New Competition [M]. Harvard University Press, 1956.

[2] Stigler G J. The Organization of Industry [M]. Illinois Irwin Homewood, 1986.

[3] PolicyBar = 行业中国有企业资产总额/行业内全部企业资产总额。《国务院关于非公有资本进入文化产业的若干决定》（国发〔2005〕10 号）中规定，非公有资本可以投资出版印刷发行、广播电台、电影制作发行、有线电视入网等行业，但民营资本股权占比不得超过 51%，从某种程度上使得私人投资受阻，进而可以推导出行政进入管制越严格的行业，PolicyBar 值越大。

[4] TechBar = 企业所在行业前 50% 公司平均无形资产额/企业无形资产总额。TechBar 值越大，企业面临的技术壁垒或者说文化创新壁垒越高。

业特征。Property 与 PolicyBar，以及表 4 – 5 中的规模指数 lnSizeInd、垄断指数 lnMonoInd 等变量均存在正相关关系，与 lnTechBar 变量负相关，这说明我国文化国有企业大多位于行政壁垒较高，但是技术壁垒较低的行业内，资产规模和员工数量庞大，并拥有一定的市场优势。此外，由于市场环境和进入壁垒两组变量在设定方法上存在一定的相关性，通过引入行业壁垒控制变量不仅可以更为完整地刻画文化企业面对的市场环境，还可以对解释变量的稳健性进行检验。

如表 4 – 5 中（3）、（4）列所示，行政性壁垒（PolicyBar）保护下的文化企业，收入不高，利润较低。一种可能的解释是，出版发行、信息传输等高行政壁垒内的国有企业需要兼顾社会效益和经济效益，并不以盈利为第一目标。与之相反，技术壁垒（lnTechBar）较高行业内的文化企业收入较高，盈利能力较强。这个结果与技术优势 lnTechInd 越明显，企业盈利能力相对越弱的回归结果并不矛盾。因为行业壁垒变量刻画的是行业特征，描述的是行业间的差异，而市场地位变量表征的是企业相对于行业内的竞争对手的优势。也就是说，总的来看，信息传播服务、文化创意等文化创新程度较高行业内的文化企业获利的可能性更大，但是从行业内部来分析，一味地追求"纸面上"的文化创新优势并不一定能给企业带来更大的市场空间和收益，企业创新成果必须得到市场的认可。

表 4 – 4   企业产权、资本投入、市场因素等相关变量的
名称与计算方法

变量	计算公式
DebtAsset	企业负债总额/企业资产总额
Property	0：民营企业，1：国有企业
TechInd	企业无形资产额/企业所在行业平均无形资产额
SizeInd	企业总资产额/企业所在行业平均资产额
MonoInd	企业营业收入额/企业所在行业平均营业收入额
PolicyBar	行业中国有企业资产总额/行业中企业资产总额
TechBar	行业前50%公司平均无形资产额/企业无形资产总额

4.2.4 产业链整合对文化企业盈利能力的影响

1. 整合产业链条是提升盈利能力的重要手段

前文已经得出，文化企业获得市场认可的根源在于增加文化产品的科

技含量和吸引力。本节将从产业链整合的视角研究文化企业如何实现利润最大化的问题。

顾萍和田贵良（2016）① 认为，文化产业对区域经济增长影响的核心是基于文化产业链形成的，这种产业链实质上为文化产业与其他产业部门之间形成的单轮次、多轮次的技术经济关联。《文化产业振兴规划（2009）》《中共中央关于深化文化体制改革、推动社会主义文化大发展大繁荣若干重大问题的决定（2011）》《"十三五"文化发展改革规划纲要（2017）》等多份文件中均明确提出了"鼓励文化企业跨地域、跨行业、跨所有制兼并重组"，文化企业进行兼并重组不仅可以拓展新业务模式，还可以进行平台布局，完善文化生态圈建设（潘爱玲和邱金龙，2016）。

我们所熟知的阿里巴巴集团就是通过产业链整合，实现平台生态圈建设最好的例子。阿里巴巴通过其控股的娱乐宝对文化市场消费需求进行调研，阿里影业和华谊兄弟负责内容创新和制片，华数传媒负责营销，最后通过优酷土豆将其为市场需求量身定制的文化产品递送到用户"眼中"。

文化产业链条的整合是实现文化创意价值最大化的重要手段。2011年，美国 HBO 电视台以小说《权力的游戏》② 为蓝本，拍摄了享誉全球的同名美剧。2015 年，《权力的游戏》第五季在美国上映后，HBO 电视台不仅获得了超过 3.03 亿美元的订阅收入，其玩具、饰品等周边产品也一直是HBO 电视台的重要利润增长点。此外，西班牙、意大利等剧集拍摄地也获得了不菲的旅游收入。《权力的游戏》剧集的播放，不仅能够带动观众去了解英国历史，去感受法国的骑士精神，还使西方文化和西方价值观在全世界的范围内得到了很好的展现。我们知道，影视剧产业链条一般可以划分为制作、发行、院线和影院四个链条节点（如图 4-4 所示）。目前，我国电影行业中，制作发行"大户"如中影集团、保利博纳、华谊兄弟均不断对上游艺人经纪业务和下游院线业务进行渗透，以期达成规模经济和范围经济，实现

---

① 顾萍，田贵良. 基于投入产出模型的文化产业对区域经济增长贡献测度［J］. 学海，2016（6）：136-141.

② 美国玄幻小说《权力的游戏》是作者乔治 R. R. 马丁以中世纪英国《玫瑰战争》为背景构思的架空现实小说，故事中七大家族在维斯特洛大路上为了争夺最高权力展开了一系列较量。小说笔法新奇，故事引人入胜，赢得了读者的一致好评。

利润的最大化。由此可见，文化产业发展必须始终坚持"创意为先"，并通过产业链条实现创意的"持续增值"。

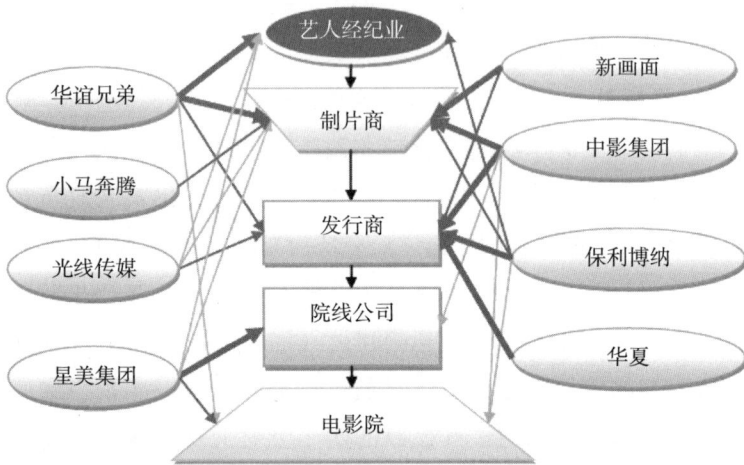

图 4 - 4　我国部分大型电影公司产业链条渗透布局

2. 基于规模和协同效应的产业链条整合模型

在前文分析的基础上，我们尝试构建一个文化企业产业链条整合模型，将文化企业的经营模式纳入盈利分析框架。为了方便分析，我们在模型中忽略人力资源的影响。设定文化企业的生产函数为：

$$Y = A(t)^{\alpha}B(t)^{\beta}, \alpha \, 、\beta > 0 \qquad (4-5)$$

企业生产单一产品的利润函数为：$\pi = Y - r \cdot A - i \cdot B$，$r$ 为资本市场均衡利率，i 为获得单位无形资产的投入，由于前文已经分析了高风险偏好和资产负债率对文化企业的盈利能力存在负面影响，所以 A、B 前的系数均为负数。在企业资产总值不变，即 $A + B = K$ 的条件下，构建拉格朗日函数 $\eta = A^{\alpha}B^{\beta} - r \cdot A - i \cdot B - \lambda \cdot (A + B - K)$，解之得：

$$\pi = m^{\alpha}n^{\beta}K^{\alpha+\beta} - r \cdot m \cdot A - i \cdot n \cdot B$$

$$m = (i + \lambda) \cdot \alpha / [(i + \lambda) \cdot \alpha + (r + \lambda) \cdot \beta]$$

$$n = (r + \lambda) \cdot \beta / [(i + \lambda) \cdot \alpha + (r + \lambda) \cdot \beta]$$

企业生产两种文化产品的利润函数分别为：$\pi_1 = m^{\alpha}n^{\beta}K_1^{\alpha+\beta} - r \cdot m \cdot A_1 - i \cdot n \cdot B_1$，$\pi_2 = m^{\alpha}n^{\beta}K_2^{\alpha+\beta} - r \cdot m \cdot A_2 - i \cdot n \cdot B_2$，$K_1 + K_2 = K$，$K_1 = q \cdot K$，$K_1 = q / (1 - q) \cdot K_2$，$A_1 + B_1 = K_1$，$A_2 + B_2 = K_2$。

在两种文化产品价格相同、行业 1 和行业 2 借贷利率和技术研发费用也相同的情况下，企业生产两种不同类型文化产品的利润（$\pi_1 + \pi_2$）等于生产一种文化产品的利润 π，企业不会进入行业 2。

我们知道，企业内部协同效应指的是企业生产、营销、管理环节利用同一资源产生的整体效应。企业兼并重组和产业链整合能够产生规模效应和协同效应（潘爱玲和邱金龙，2016），为了体现这种两种效应，我们假设企业在行业 1 中投入的资本 K_1 存在一定比例 $g \cdot K_1$ 不需附加任何成本即可在行业 2 中利用，则有：

$$\pi_2 = m^\alpha n^\beta (g \cdot K_1 + K_2)^{\alpha+\beta} - r \cdot m \cdot A_2 - i \cdot n \cdot B_2 \qquad (4-6)$$

则文化企业进入衍生品行业 2 增收：

$$g \cdot q / (1-q) \cdot m^\alpha n^\beta K_2^{\alpha+\beta}$$

在 q 不变的条件下，利润增幅将取决于技术通用程度 g。只要技术和文化创意通用程度 g 导致的协同效应足够大，文化企业将获得更高的利润。下面我们将对文化企业整合产业链对其盈利能力的影响进行实证检验。

引入企业经营模式变量 Model。Model 值根据文化上市公司资产负债表附注中企业主营业务比例进行判断，若企业主营业务中的第一大业务比例小于 85%，且第二大业务与第一大业务相关，则文化企业 Model 值取 1，其余情况 Model 值取 0。

根据 Wind 数据库中的类别将样本文化企业分为出版发行、广播电影电视、艺术表演、信息传播服务、文化创意、文化用品制造六大类。需要说明的是，根据样本企业主营业务明细，出版发行行业典型的产业链整合模式为印刷—出版—发行（出版传媒，601999.SH），广播电影电视行业为影视—广告—旅游（中视传媒，600088.SH），艺术表演行业为现场演艺—互联网演艺—旅游（宋城演艺，300144.SZ），信息传播服务行业为卫星落地—安装工料—有线电视网络运营—数据服务（广电网络，600831.SH），文化创意行业为视觉内容服务—视觉数字娱乐（视觉中国，000681.SZ），文化用品制造行业为文具及办公用品、办公设备—软件产品及软件服务（齐心集团，002301.SZ）。变量 Model 的系数回归结果如表 4-5 中（5）、（6）列所示。通过整合产业链条，文化企业实现了规模经济和范围经济，分散了主营业务收入波动的风险，盈利能力得到了显著增强。

表 4 – 5 　　市场环境和企业经营模式对文化企业盈利能力的
参数估计结果

	（1）	（2）	（3）	（4）	（5）	（6）
	lntorev	lnprof	lntorev	lnprof	lntorev	lnprof
解释变量						
lnIasset	0. 431 ***	0. 377 ***	0. 306 ***	0. 229 ***	0. 411 ***	0. 454 ***
	(16. 95)	(6. 20)	(6. 37)	(3. 23)	(17. 14)	(7. 63)
lnFixasset	0. 0481 *	– 0. 102	– 0. 00583	– 0. 0962	0. 0397	– 0. 114 *
	(1. 86)	(– 1. 57)	(– 0. 13)	(– 1. 45)	(1. 52)	(– 1. 76)
lnStaff	0. 164 ***	0. 0527	0. 655 ***	0. 380 ***	0. 163 ***	0. 0547
	(5. 52)	(0. 71)	(14. 79)	(5. 76)	(5. 46)	(0. 74)
Model					0. 0821 **	0. 339 ***
					(2. 21)	(3. 40)
控制变量						
DebtAsset	– 0. 342 ***	– 0. 862 ***	– 0. 721 ***	– 0. 951 ***	– 0. 170 **	– 1. 353 ***
	(– 3. 85)	(– 3. 34)	(– 4. 67)	(– 3. 55)	(– 2. 17)	(– 5. 46)
Property	0. 284	1. 108 **	– 0. 0155	0. 727	0. 0451	1. 253 ***
	(1. 20)	(1. 98)	(– 0. 04)	(1. 23)	(0. 26)	(2. 69)
lnTechInd	– 0. 437 ***	– 0. 345 ***			– 0. 432 ***	– 0. 349 ***
	(– 15. 74)	(– 5. 12)			(– 15. 49)	(– 5. 17)
lnSizeInd	– 0. 0257	0. 387 ***			– 0. 0287	0. 394 ***
	(– 0. 61)	(3. 74)			(– 0. 68)	(3. 81)
lnMonoInd	0. 882 ***	0. 385 ***			0. 875 ***	0. 366 ***
	(24. 56)	(4. 36)			(24. 16)	(4. 09)
PolicyBar			– 0. 482	– 1. 729 ***		
			(– 1. 43)	(– 3. 40)		
TechBar			0. 270 ***	0. 149 **		
			(5. 34)	(1. 98)		
_ cons	10. 78 ***	12. 65 ***	10. 79 ***	14. 03 ***	11. 02 ***	12. 84 ***
	(20. 25)	(9. 53)	(9. 44)	(8. 32)	(20. 35)	(9. 62)
Dumyear	控制	控制	控制	控制	控制	控制
观测值	533	507	533	507	533	507

	（1）	（2）	（3）	（4）	（5）	（6）
	lntorev	lnprof	lntorev	lnprof	lntorev	lnprof
调整后 – Rsq	0.8957	0.5743	0.626	0.293	0.899	0.577
F – 统计量	301.61	35.09	71.15	27.40	250.72	29.53
Prof > f	0.000	0.000	0.000	0.000	0.000	0.000

注：＊、＊＊、＊＊＊分别表示在 10%、5%、1% 的水平上显著，括号中的数值是 t 统计量值。

4.3　文化企业创新影响因素的实证检验

4.3.1　资源投入对企业文化创新的影响

经过 4.2.1 节中关于文化创新对企业盈利能力影响的分析，我们自然会产生一个问题，那就是文化企业创新的影响因素都有哪些？由于企业投入研发的人力、技术和固定资本均能影响企业创新速率。本书在参考保罗·罗默的研究开发模型基础上，设定文化企业无形资产开发模型为

$$A(t) \cdot = A(t)^{\gamma} B(t)^{\theta} C(t)^{\omega}, 0 < \gamma < 1, 0 < \theta \qquad (4-7)$$

设文化企业投入无形资产 A 元，固定资本 B 元，员工人数 C 个，研发新技术和产生新创意。企业获得无形资产所需资本总量为 K，$A + B = K$。对式（4-4）两边分别取对数可以得到：

$$\ln A(t) \cdot = Cons + \gamma \ln A(t) + \theta \ln B(t) + \omega \ln C(t) \qquad (4-8)$$

仍然采用文化上市公司 2004—2016 年的数据进行实证检验。以无形资产增长率（Iassetgr）的对数值作为企业文化创新速率 $A(t) \cdot$ 的替代变量，由于进行了增长率变换，所以样本年份变为 2005—2016 年，由于文化创新还有可能与滞后一期的要素投入相关（臧志鹏，2015），对式（4-7）中的变量 A、B、C 均取滞后一期，系数回归结果如表 4-6 所示。企业文化创新力度主要与其已经获得的无形资产正相关，当期技术投入的影响高于滞后一期技术的影响。注意到当期无形资产系数大于 1，技术水平存在爆发性增长的趋势，尽管这可能与解释变量选取过少有关，但也告诉我们，文化企业拥有的技术和文化资源水平会对其发展产生非常显著的正向影响。

此外，员工数量对企业技术创新的影响相对负面，这是因为企业的资金是有限的，如果雇用的员工数量过大，就有可能造成工资薪金与福利成本升高，占用本可投入研发的资金份额。结合 4.2.1 节中生产函数的回归结果可以得出，文化企业应该减少固定资产投入，适当节约人力成本，将有限的资金用于技术开发和文化产品内容创新，增加营业收入与利润，并获得持久的增长动力。

表 4 - 6　　　　　　文化上市公司文化创新函数的参数估计结果

	lnIassetgr	lnIassetgr
$lnIasset_t$	1. 142 ***	
	(16. 12)	
$lnFixasset_t$	- 0. 332 **	
	(- 2. 27)	
$lnStaff_t$	- 0. 319 **	
	(- 2. 07)	
$lnIasset_{t-1}$		0. 274 *
		(1. 87)
$lnFixasset_{t-1}$		0. 381
		(1. 33)
$lnStaff_{t-1}$		- 0. 119
		(- 0. 49)
_cons	4. 617 **	5. 040
	2. 03	1. 15
观测值	296	243
调整后 R - square	0. 649	0. 255
F - 统计量	69. 97	2. 50
Prof > f	0. 0106	0. 1621

注：*、**、*** 分别表示在 10%、5%、1% 的水平上显著，括号中的数值是 t 统计量值。

4.3.2　市场因素对企业文化创新的影响

如表 4 - 7 中（1）列所示，采用包含 4.2.3 节中设置的市场因素、企业经营行为、企业风险偏好变量等九个解释变量对 lnIassetgr 进行回归后发现，国有企业在技术研发上动力不足，创新存量 lnIasset 对企业研发的影响显著为正，且研发能力强的企业容易获得市场认可。此外，由于 lnIassetgr 只能代表当期创新增量，我们尝试使用相同的解释变量对相对技术水平 lnTechInd 进行回归，如表 4 - 7 中（2）列所示。Property 变量系数为负，但是不显著，DebtAsset 显著为正，lnFixasset 显著为负。回归结果说明国有企业技术优势并不明显，由于拥有各类资源始终是有限的，文化企业可能需要借债才能进行技术研发或者开发具有吸引力的文化产品，注意到 4.2.3 节中负债对于文化企业盈利能力的负面影响，这说明当期创新研发投入过高可能导致企业负债过高，进而影响企业的盈利能力，这也同时印证了 4.2.1 节中无形资产一阶系数为负、二阶系数为正的分析结论，即从长远来看文化企业进行产品开发和技术研发会提升企业的盈利能力，但是在资源有限的前提下，必须处理好研发与生产的关系，增强创意"变现"能力，实现企业的可持续发展。

如表 4 - 7 中（3）、（4）列所示，当加入行业壁垒因素进行考量时，技术壁垒对企业研发 lnIassetgr 存在并不显著的正向影响，但是对技术优势 lnTechInd 影响较为负面。这是因为尽管高技术壁垒内部的企业创新能力较强，但是相对于它的竞争对手并不容易获得技术优势。高行政壁垒 PolicyBar 对于研发创新 lnIassetgr 和技术优势 lnTechInd 均有正面影响，这与我们的预期并不相符。原因可能有三个：第一，高行政壁垒内部的企业由于市场竞争并不激烈，产品不愁销路，能够将更多的资源用于开发具有鲜明创意和文化内涵的产品。第二，高行政壁垒内部的企业完成产业链整合后[①]，实现了规模经济和范围经济，上下游产业的不同生产环节之间产生了协同效应，进而加强了企业的技术优势和研发能力。第三，观察样本数据可以发现，行政壁垒较高的是文化传媒和出版发行行业，这些行业内的国有企业大都成立多年，生产销售渠道比较完善，在行业内具有各方面的绝对优势，比较典型的包括中文传媒（600373. SH）、南方传媒（601900. SH）、凤凰传媒（601928. SH）、华闻传媒（000793. SH）以及皖新传媒

---

① 从后文产业链整合影响因素的分析中可以发现，行政性准入壁垒保护下的文化企业更易进行产业链整合。

（601801. SH）均是行业内的老牌国有企业，相比于民营企业，它们的渠道优势较为明显，能够更好地判断市场需求，进行有针对性的研发创新。

表4－7　市场环境、行业壁垒、经营模式对文化企业创新能力影响的

参数估计结果

	（1）	（2）	（3）	（4）
	lnIassetgr	lnTechInd	lnIassetgr	lnTechInd
解释变量				
lnIasset	1. 191 ***	0. 782 ***	1. 411 ***	0. 0801 ***
	（7. 65）	（35. 01）	（7. 89）	（10. 82）
lnFixasset	－ 0. 321 **	－ 0. 169 ***	－ 0. 265 *	－ 0. 00391
	（－2. 00）	（－3. 91）	（－1. 76）	（－0. 57）
lnStaff	－ 0. 462 **	－ 0. 0156	－ 0. 275 *	0. 000782
	（－2. 45）	（－0. 31）	（－1. 72）	（0. 11）
控制变量				
DebtAsset	0. 406	0. 339 **	0. 720	－ 0. 0206
	（0. 65）	（2. 26）	（1. 25）	（－0. 87）
Property	－ 3. 874 **	－ 0. 608	－ 3. 588 **	－ 0. 00941
	（－2. 49）	（－1. 53）	（－2. 43）	（－0. 15）
lnTechInd	－ 0. 0277			
	（－0. 16）			
lnSizeInd	－ 0. 265	0. 0112		
	（－0. 87）	（0. 16）		
lnMonoInd	0. 572 *	0. 118 *		
	（1. 75）	（1. 94）		
PolicyBar			2. 882 **	0. 108 **
			（2. 28）	（2. 04）
TechBar			0. 255	－ 0. 906 ***
			（1. 38）	（－115. 82）
Model	0. 0673	－ 0. 0475	0. 0244	－ 0. 0161
	（0. 21）	（－0. 62）	（0. 08）	（－1. 29）
_ cons	6. 838 **	－ 10. 55 ***	－ 2. 030	－ 1. 023 ***
	（2. 00）	（－13. 78）	（－0. 49）	（－5. 77）

续表

	（1）	（2）	（3）	（4）
	lnIassetgr	lnTechInd	lnIassetgr	lnTechInd
Dumyear	控制	控制	控制	控制
观测值	292	530	293	531
调整后 – Rsq	0.290	0.802	0.364	0.9972
F – 统计量	32.74	187.69	27.46	7460.36
Prof > f	0.007	0.000	0.010	0.000

注：＊、＊＊、＊＊＊分别表示在 10%、5%、1% 的水平上显著，括号中的数值是 t 统计量值。

4.4　文化企业整合产业链影响因素的实证检验

4.4.1　多元化经营变量的稳健性检验

对于经营模式，本书采用倾向得分匹配（Propensity Score Matching，PSM）方法验证变量 Model 的稳健性。PSM 方法将代表个体特征的多维因素构造成综合倾向得分，寻找得分相近个体进行匹配，用于克服维数问题带来的匹配困难。

首先需要估计企业混业经营的概率模型：

$$P_i(Z_i) = Pr[Model_i = 1 \mid Z_i] = E[Model_i \mid Z_i] \qquad (4-9)$$

选用政策环境、市场地位中的六个变量作为匹配协变量 Z_i，对式（4-9）采用 Probit 估计，可得到样本中每个上市公司的倾向得分 $P_i(Z_i)$，即采用政策环境和市场地位相似的专营文化企业的收入与净利润近似代替跨行业经营文化企业，不选择混业经营模式时的潜在盈利能力 $lntorev_{0i}$ 和 $lnprof_{0i}$，使用最近邻匹配和核匹配估计，估计结果分别记为 ATT_1 和 ATT_2，从而得到跨行业经营模式对文化企业盈利能力的影响。lntorev（ATT_1，0.403^{***}；ATT_2，0.401^{***}），lnprof（ATT_1，0.424^{***}；ATT_2，0.432^{***}），检验结果表明，跨行业经营文化企业的盈利优势是明显的，也证明前文 Model 变量的实证结果是稳健的。

4.4.2 资源投入与市场因素对文化企业整合产业链的影响

花建（2014）认为，文化创意产业在拥有给人以愉悦心理感受的产品之后，通过产业链条把这种文化感受向配套服务、衍生产品方向延伸就可以有效提升后端产品与服务的价值。

文化创意和科技水平是文化企业整合产业链条的重要影响因素。王克岭等（2013）认为，美国波利尼西亚文化中心是以民族文化的传承和融合为核心，以体验游乐为目的，逐步形成文化体验＋门票收入＋衍生品销售＋餐饮服务的完整产业链条，实现了文化创意和文化资源价值的最大化。

本书通过建立 Probit 模型，以前文整理的影响文化企业盈利的各个要素对企业经营模式进行回归后的结果如表 4－8 所示。无形资产数量对 Model 变量存在显著的正向影响，这符合学者们的观点，说明文化企业整合产业链条，实现价值最大化的核心仍在于技术创新和产品的文化内涵。

如表 4－8 中（1）列所示，当不考虑行业壁垒的影响时，企业股权结构、企业员工人数对文化企业整合产业链条存在正面影响，固定资产数量则存在显著的负面影响。这表明我国的国有企业依靠更为紧密的政企关系能够更为顺畅地进入各个行业（汪伟和史晋川，2005[①]；罗党论和刘晓龙，2013[②]）。此外，企业在一个行业中投入的专用性较强的固定资产难以无成本地成为另一个行业的生产资料，而人力资源正好相反。

如表 4－8 中（2）列所示，当以行业壁垒变量代替市场环境变量时，行政壁垒 PolicyBar 对企业整合产业链条存在显著正面影响，经济壁垒、技术壁垒则相反，这说明行政壁垒保护下的企业由于缺乏竞争对手更容易通过收购上下游企业或者发展上下游相关业务整合产业链条；技术壁垒较高行业内的企业或者因为竞争对手和标的公司资产规模过大，技术和无形资产溢价过高（潘爱玲和邱金龙，2016），或者由于实现规模经济难度太大

---

① 汪伟，史晋川. 进入壁垒与民营企业的成长——吉利集团案例研究［J］. 管理世界，2005（4）：132－140.

② 罗党论，刘晓龙. 政治关系、进入壁垒与企业绩效——来自中国民营上市公司的经验证据［J］. 管理世界，2009（5）：97－106.

（需要投入更多的固定资产以及研发更多的技术），难以进行产业链的整合。

最后需要说明的是，综合4.2.3、4.3.2和4.4.2三节中关于行业壁垒影响企业盈利、文化创新以及产业链整合的研究结果可以发现，出版发行、信息传播服务等高行政壁垒内的企业在创新水平、产业链整合方面均具有一定优势，但是其盈利能力却相对不足。这似乎与我们已经得出的结论，即"增强文化创新与整合产业链条可以使文化企业拥有更强的获利能力"是矛盾的。笔者认为，与电影电视、文化艺术、文化创意、文化用品等行政壁垒较低行业内的企业相比，上述两个行业需要兼顾社会效益（出版发行）且产品价格调整空间有限（电视网络运营），企业并未或者难以以利润最大化作为目标。前文在实证过程中加入行业壁垒变量，是为了使回归结果更为稳健，也是为了更为完整地刻画文化企业面临的市场竞争环境，并不会推翻本书的基本结论，更不能得出诸如"强化行业准入管制能够促进创新和整合产业链"等的错误结论。

表4-8　　　文化企业整合产业链影响因素的参数估计结果

	（1）	（2）
解释变量		
lnIasset	0.245 ***	0.175 **
	（3.32）	（2.42）
lnFixasset	−0.221 ***	−0.171 ***
	（−3.61）	（−2.78）
lnStaff	0.219 ***	0.207 ***
	（2.65）	（2.87）
控制变量		
DebtAsset	0.0897	0.154
	（0.32）	（0.52）
Property	0.582 ***	0.173
	（3.99）	（1.03）
lnTechInd	−0.256 ***	
	（−3.23）	

	（1）	（2）
控制变量		
lnSizeInd	−0.192	
	（−1.50）	
lnMonoInd	0.147	
	（1.43）	
PolicyBar		1.190 ***
		（4.93）
TechBar		0.167 **
		（2.31）
_cons	−2.203	−2.678 *
	（−1.46）	（−1.71）
Dumyear	控制	控制
观测值	530	531
Log pseudolikelihood	−334.84751	−319.72606
Pseudo R^2	0.0708	0.1128
Prob > chi^2	0.000	0.000

注：* 、** 、*** 分别表示在10%、5%、1%的水平上显著，括号中的数值是 z 统计量值。

4.5　本章小结

　　本章通过构建文化企业生产、产业链整合与技术研发模型，将影响文化企业发展的资源因素、市场因素和企业行为因素纳入分析框架，探讨了它们对提高文化企业盈利能力的作用。研究结论如下：

　　第一，文化产品的根在于技术含量和文化内涵。文化企业只有不断丰富产品的文化内涵，增加产品的创意与技术含量，才能获得消费者的青睐，才能获得收益和利润。文化企业如果只增加固定资产和劳动力投入是不能获利的，因为从发展经济学的角度分析，无论是资本还是劳动力，都存在投入的边际收益递减的情况，只有技术进步和文化创意才能带来持久可观的收入增加与利润增长。

第二，由于资源是有限的，文化企业必须平衡生产和研发投入，既要保证自身产品具有足够的吸引力，又必须留出一定的资源用于生产和市场开发。这是因为，文化产品能否满足消费者需求，不仅仅取决于文化产品的内涵，还会受到市场知名度、产品品牌和宣传推广的影响。现代社会是需求多元化的社会，企业如果能够通过多渠道多角度对产品进行宣传推广，就一定可以开发出一片市场，获得消费者的信赖和认可。

第三，文化企业整合产业链条能够增加企业的营业收入和净利润。由于存在规模经济、范围经济和协同效应，文化企业通过研发获得的技术和创意能够通过产业链条传导实现价值最大化。国有企业更容易凭借政企关系进行产业链整合，不同行业中的企业整合产业链的难度是不同的，行政壁垒较高行业内的企业由于缺乏竞争，更容易实现多元化经营。文化企业整合产业链条必须从文化创意出发，增加人力资本等通用性较高的资源投入，通过最低的协同成本获得最大化的收益。

第5章

财政与税收政策
推动文化产业发展的实证分析

　　产业政策是政府基于发展需要，通过多种政策手段使供给与需求相匹配，以实现政府经济和社会目标的政策集合（车嘉丽和薛瑞，2017）①。尽管学界对产业政策的分类存在争论，但是大多数学者还是认为可以将产业政策划分为"选择型"产业政策和"功能型"产业政策（周叔莲等，2008）。"选择型"产业政策以"经济发展论"作为出发点，目标推动特定产业发展。Yilmaz（2011）认为，"选择型"产业政策是指用于支持特定产业发展的倾向性措施。"功能型"产业政策以"市场不足论"为出发点，目标是使市场机制更好地发挥作用。还可以按照产业政策的作用范围将其划分为"垂直型"产业政策和"水平型"产业政策，"垂直型"产业政策针对的是特定行业或者地区，而"水平型"产业政策对所有地区和行业均会发挥作用（杨帅，2013）②。尽管名称不同，但是依靠这两种分类方法划分出的产业政策存在明显的对应关系，从后文的分析中可以看出，我国文化产业政策本质上是一种"选择型"和"垂直型"产业政策。

　　通过文献梳理可以发现，目前文化产业政策研究主要集中在两个方面：一是文化产业政策内容和手段。如 Frith（1991）③ 将文化产业政策分为产业型、旅游型、装饰型和文化民主型四大类。针对我国文化产业发展

---

① 车嘉丽，薛瑞. 产业政策激励影响了企业融资约束吗？［J］. 南方经济，2017（6）：92 – 114.

② 杨帅. 产业政策研究：进展、争论与评述［J］. 现代经济探讨，2013（3）：88 – 92.

③ Frith S. Knowing One's Place：The Culture of Cultural Industries［J］. Cultural Studies from Birmingham，1991（1）：195 – 155.

面临的资金投入不足、技术水平不高、对外贸易有限、体制改革滞后等问题，国内学者提出了诸如增加财政直接投入和补贴力度、放松对民营资本进入领域的限制、通过企业所得税和增值税优惠减轻文化企业税收负担等应对措施（马洪范，2010；刘金林，2013；臧志彭，2015；刘鹏等，2015）。二是对产业政策特别是财税政策的实施效果进行评估，学者们认为产业政策对文化企业的发展环境、人才培养、资本积累、研发成本等因素存在重大影响，但是不同层级政府的文化产业政策的效果存在差异（Richard 和 David，1996[①]；李思屈和李义杰，2012[②]；关萍萍，2012[③]；马箭和陈子华，2014；臧志彭，2015；王凤荣等，2016）。

　　财税政策是促进文化产业发展的重要手段。尽管现有研究对于我国文化产业财政税收政策的目标与手段的研究已经比较完善，但是较为缺乏对产业发展规划演进历程的梳理以及其与财税政策之间关系的分析。应注意到，由于国家文化产业规划的目标决定了财税政策的目标，只有细致梳理我国文化产业发展规划的演进历程，才能更好地理解作为"配套措施"的财税政策的导向，并为后文对财税政策效果的评价打下基础。因此，本章前三节将参考学者们的成果，整理产业规划目标，通过频数统计等方法，梳理我国各个时期文化产业政策的侧重点，着重分析财税政策与产业规划的关系，以期对现有研究进行一定的补充。此外，在评估财税政策效果的实证类文献中，财税政策分类不清、变量选取不恰当、实证结果不够稳健的情况较为普遍。因此，本章的后续部分将在对财税政策进行详细的分类的基础上，通过实证方法检验财政税收政策的实施效果。

---

　　①　Richard B，David E W. Growth，Economics of Scales，and Targeting in Japan［J］. Review of Economics and Statistics，1996（78）：286－295.

　　②　李思屈，李义杰. 中国文化产业政策及其实施效果——基于国家八大动漫游戏基地（园区）政策调研的实证研究［J］. 西南民族大学学报（人文社会科学版），2012（33）：141－146.

　　③　关萍萍，我国文化产业政策体系的3P评估［J］. 西南民族大学学报（人文社会科学版），2012（33）：144－149.

5.1 我国文化产业发展的目标与侧重点

5.1.1 我国文化产业规划提出的发展目标

1991 年国务院转批《关于文化事业若干经济政策意见的报告》，首次提出"文化经济"的概念。1993 年我国政府将报刊行业列入第三产业，1997 年开始在全国范围内征收文化事业费，1998 年启动包括电视台在内的文化事业单位转企改制工作。2000 年《中共中央关于制定国民经济和社会发展第十个五年计划的建议》中提出了"文化产业"的概念（刘鹏和杜啸尘，2014）。

从 2006 年到 2017 年，国务院每隔五年颁布一次文化发展五年规划。这期间，国务院于 2009 年颁布《文化产业振兴规划》，2011 年颁布《中共中央关于深化文化体制改革、推动社会主义文化大发展大繁荣若干重大问题的决定》。本书参考王凤荣等（2016）的方法，将上述五份文件中的产业政策划分为产业发展政策和体制改革政策，产业发展政策主要针对产业资本、科技创新等影响产业增长能力的因素制定发展规划，而体制改革政策则主要针对培育市场主体、完善市场机制等方面存在的问题进行纠正。各类产业政策目标与侧重点总结如下（括号内为侧重点）：

第一，产业发展类政策。主要涉及三个方面：一是扩大产业规模（包括建设重大项目、发展重点产业、鼓励兼并重组）；二是优化结构布局（包括维持公有制主体地位、建设产业带与产业群、建设文化产业园区基地、促进区域协调发展、传统文化企业改造、文化与相关产业融合）；三是促进企业创新（包括发掘特色文化资源、开发新技术与传播方式、拓展新业态、保护知识产权）。上述产业发展类政策主要解决文化产业发展面临的资本、技术、所有权和区域结构问题。政府依靠自身判断，对其认定需要支持的重点行业、重大项目、关键技术和新兴业态，给予优惠政策并投入大量资源。

第二，体制改革类政策。同样涉及三个方面：一是培育市场主体（包括文化事业单位转制、国有文化企业法人改造、培育战略投资者、鼓励私人资本进入、鼓励新办文化企业、扶持龙头企业和小微文化企业、帮助困难企业）；二是建设与完善要素市场（包括建设人才市场、资本市场、技术市场、中介组织和行业组织）；三是建设与完善产品市场（包括引导文化消费、鼓励文化产品和劳务进出口、发展流通组织、建设物流中心、鼓励连锁经营、发展电子商务以及产品价格管制）。上述体制改革类政策主要针对市场主体建设、要素和产品流通、知识产权保护等影响文化市场有效运行的问题，通过完善市场机制发挥市场在资源配置中的基础性作用。

5.1.2　我国文化产业政策在不同时期的侧重点

为了实现规划目标，财政部、国家税务总局负责制定文化发展财税扶持政策，文化部负责在国家政策的基础上对政策措施进行细化，银监会、证监会、保监会等机构负责制定金融扶持政策。表 5 - 1 中列出了从 1996 年至 2017 年，国务院、文化部、财政部和国家税务总局等文化产业主管部门颁布的 30 余项文化产业发展规划和财税金融扶持政策。

以中共中央、国务院颁布的产业规划为基准，通过频数统计对表中列示的不同时期文化产业政策的侧重点和扶持方式进行量化分析。国务院和中央各部委颁布的政策中，扶持方式与前文列出的侧重点相关的，记频数为 1。扶持方式分为财政、税收、金融和行政（规定）四种。各部委的政策中如果只是简单重复产业规划中提出的发展目标和侧重点，未明确给出财税与金融等具体扶持方式的则视为以行政（规定）方式扶持。后文对政策演进梳理的相关章节中，只报告不同时期中为实现六大政策目标而实施的相关政策的频数和统计结果。

表 5 - 1　　　　文化主管部门颁布的文化产业相关政策

颁发机构	文件名称和文件号
中共中央、国务院	《国务院关于进一步完善文化经济政策的若干规定》（国发〔1996〕37 号） 《国务院关于支持文化事业发展若干经济政策的通知》（国发〔2000〕41 号） 《国务院办公厅关于印发文化体制改革试点中支持文化产业发展和经营性文化事业单位转制为企业的两个规定的通知》（国办发〔2003〕105 号） 《国务院关于非公有资本进入文化产业的若干决定》（国发〔2005〕10 号） 《国务院办公厅转发财政部等部门关于推动我国动漫产业发展若干意见的通知》（国办发〔2006〕32 号）

续表

颁发机构	文件名称和文件号
中共中央、国务院	《国家"十一五"时期文化发展规划纲要》 《国务院办公厅关于印发文化体制改革中经营性文化事业单位转制为企业和支持文化企业发展两个规定的通知》（国办发〔2008〕114 号） 《国务院关于印发文化产业振兴规划的通知》（国发〔2009〕30 号） 《国家"十二五"时期文化改革发展规划纲要》 《中央关于深化文化体制改革若干重大问题的决定》 《国务院关于加快发展对外文化贸易的意见》（国发〔2014〕13 号） 《国务院办公厅关于印发文化体制改革中经营性文化事业单位转制为企业和进一步支持文化企业发展两个规定的通知》（国办发〔2014〕15 号） 《国家"十三五"时期文化发展改革规划纲要》
财政部、国家税务总局	《财政部、海关总署、国家税务总局关于文化体制改革试点中支持文化产业发展若干税收政策问题的通知》（财税〔2005〕2 号） 《财政部、海关总署、国家税务总局关于支持文化企业发展若干税收政策问题的通知》（财税〔2009〕31 号） 《财政部、国家税务总局关于扶持动漫产业发展有关税收政策问题的通知》（财税〔2009〕65 号） 《文化产业发展专项资金管理暂行办法》（财教〔2010〕81 号） 《财政部关于贯彻落实十七届六中全会精神做好财政支持文化改革发展工作的通知》（财教〔2012〕33 号） 《文化产业发展专项资金管理暂行办法》（财文资〔2012〕4 号） 《财政部、国家税务总局关于动漫产业增值税和营业税政策的通知》（财税〔2013〕98 号） 《关于支持电影发展若干经济政策的通知》（财教〔2014〕56 号）
文化部、银监会等	《文化部关于支持和促进文化产业发展的若干意见》（文产发〔2003〕38 号） 《文化部关于鼓励、支持和引导非公有制经济发展文化产业的意见》（文产发〔2004〕35 号） 《文化建设"十一五"规划》 《文化部、国家旅游局关于促进文化与旅游结合发展的指导意见》（文市发〔2009〕34 号） 《动漫企业认定管理办法》 《文化部关于加快文化产业发展的指导意见》（文产发〔2009〕10 号） 《文化部"十二五"时期文化产业倍增计划》（文产发〔2012〕7 号） 《文化部"十二五"时期文化改革发展规划》（文政法发〔2012〕13 号） 《文化部"十二五"时期国家动漫产业发展规划》（动漫办发〔2012〕1 号）

颁发机构	文件名称和文件号
文化部、银监会等	《文化部"十二五"文化科技发展规划》（办科技发〔2012〕18 号） 《文化部关于鼓励和引导民间资本进入文化领域的实施意见》（文产发〔2012〕17 号） 《文化部、中国人民银行、财政部关于深入推进文化金融合作的意见》（文产发〔2014〕14 号） 《关于大力支持小微文化企业发展的实施意见》（文产发〔2014〕27 号） 《关于推动特色文化产业发展的指导意见》（文产发〔2014〕28 号） 《文化部"十三五"时期文化发展改革规划》 《文化部"十三五"时期文化产业发展规划》 《关于金融支持文化产业振兴和发展繁荣的指导意见》（银发〔2014〕94 号） 《文化企业无形资产评估指导意见》（中评协〔2016〕14 号）

1. 2003—2005 年：市场化改革和鼓励资本进入文化产业阶段

2003 年 7 月，中共中央办公厅、国务院办公厅转发《中共中央宣传部、文化部、国家广电总局、新闻出版总署关于文化体制改革试点工作的意见》（中办发〔2003〕21 号）将文化领域的不同行业和单位进行了分类，一是承担党和国家重要宣传任务、政治性较强的公益性文化事业单位，二是可以转制为企业的经营性文化企业单位。

国务院于同年颁布《文化体制改革试点中支持文化产业发展和经营性文化事业单位转制为企业的两个规定的通知》①（国办发〔2003〕105 号），以推动经营性文化事业单位转企改制为突破口，通过减少投资审批环节，规定民营资本投资范围，鼓励资本进入文化产业。主要目标和措施包括：第一，扶持电影等重点产业发展。通过对电影拷贝收入免征增值税、对电影放映收入免征营业税，鼓励电影产业发展；报业、出版发行、广播电影电视集团可享受合并征收免征所得税待遇；鼓励各地区设立文化产业发展专项资金。第二，促进企业创新。对从事电子出版、广播电影电视且符合高新技术企业条件的文化企业给予所得税优惠。第三，培育市场主体。对新办报业、出版发行、广播电影电视、放映、演艺企业在 1～3 年内免征所

---

① 根据《国务院关于宣布失效一批国务院文件的决定》（国发〔2015〕68 号），该文件已失效。

得税；对经营困难的文化企业免征房产税；对转企改制事业单位免征企业所得税。第四，完善要素市场。通过对民营资本进入党报党刊、广播电视台、广电传输网络、出版等领域进行严格限制；鼓励民营资本进入影视制作、放映、演艺娱乐、发行、会展、中介服务等行业；小型文化企业注册资本可分期注入，无形资产股权比例不得超过40%；简化行政审批事项等方式鼓励资本进入文化产业。通过对转企改制文化事业单位工资福利制度进行改革，财政对事业单位员工的养老、医疗费用进行补助，企业年金缴费额4%的部分允许在成本中列支等措施保障文化产业劳动者权益。第五，完善产品市场。通过文化产品出口退税，文化劳务出口免征企业所得税、不征营业税，文化设备进口免征进口关税和增值税鼓励文化产品进出口；基本收视服务实行政府定价，其他收视服务实行政府指导价基础上的价格自由浮动，演艺票价由市场决定。

文化部于同年发布的《支持和促进文化产业发展的若干意见》（文产发〔2003〕38号）中提出，产品科技含量低、文化人才匮乏、企业竞争力不强是制约产业发展的重要因素；文化体制改革滞后、管理条块分割、市场化程度较低是影响产业发展的体制因素。文件中对六大政策方向均有涉及，一是发展音像、网络文化等新兴文化产业，引导软件开发商、网络运营商和内容供应商向世界先进水平看齐。二是鼓励有实力的文化企业跨地区、行业、部门和所有制兼并重组；以资本和业务为纽带，整合文化资源，打造大型文化企业集团。三是通过设立文化产业引导资金，采取补助和信贷贴息的方式，支持重点文化产业产品开发和文化企业拓宽融资渠道；加大对重点和具有示范性的文化项目的支持力度。四是推动文化事业单位转企改制，完善法人治理结构、建立现代企业制度。五是完善管理、经纪和科技文化人才的培养和选拔机制。六是放宽市场准入政策，吸引外资和民间民营资本进入文化产业；通过建设现代流通组织、物流中心、流通网络和产品出口政策优惠培育文化消费市场，通过完善知识产权保护措施、发展行业组织和中介组织培育生产要素市场。

2004年文化部发布《关于鼓励、支持和引导非公有制经济发展文化产业的意见》（文产发〔2004〕35号），提出制定引导非公有制经济发展的政策，鼓励民营文化企业集团跨地区、跨行业经营；鼓励民营资本以独资、合资、参股等多种方式进入演出、影视、文化娱乐、网络文化等八个行业；鼓励民营资本以多种形式参与国有文化企业资产重组；建设文化产品和要素市场；妥善保护文化知识产权等多项任务。

2005 年国务院颁布《关于非公有资本进入文化产业的若干决定》（国发〔2005〕10 号），规定民营资本在出版物印刷、发行，新闻出版单位的广告、发行，广播电台和电视台的音乐、科技、体育、娱乐方面的节目制作、电影制作发行放映、有线电视接收端数字改造等行业内的企业中，股权比例不得超过 49%。

财政部、海关总署、国家税务总局于同年联合下发《关于文化体制改革试点中支持文化产业发展若干税收政策问题的通知》（财税〔2005〕2 号）主要针对发展重点行业、培育市场主体、完善消费市场等提出了具体的财税措施，如对国务院 2003 年下发的 105 号文件中给予电影产业、文化高新技术产业等重点行业的税收优惠政策进行了确认；新办文化企业免征 3 年企业所得税；文化产品出口免征增值税，提供境外文化劳务收入免征企业所得税、不征营业税，重要设备的进口免征增值税和进口关税。

如表 5-2 所示，这个阶段文化产业政策的特点是行政（规定）方式主导（政策频数和为 46），主要目标是完善文化要素市场和产品市场，以及培育文化市场主体（政策频数和分别为 11、16、30）。培育市场主体的具体措施集中于鼓励民营资本进入文化产业（政策频数和为 9）、对民营文化企业的进入领域进行了规定和限制（政策频数和为 10）。

财税政策主要在重大项目建设（财政政策频数为 2）、重点产业扶持（税收政策频数为 4）、鼓励民营资本进入文化产业（财政政策频数为 4）、文化事业单位转企改制（财税政策频数和为 3）、促进文化产品进出口（税收政策频数为 7）等方面发挥作用（财税频数和为 26）。金融政策在文化产业发展中的作用未得到充分发挥。相较于行政手段，支持民营企业进入文化产业的财税政策并不多见。此外，转制文化事业单位与文化企业在所得税优惠政策上存在一定差异。

表 5 - 2   2003—2005 年文化产业政策目标与手段的频数统计结果

		政策手段			
		财政	税收	金融	行政
政策目标	产业规模	2	5	1	3
	产业结构	0	0	0	0
	企业创新	0	2	0	2
	市场主体	6	4	4	22
	要素市场	0	0	1	10
	产品市场	0	7	0	9
	政策频数和	8	18	6	46

2. 2006—2010 年：发展重点产业和建设重大项目并举阶段

从 2006 年开始，我国颁布了大量政策全面支持文化产业发展。2006 年国务院颁布《国家"十一五"时期文化发展规划纲要》（以下简称国家"十一五"规划），这是我国第一份国家层面的文化产业发展纲要，具有十分重要的意义。规划提出，第一，扩大产业规模。扶持影视、动漫、出版发行印刷等九大重点行业发展，实施"国家数字电影制作基地建设""国产动漫振兴"等重大项目工程，鼓励文化企业兼并重组和整合产业链条。第二，调整产业结构。以长三角、珠三角、环渤海三大文化产业带带动区域协调发展，围绕重点行业建设产业园区和示范基地。第三，推动文化创新。实施"五个一""创新学术""重点文学作品扶持""广播影视精品"等文化精品工程，资助主旋律影视广播剧、原创性学术著作、长篇小说创作等文化活动；培育重点行业创意人才和创意群体，通过文化产业园区集聚创意人才；通过政府采购、信贷支持培育创新型文化企业，鼓励产学研相结合；发展新型传播技术和电子书、手机报刊、网络出版物、网上出版物和网络文化交易等新型文化业态。第四，培育文化市场主体。继续推动文化事业单位转企改制和国有文化企业法人治理改革；鼓励非公有资本进入文化产业，推动国有文化企业成为文化市场战略投资者。第五，全面推动文化产品和文化要素市场发展。鼓励文化企业通过股票、债券进行直接融资，推出更多间接融资产品、发展融资中介机构、健全文化行业组织；开拓动漫游戏、移动电视、付费电视等新兴市场，通过消费补贴降低文化产品价格，维护消费者权益；发展连锁经营、建设物流中心、培育大型物流企业。

需要注意的是，我国文化产业政策从此时开始向涉及产业发展的规模扩张、技术创新和结构调整等方面倾斜。国家"十一五"规划初步确立了"上工程、立项目、建园区"的产业发展引导模式，并为我国"选择型"文化产业政策奠定了基调。从后文实证部分的分析可知，这种"选择型"产业政策从一定程度上来说是以政府的判断和选择代替市场机制，政府以其对行业、产品、工艺的偏好代替市场对行业、产品、工艺的偏好。"选择型"产业政策还会影响资源配置的流向，只有得到政府"选择"的产业才有可能获得财税、土地和信贷支持[①]。由于实施这种产业政策需要政府拥有关于消费者偏好、生产成本、技术趋势的全部知识，大多数时候并不具有可行性（江飞涛和李晓萍，2010）[②]。

文化部于同年发布的《文化建设"十一五"规划》并未在国家规划的基础上进行过多的延伸，只是提出应重点发展动漫、数字内容等新兴文化行业，促进演艺娱乐等传统文化行业升级，通过发展会展行业打造文化产业平台；加快文化产业园区和动漫游戏国家示范基地建设；鼓励民营资本进入文化娱乐、艺术品经营、动漫、网络游戏、电影院与院线等十余个行业。此外，文化部的规划中提出，应设立国家文化产业发展引导资金和奖励文化产品出口专项资金，并通过宣传文化发展专项资金和上述专项资金，以贴息、补助与奖励等一系列方式，对新兴产业、外向型产业和具有示范导向性的项目进行资助和补贴，增加了财政政策在文化产业发展中的作用，并强化了文化产业政策的"政府选择"特征。

国务院于 2009 年发布了《文化产业振兴规划》。发展重点产业方面，《文化产业振兴规划》明确了国家文化"十一五"规划中部分重点产业的发展路径，例如影视行业应提高生产能力，发展多终端数字内容；动漫行业应打造知名品牌，成为文化产业的核心增长点；演艺行业和出版发行行

---

① 例如《促进产业调整暂行规定》（国发〔2005〕40 号）第十二条规定，《产业结构调整指导目录》（2005 年版）是制定和实施财税、信贷、土地、进出口等政策的重要依据。

② 江飞涛，李晓萍. 直接干预市场与限制竞争：中国产业政策的取向与根本缺陷［J］. 中国工业经济，2010（9）：26 - 36.

业应加速打造大型集团，发行行业应着重推广连锁经营模式、创新出版物形态；印刷行业应不断应用新技术，建设新型印刷基地。鼓励文化企业兼并重组，提高集约化经营水平和文化资源整合能力；在演艺、动漫、游戏、网络文化、数字节目制作等领域打造龙头集团，培育竞争力较强的文化上市公司。产业结构调整方面，与国家规划相同，提出围绕重点行业建设产业园区和示范基地，财税、土地、基础设施相关政策应向园区建设倾斜。新技术和新业态方面，开发多媒体广播电视、网络广播影视、数字多媒体广播、手机广播电视、移动文化信息服务、数字娱乐等全新文化业态，提升文化产品科技与数字化水平。此外，规划指出要大幅增加文化产业发展专项资金规模，对国家级文化产业基地和重点项目建设、文化资源和文化企业跨区域整合重组、新型文化产品和技术开发、大宗文化产品与服务贸易进行贴息和补助。设立国家所有或国家控股的中国文化产业投资基金，引导文化和金融资源对接。

文化部于 2009 年发布《关于加快文化产业发展的指导意见》（文产发〔2009〕10 号，以下简称《指导意见》），落实《文化产业振兴规划》。发展重点产业方面，在《文化产业振兴规划》的基础上增加了文化旅游业、艺术创意设计、工艺美术品、游戏与网络文化等重点发展行业。重大项目建设方面，除了完成《文化产业振兴规划》中涉及的、国家"十一五"规划中提出的"国产动漫振兴工程""国家数字电影制作基地建设工程"、多媒体数据库等重大文化工程之外，鼓励各地实施一批具有先导性和战略性的重要文化产业工程，各地需在项目立项、政府扶持、税收优惠、土地划拨、信贷资源等方面对重大工程进行支持。对创意设计、演艺娱乐、动漫游戏等文化行业从创意生成、研发生产、营销推广到衍生品生产的全产业链条进行整合与延伸。结构调整方面，仍以产业园区基地建设为主，加大对产业园区的考核评审力度。科技创新方面，制定"国家文化科技提升计划"，发展新型舞台技术、网络技术，发展数字、虚拟与仿真技术，发展图像、声音与语言技术，加快文化与科技融合。培育市场主体方面，与《文化产业振兴规划》相同，在演艺娱乐、动漫游戏、网络文化、数字节目等领域打造龙头企业，引进文化战略投资者，推动文化企业股份制改造，培育一批具有竞争力的文化上市公司。完善文化要素市场方面，构建文化产业投融资体系，丰富文化企业直接与间接融资渠道，发展担保、评级中介组织。完善文化产品市场方面，继续推进连锁经营，发展经纪、评估、版权等中介服务机构，搭建对外贸易平台。《指导意见》确立了政府对文化科技的"选择性"支持模式，且地方各级政府开始以重大项目建设作为引导文化产业发展的重要方式。如图 5－1 所示，从 2006 年《文化建设"十一五"规划》发布以来，中央文化基本建设支出并未显著增加，而地方文化基本建设支出则持续上升。尤其是 2009 年地方政府文化基本建设支出快速攀升，几乎达到 2008 年的两倍，此后一直居高不下。

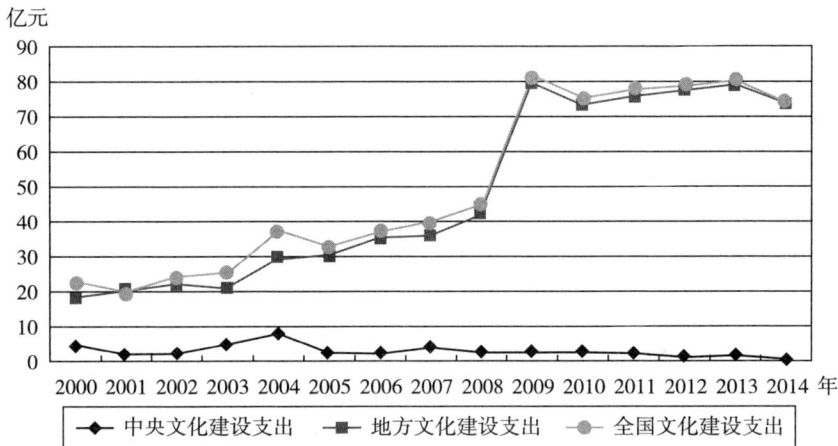

图 5－1　各级政府 2000—2014 年文化事业建设支出

为了落实《文化产业振兴规划》中关于文化产业发展专项资金的相关政策，财政部于 2010 年下发《文化产业发展专项资金管理办法》（财教〔2010〕81 号），专项资金由财政部、宣传文化部门以及商务部共同主管，主要采用贷款贴息、项目补助、绩效奖励、补充国家资本金、保险费补助等方式支持骨干文化企业培育、国家文化产业园区和文化产业示范基地建设、文化企业转企改制、文化产品与服务出口。政府通过文化产业专项资金进一步强化了对文化产业发展的导向性作用。后文实证部分的数据显示，各级政府会选择部分行业、技术和项目，通过文化产业专项资金给予大量资助，但是资助效果并不十分理想。

为了落实《文化产业振兴规划》中促进文化金融资源对接的相关政

策，银监会、证监会、保监会于 2010 年联合下发《关于金融支持文化产业振兴和发展繁荣的指导意见》（以下简称《指导意见》），提出应通过创新信贷业务模式、完善无形资产评估和信用评级体系等措施，促进银行对文化企业的信贷投放；支持文化企业通过公开发行股票、公司债券和定向增发等方式进行直接融资；鼓励保险公司投资文化企业的股权和债券，丰富保险产品种类，完善风险分担机制等一系列措施，拓宽文化企业融资渠道。值得注意的是，《指导意见》中明确提出对国家重点支持的文化企业和重大项目，可适当简化审批流程、延长贷款期限、降低利率和保费标准。这导致获得政府青睐、已得到财政支持的部分文化企业、项目更容易获取直接或间接的金融支持，也就是说，"不缺钱的"企业能够"借到钱"，真正"缺钱"的企业又存在"融资约束"，进而形成资金配置的"马太效应"。

从 2006 年开始我国将动漫行业确立为优先发展的重点文化行业。2006年国务院转发财政部、文化部《关于推动我国动漫产业发展的意见》（以下简称《动漫发展意见》）。《动漫发展意见》与国家"十一五"规划中扶持各个文化行业发展的手段类似，在扩大规模、促进创新、调整结构、培育企业、完善产品和要素市场方面，制定了诸如建设动漫基地、鼓励动漫核心技术开发和民营资本进入动漫产业、为动漫企业直接和间接融资创造条件、支持动漫人才培养和动漫产品"走出去"、保护各类知识产权、给予动漫企业各类税收优惠等多项政策。《动漫发展意见》通过设立动漫发展部际联席会议强化了政府在重点文化行业发展过程中的导向性作用；通过设立动漫产业发展专项资金和动漫原创作品相关奖项，初步建立了原创性动漫扶持机制。值得注意的是，第一，《动漫发展意见》中明确提出，动漫产业专项资金应用于支持作品创作、素材库建设等具有一定外部性的活动，这与"文化产业专项资金"以支持重点项目和园区建设，更新技术和传播体系为目标并不相同，更为符合政府"应弥补市场失灵"的原则；第二，政府对促进动漫行业发展的部分措施规定过细，例如以设立兴趣小组和创作比赛的方式激发全社会对动漫产业的关注，深化了政府对企业等微观主体行为的直接干预和影响。

2008 年文化部、财政部、国家税务总局联合印发《动漫企业认定管理办法（试行）》，规定从事动画与漫画创作、动漫舞台剧演出、动漫衍生品开发的企业，动漫相关主营业务收入、自主开发产品收入、研发投入占总收入的比例分别达到60%、50%和8%，专业人员和研发人员分别达到人员总数的30%和10%，方可被认定为动漫企业。重点动漫企业认定标准更为严苛，需将企业收入和资产水平纳入考量范围。文化部动漫办公室负责审核认定工作，各省市负责对企业申请进行初审。经过认定的动漫企业方可享受《财政部、国家税务总局关于扶持动漫产业发展有关税收政策问题的通知》（财税〔2009〕65号）规定的增值税和营业税优惠，由于"动漫企业"仅包含与动漫原创活动相关的少量企业，因此能够享受税收优惠政策的企业并不多见[①]。

《文化部、国家旅游局关于促进文化与旅游结合发展的指导意见》（文市发〔2009〕34号）提出，中央政府（文化部、国家旅游局）应定期举办中国文化旅游主题年活动，并对地方文化节庆进行资助。打造文旅特色聚集区、文化古街古镇和文化主题公园。充分利用区域特色文化资源，尤其是非物质文化遗产资源，开发文化观光、文化体验、文化休闲旅游产品；通过举办创意大赛等多种方式鼓励文化旅游纪念品和工艺品的深度开发。通过项目推介会将资本引入文旅产业，培养专业人才，不断推广特色文旅产品。

这五年中，以《国家"十一五"时期文化发展规划纲要》和《文化产业振兴规划》为总领，中央政府和各部门制定了多项产业发展政策，扶持电影、动漫等重点行业发展，加快文化产业园区和基地建设，拓宽文化企业融资渠道，鼓励文化产品出口。对重点行业中文化企业的技术创新、特色培育与产品出口活动给予财政支持，减轻其税收负担。

如表5-3所示，从政策手段频数看，仍以行政（频数为318）规划引导为主，产业发展政策集中于扶持重点产业发展（政策频数和为112）、建设产业基地和主题公园（政策频数和为26）、构建文化新业态（政策频数

---

① 根据文化部、财政部、国家税务总局公布的2010—2012年通过认定的动漫企业和重点动漫企业名单（文产发〔2010〕45号、文产发〔2011〕57号、文产发〔2012〕44号）数据，2010年经过认定的重点动漫企业为18家，动漫企业169家；2011年经认定的动漫企业为121家；2012年经认定的重点动漫企业为16家，动漫企业为110家。

和为24）、开发新技术与传播方式（政策频数和为22）。体制改革政策集中于引导文化消费和文化产品出口（政策频数和为37）、人才市场建设（政策频数和为19）、资本市场建设（政策频数和为17）。

　　财政政策集中于支持重点产业发展（频数为8）、促进科技创新（频数为6）、引导文化消费与产品出口（频数为8）、建设重大项目（频数为4），税收政策集中于鼓励重点产业发展（频数为17）、产品服务出口（频数为7）和促进技术研发（频数为5），金融政策的作用开始得到重视（频数为27）。值得注意的是，在这一时期，财政和税收政策的目标已从培育文化市场全面转向推动产业发展，各级政府通过财政支出和专项资金对重大项目、重要工程建设给予补助，对重点产业、文化科技研发给予补贴资助和税收优惠，政府"偏好"开始代替市场"选择"对文化产业的发展起决定性的作用。财政政策开始注重发挥间接引导作用，但是总体上看，财税政策使用频率仍然不高（频数和为62），政策措施仍然不够丰富。此外，文化产业规划中提出的要重点发展的行业中只有动漫和电影产业拥有较为丰富的财税、金融配套政策，其他行业并未获得相应的政策。

表5-3　2006—2010年文化产业政策目标与手段的频数统计结果

		政策手段			
		财政	税收	金融	行政
政策目标	产业规模	9	17	11	104
	产业结构	3	4	6	43
	企业创新	6	5	2	53
	市场主体	1	3	1	25
	要素市场	1	0	5	40
	产品市场	6	7	2	53
	政策频数和	26	36	27	318

　　3. 2011—2017年：促进文化创新和发展新兴文化业态阶段

　　2011年《中共中央关于深化文化体制改革、推动社会主义文化大发展大繁荣若干重大问题的决定》《国家"十二五"时期文化改革发展规划纲要》，两份文件内容大同小异，均可作为"十二五"时期文化产业发展的总纲领。两份文件均提出构建现代文化市场体系、推进文化科技创新、深化国有文化单位改革、扩大文化消费等一系列目标。扩大产业规模方面，不仅要发展出版发行印刷、影视、广告演艺娱乐、会展等传统文化产业，还要发展文化创意、数字出版、移动多媒体、动漫游戏等新兴文化产业，鼓励文化企业兼并重组。调整产业结构方面，维护公有制文化企业主体地位、优化产业基地和园区规划、建设文化产业集群和特色文化城市、推动文化与相关产业融合发展。促进企业创新方面，提高重点文化行业的技术转化能力、制定文化产业专用技术标准、建设文化科技融合示范基地。培育市场主体方面，文化事业单位应在吸引社会资本参与股份制改造、优化法人治理结构的基础上，全面推进人事制度、收入分配制度和社会保障制度改革。完善文化要素市场方面，建立版权交易所，培育版权、产权、技术市场。完善文化产品市场方面，重点发展物流配送、电子商务和连锁经营模式；加大对译制、推介、咨询的支持力度；培养个性化文化消费，鼓励各类文化机构降低文化产品与服务价格，对低收入群体文化消费进行补贴。具体措施包括增加文化产业财税、土地、信贷、用地政策，设立国家文化发展基金，扩大各类专项资金规模。

2012 年财政部下发《关于贯彻落实十七届六中全会精神做好财政支持文化改革发展工作的通知》（财教〔2012〕33 号），提出要加大财税金融政策对文化产业的支持力度，财政专项资金应在重大项目建设、企业兼并重组、技术改造升级、新型业态培育、文化体制改革、重点企业发展方面发挥更大的作用；强化政策衔接，采用政府购买、项目补贴、定向资助等方式引导民营企业提供公共文化产品与服务，通过项目补贴、贷款贴息和文化产业投资基金，促进金融资本和文化资源对接。增加专项资金规模，给予创新型企业更多税收优惠，增强国有资产监管力度。

财政部于同年修订了《文化产业发展专项资金管理办法》（财文资〔2012〕4 号），添加"促进文化产业跨越式发展""促进经济发展方式转变和结构调整"等条款，体制改革方面，重点支持中央文化事业单位转企改制；支持文化企业上市融资、发行企业债券和通过多种金融渠道融资；支持文化产品服务出口。产业发展方面，支持中央大型文化集团公司的重点项目，支持文化企业兼并重组；支持国家文化发展规划中明确的重点项目、文化内容生产、文化人才培养和国家级示范区建设；对文化企业技术研发、装备升级改造、渠道建设、公共服务平台建设给予支持。将支持层次分为重大项目和一般项目，支持方式不变。

2012年文化部连续发布《"十二五"时期文化产业倍增计划》（文产发〔2012〕7号，简称《倍增计划》）、《文化部"十二五"时期文化改革发展规划》（文政法发〔2012〕13号，简称《改革规划》）、《文化部"十二五"文化科技发展规划》（办科技发〔2012〕18号，简称《科技规划》）、《"十二五"时期国家动漫产业发展规划》（动漫办发〔2012〕1号，简称《动漫规划》）四份重要文件，以文化科技融合为抓手，发展多个重点行业、实施一批重大项目，以实现文化产业增加值"倍增"的目标。

《倍增计划》仍然主要关注以下几个方面：第一，扩大产业规模方面。通过重大项目建设带动文化产业发展。如"特色文化产业工程"重点支持各地区建设特色文化产业园区，"文化产业项目服务工程"主要支持文化项目库建设，"国家数字化产业创新工程"则选择关键共性核心技术和项目进行支持。通过建设国家文化产业园区和特色文化乡镇推动文化资源集聚，促进文化与相关产业融合发展，不断延伸产业链条。第二，调整产业结构方面。建设特色文化产业基地，提供特色文化服务。鼓励东部、中西部地区分别发展动漫游戏、网络文化等科技型文化产业集群和演艺、文旅、工艺美术等传统文化产业集群，大城市应充分发挥技术、资本和人力优势发展新兴文化业态，中小城市应充分利用地区文化资源打造特色文化产业。第三，促进技术创新方面。实施多项文化科技融合计划，建设文化科技融合示范基地和重点实验室，加大专项资金投入力度。通过开发具有自主知识产权的灯光音响设备、提高院线和票务信息化水平推动演艺娱乐、文化会展等传统文化产业发展。通过数字化、网络化和多终端化促进动漫游戏、网络文化等新兴文化产业发展。第四，培育市场主体方面。通过公司制改造、完善法人治理结构、兼并重组增强国有文化企业的竞争力，通过政府采购、信贷支持等措施支持中小文化企业。第五，完善要素市场方面。通过建立文化人才培养基地，实施"文化名家工程"，制定人才指导目录，增加专业人才数量和流动性。通过完善学历与非学历教育，建立"官、产、学、研"联合培养机制，构建全面的人才培养体系。通过鼓励私募股权和风险投资进入文化产业、培育文化产业战略投资者、鼓励商业银行针对文化全产业链金融需求不断创新信贷产品、推动文化企业上市融资等多种方式健全文化资本市场，满足不同发展阶段文化企业的融资需求。第六，完善文化产品市场方面。通过给予困难群众消费补贴、降低文化产品价格、改善文化消费条件、发掘个性化产品等手段，转变文化消费习惯，提高文化消费水平。通过建立产品服务出口资源库和指导目录、简化审批程序、建立贸易基地等措施加快文化"走出去"步伐，鼓励文化企业在境外发展分支机构和进行国际交流。

《改革规划》对《倍增计划》的部分目标和政策手段进行了细化。具体来说，"十二五"期间我国文化产业增加值年均增速应维持在20%以上，建设10家国家级文化产业园区、100个特色文化集群，安排150项文化科技攻关项目、300个科研项目、75个科技转化项目，培育30家文化上市公司，通过国家级文化产业示范区、文化产业集群、文化上市公司组成的强大发展引擎实现增加值"翻番"。总的来看，《倍增计划》和《改革规划》继续强化政府在重大项目建设、关键技术研发、专业人才培养方面的决定性作用，持续推动国有企业和大型文化企业成为文化市场主体。更为重要的是，两项规划均未改变"立项目、上工程、建园区"的文化产业发展引导模式，政府仍在资源配置中起决定性的作用。

《科技规划》针对文化产业科技含量不高的发展现状，提出应利用高新技术创新文化产品表现手段，丰富文化创作体裁，增强文化作品的时代感，催生文化科技新业态。《科技规划》在《改革规划》中提升科技水平相关措施的基础上，提出实施8~10项国家科技重点项目、设立3~5个文化科技研发基地与20家文化科技融合示范基地、建设2~4个部级技术研究中心和5~8个科技创新平台、培育20家文化科技企业、培养10名文化科技专家和100名中青年科技骨干等涵盖规模扩张、结构布局、人才培养的可量化的目标，鼓励财政不断增加文化科技投入，推动政府各类资源向文化科技创新全面倾斜。与前述两项规划类似，《科技规划》强化了政府在文化科技创新载体建设、文化作品创作科技化、艺术资源保护科技化领域的决定性作用，增强了政府对传统和新兴文化行业开发关键技术生产重要装备的"选择性"扶持能力。

从研究我国扶持单一文化行业发展政策的角度来看，《动漫规划》是一份具有较高参考价值的文件。文件围绕重大项目实施和骨干企业培育，提出整合动漫产业链条，调整产业结构布局，发挥科技与人才的支撑作用，激励动漫企业占领国际市场。第一，扩大产业规模方面。加快动漫项目资源库、中国动漫游戏城、动漫关键技术研发项目实施进度，形成创作、出版、衍生品生产的动漫产业链条，重点发展新媒体、多终端动漫产品，引导其他行业在产品中融入动漫元素。第二，调整结构布局方面。在控制产业园区数量、提高特色和技术水平的基础上，充分发挥动漫产业园区对资源集聚、人才培养、技术研发、企业培育的引导作用。第三，促进科技创新方面。对具有市场潜力的动漫作品，通过"原动力"扶持计划和"国产动漫精品工程"在创作和发行环节进行支持；设立"中国文化艺术政府奖—动漫奖""国产影视动画扶持项目"对优秀动漫作品、人才、品牌和机构进行表彰；通过文化部和其下辖的"部际联席会议办公室"建设公共技术平台、公共信息平台和公共素材库，为动漫企业提供设备租赁、研发培训、政策咨询和素材整合服务，支持动漫生产全过程的关键技术研发和产业化推广。第四，培育市场主体方面。确立国有企业在市场中的核心地位，优化中小企业的融资和发展环境。第五，完善要素市场方面。通过人才标准化工程、高端人才实验班计划、高级研修班等人力资源工程培育高端文化人才；整合院校教育资源，发展社会培训力量，发挥市场在专业人才培养和人力资源配置方面的作用。鼓励各类资本尤其是大型企业进入动漫产业。第六，完善产品市场方面。通过政策咨询、信息共享、宣传推广、参展推介等多种方式鼓励动漫产品出口和动漫企业"走出去"。财政政策方面，扩大中央财政动漫产业专项资金规模，对项目建设、科技创新、产品创作、人才培养、产品出口给予重点支持。税收政策方面，动漫企业享受进口关税减免出口增值税退税，境外缴纳所得税允许抵扣等多项优惠。从总体上看，《动漫规划》不仅注重发挥政府的引导作用，还注重发挥市场机制在产品生产、技术研发方面的积极作用。动漫产业重大工程多数集中于关键技术研发、高端人才培养、产品宣传推广等具有正外部性的领域。

文化部、中国人民银行、财政部于 2014 年联合下发《关于深入推进文化金融合作的意见》（简称《合作意见》）。间接融资方面，鼓励专业融资机构发展，完善著作权、专利权、商标权等文化无形资产评估确权与流转机制，建立分层次融资担保体系，综合运用法律、会计、审计、资产评估等多种手段对中小文化企业进行信用增级；直接融资方面，支持文化企业在不同层次资本市场上市融资，鼓励大中型文化企业采用短期融资券、中期票据、资产支持票据等多种融资方式优化债务结构，鼓励小型文化企业发行区域、行业集合债券融资。值得注意的是，2010 年的《关于金融支持文化产业振兴和发展繁荣的指导意见》中提出，既需要完善贷款审批流程、利率定价、风险评估问责机制以拓宽企业间接融资渠道，也需要丰富直接融资工具、打造文化产业战略投资者以构建多层次文化资本市场。这更多的是从金融产品供给层面加大对文化产业的支持力度。与之相比，《合作意见》不仅对具体措施进行了完善，如发展文化小额贷款公司、鼓励民间资本成立文化产业银行、支持中介机构发展壮大，还强化了政府信用与企业融资行为的相关性，如建立文化金融合作试验区、建立项目融资标准、建立融资项目推荐机制和项目库、实施"文化金融扶持计划"，充分发挥政府和财政资金的引导作用。

2014 年国务院下发《关于推进文化创意和设计服务与相关产业融合发展的若干意见》（国发〔2014〕10 号），通过完善知识产权保护制度、培养专业人才、扶持小微企业、鼓励产品出口、增加财税补贴优惠和企业融资渠道等措施增强创新动力。

2017 年中共中央办公厅、国务院办公厅联合下发《国家"十三五"时期文化发展改革规划纲要》，提出促进产业结构优化升级、引导要素合理流动、推动产业融合、扩大文化消费等目标。通过并购重组促进市场主体发展壮大，完善文化市场准入退出机制，充分发挥市场作用。强化文化科技支撑，扩大中高端文化供给。

这一阶段中，我国的文化产业政策向文化科技和新兴文化业态全面倾斜。目标相对明确，就是依靠提升科技水平增加传统文化产业生命力，依靠文化科技融合创造新兴文化产业，满足中高端文化消费需求。

但是从政策手段来看，如表 5 - 4 所示，缺乏财税金融配套政策（频数为 28），单纯依靠行政性引导（频数为 398）的问题更加突出，政府各部门似乎"满足"于制定规划、描绘蓝图,但缺少具体有效的措施,以实现文化产业"倍增""与科技融合""成为国民经济的支柱产业"等宏伟目标。

由前文的政策演进梳理可以发现,"立项目、上工程、建园区"是政府促进文化产业发展的核心手段,"政府主导"是产业发展的根本模式。因此,在本文产业政策梳理的结尾部分,将以文化产业园区和动漫企业为例,直观地展现文化企业对产业政策的依赖性和政府在产业发展中发挥的决定性作用。

表 5-4　　2011—2017 年文化产业政策目标与手段的频数统计结果

		政策手段			
		财政	税收	金融	行政
政策目标	产业规模	2	3	1	78
	产业结构	0	0	0	92
	企业创新	0	2	0	132
	市场主体	6	4	8	28
	要素市场	0	0	1	18
	产品市场	0	1	0	20
	政策频数和	8	10	10	398

《中国文化文物统计年鉴》数据显示,2011 年我国共有国家级文化产业示范园区 7 个,国家级文化产业试验园区 4 个,2012 年《文化部"十二五"时期文化改革发展规划》发布后,当年上述两类产业园区就分别增加到 32 个和 9 个,两类产业园区股本中国家资本占比分别从 20.48%、45.67%增加到 56.77%、61.00%,政府补助占营业利润的比例分别从 2.5%和 1.3%增加到 5.9%和 2.9%,财政在各类文化产业园区建设中扮演了重要角色,政府主导产业园区建设的特征十分明显。

2011 年我国共有经过认定的内资动漫企业 295 家,其中数量最多的是动漫创作和制作企业,共有 223 家。2012 年《"十二五"时期国家动漫产业发展规划》实施后,内资动漫企业数量增加到 511 家,其中动漫创作和制作企业为 365 家。2011 年前述两类动漫企业营业利润中政府补贴收入占比分别为 44.06%和 42.86%,2012 年两项数据分别为 80.12%和 74.63%,

动漫企业对产业政策和财政补贴存在较强的依赖性。

在本节的最后，笔者总结了我国文化产业政策的几个主要特点：

第一，我国的文化产业政策是"选择型"产业政策，政府依靠自身的判断决定需要发展的行业。各级政府在文化产业资源配置中起主导作用，行政性指令是支持文化产业发展的主要方式，"立项目""上工程""建园区"是引导文化产业发展的主要手段。财政政策在文化产业发展过程中的作用主要体现在通过各级政府财政补贴和专项资金资助重点行业、重大项目、重要工程、产业园区建设上，需求拉动、政策推动和政府选择的特征比较明显。

第二，文化产业规划目标较多，各项措施不易形成合力。我国的文化产业政策既要扶持出版发行、广播电影电视、工艺美术等传统文化产业，又要支持动漫游戏、休闲文化娱乐、互联网文化等新兴文化产业；既要促进各类优质资源集聚，又要保持区域均衡发展；既要保证国有文化企业的主体地位，又要引导社会资本进入文化产业；既要保障社会效益，又要兼顾经济效益。有限的政策工具并不能保证各类目标的有效实现。

第三，重规划、轻落实的问题比较突出。从前文的分析可以看到，不同时期的发展规划对文化产业发展面临的机遇与瓶颈的判断均较为准确，也提出了解决思路，但是较为缺乏具体可行的政策措施，且部分规划之间内容重叠。

5.2　我国文化产业财政与税收政策梳理

5.2.1　我国文化产业财税政策的具体措施

前文中，我们整理得出了文化产业政策在不同时期的目标和侧重点。本节将对文化产业财政税收政策的具体措施进行梳理，重点关注各级政府为扶持文化产业发展设立的专项资金和税收优惠。

1. 财政支出政策梳理

参考（刘鹏和杜啸尘，2014；王凤荣等，2016）的研究成果，文化产业财政政策的演进历程可以分为三个阶段。第一阶段（1978—1990 年），随着我国经济体制改革的深化，大众娱乐业、广告业、文化制造业逐步开始进行产业化和市场化改革。政府减少了对文化事业单位的财政补贴。

第二阶段（1991—2002 年），随着文化产业不断发展壮大，政府从"直接管理"转变为"间接管理"。通过设立"电影事业发展专项资金"初步确立了专项资金制度，并通过财政补贴和税收优惠推动文化事业单位转企改制。1993 年财政部下发《关于进一步支持宣传文化企业发展的通知》（财文字〔1993〕467 号），规定从 1993 年开始以中央级宣传文化企业上缴的所得税建立"文化企业发展专项资金"，对宣传文化部门及下属企业的重大题材电影拍摄、电影院维修改造、图书网点建设活动进行资助。1994 年财政部下发的《关于继续对宣传文化单位实行财税优惠政策的规定》（财税字〔1994〕89 号）中提出，中央和地方政府应按照《关于进一步支持宣传文化企业发展的通知》的要求设立"宣传文化事业发展专项资金"。1996 年国务院颁布的《关于进一步完善文化经济政策的若干规定》（国发〔1996〕37 号）中提出，中央和省级财政应拨款资助宣传文化发展专项资金。值得注意的是，宣传文化发展专项资金主要资助广播电影电视、出版发行等文化事业单位。

1997 年广播电影电视部和财政部等五部委联合印发《国家电影事业发展专项资金管理办法》，以电影票房收入的 5% 作为"电影事业发展专项资金"的资金来源，专项资金用于资助奖励高成本故事片、纪录片、美术片的拍摄录制，资助优秀剧本创作与征集，并资助少数民族地区电影放映企业。2000 年国务院下发《关于支持文化事业发展若干经济政策的通知》（国发〔2000〕41 号），提出从电视广告收入中提取 3% 设立"电影精品专项资金"。财政部、外经贸部于 2000 年联合印发《中小企业国际市场开拓资金管理办法》，重点支持中小企业参加境外展会、管理体系认证、专利申请（境外）、国际市场宣传推广、电子商务、广告培训、市场考察、技术引进等，优先支持面向拉美、非洲、中东等新兴市场以及取得质量管理、环境管理体系认证和产品认证的国际项目。

需要说明的是，设立各类文化产业发展专项资金是政府支持文化产业发展的重要方式，且现有文化产业财税政策的相关文献均没有针对专项资金的分析，因此本书对现有较为重要的，且后文上市公司财政补贴数据中涉及的几种文化产业专项资金进行了整理，为分析不同来源财政补贴对文化产业发展的影响打下基础。从表 5-5 可以看出，中央和地方财政安排了多项文化产业发展专项资金，采取拨款、贴息、补助等方式，对文化企业各类活动进行专项资助。

表 5-5　　　　　　　　　扶持文化产业发展专项资金

专项资金名称	管理部门	地方政府是否设立	文件发布日期
电影事业发展专项资金	广电总局	是	1997 年
电影精品专项资金	广电总局	否	2000 年
宣传文化发展专项资金	中宣部	是	1994 年
文化产业发展专项资金	文化部	是	2010 年
动漫产业发展专项资金	广电总局	是	2006 年
中小企业国际市场开拓资金	商务部	是	2000 年
中小企业发展专项资金	发改委	是	2004 年
外经贸发展专项资金	商务部	是	2010 年

资料来源：文化部、广电总局、商务部等国家部委网站。

我们重点关注的是第三阶段（2003 年至今），随着中共十六届三中全会将文化产业确立为国民经济的支柱产业，以及《国家"十一五"时期文化发展规划纲要》和《国家"十二五"时期文化改革发展规划纲要》的相继提出，文化产业进入快速发展期。

2006 年国务院办公厅转发《关于推动我国动漫产业发展的若干意见》（国办发〔2006〕32 号），提出由中央财政出资设立"扶持动漫产业发展专项资金"，用于支持动漫创作、动漫素材库建设、动漫公共技术服务体系、奖励优秀动漫作品、支持国产动漫播映，引导金融资源进入动漫产业，对技术创新和人才培养进行补贴，推动动漫基地和动漫园区建设，并鼓励各省市跟进投入。

2008 年国务院下发《关于印发文化体制改革中经营性文化事业单位转制为企业和支持文化企业展两个规定的通知》（国办发〔2008〕114 号）。财政开始由直接投入转变为间接投入，鼓励地方设立文化产业发展专项资金，设立国有文化产业投资基金对重点领域的文化企业进行股权投资；财政和文化产业专项资金可对文化企业贷款进行贴息，鼓励文化企业并购重组和上市融资；研究无形资产质押和评估办法，将无形资产等非货币资产在企业注册资本中的比例提高到70%。

2010年和2012年，财政部两次发布《文化产业发展专项资金管理暂行办法》，由中央财政出资，用于推进文化事业单位转企改制、支持重点文化项目、培育骨干文化企业、构建现代产业体系、支持文化内容创作、培养文化产业人才、支持新兴文化产业和特色文化产业、促进文化与金融资源对接、推进文化科技创新和文化传播体系建设。

财政部于2015年重新修订印发《中小企业发展专项资金管理办法》（财建〔2015〕458号），采用无偿资助、投资补助、政府购买服务等多种方式支持中小企业参展参会、创新研发、融资担保、贸易信保。2017年国家新闻出版广电总局设立少儿精品发展专项资金，鼓励和扶持广播电视少儿栏目的创新发展。此外，中央财政还出资成立了国家文化创新工程项目资助基金、剧本扶持工程、文化类政府和社会资本合作示范项目资助基金等多个产业基金。

各省、自治区和直辖市以及地级市政府也纷纷成立省市级专项资金，并设立了文化创意产业发展专项资金（刘鹏等，2015）。贵州省于2006年安排1500万元文化产业发展专项资金，每年递增100万元以上；广东省从2011年开始将扶持文化产业发展的专项资金每年增加4000万元，到2015年已将达到4亿元规模；海口市从2012年起设立1000万元文化产业发展专项资金，同时规定每年递增不低于财政经常性收入的同比增长幅度。部分省市级文化产业发展专项资金规模呈大幅增长态势。如深圳市于2008年设立文化产业发展专项资金，到2010年已增至每年5亿元；吉林省从2010年起将文化产业专项资金由每年1000万元增加到3000万元；山东省文化产业发展专项资金由2011年的3.32亿元增加到2012年的6.15亿元，增幅达85.2%（张凤华和傅才武，2013）。如图5-2所示，地方政府和地方财政已经逐渐成为推动文化发展的中间力量（王凤荣等，2016）。

亿元

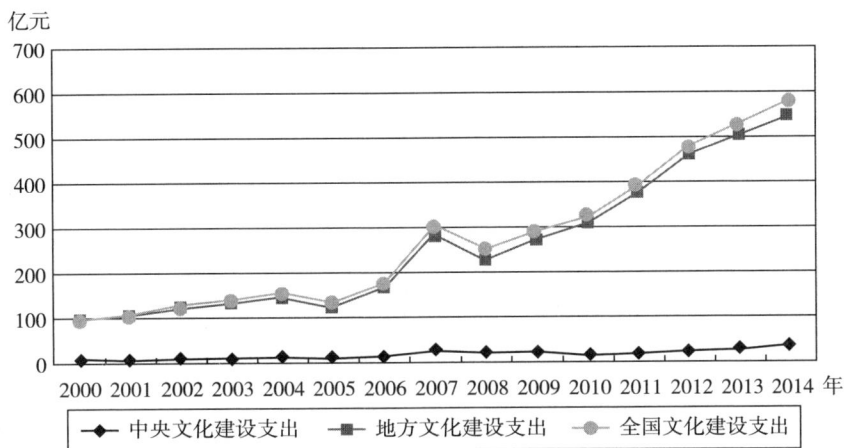

图 5 - 2　中央和地方政府文化事业支出情况

我国文化产业财政投入以项目资助、产品与技术开发补贴为主。本书以中部某省份《2015 年扶持优势文化产业发展专项资金绩效评价报告》为例进行分析。2015 年该省通过专项资金投入 2400 万元支持 27 个项目，其中新闻发行服务类、广播电影电视类、文化产品生产辅助类、文化休闲娱乐类、工艺美术品生产类各 2 个、文化信息传输类和文化艺术服务类各为 4 个、文化创意与设计服务类 9 个，技术研发、项目建设、设备采收、创意设计均属于资助范围。具体来说，包括新闻信息技术平台合并与改造、信息传输平台建设、户外广告工程项目、创意设计项目、应用系统研发、移动新媒体平台建设、歌舞剧节目制作经费、剧场改造项目、新型印刷技术开发、旅游展览硬件设备采购安装、文化传播中心建设，比较具有代表性的项目如表 5 - 6 所示。专项资金绩效考评侧重于增加就业人数、企业收入和地方税收收入，如新闻出版类 2 个项目新增就业 217 人，经营收入 6787 万元。利润 825 万元，税金 361.32 万元；文化创意与设计服务类 9 个项目新增就业 791 人，经营收入 15524.32 万元，利润 1357.28 万元，税金 667.21 万元，资助项目有效带动了文化产业的发展。但也应注意到，专项资金支持的项目会存在规划更改、资金到位率较低、项目进度滞后、产品质量难以判断等一系列问题。

表 5 - 6   某省文化产业发展专项资金 2015 年资助项目概况

行业	项目名称	投资总额（万元）
新闻出版	全省手机报大型全媒体信息服务平台建设项目	1000
信息传输	对农融媒体及延伸产业升级建设项目	5700
广播影视	电影院升级改造项目	558
文化创意	学前教育知识资源全媒体创意设计项目	1362
文化艺术	大型土家族原生态情景歌舞项目	2166
文化产品	绿色数字化印刷项目	1000
休闲娱乐	车溪毕兹卡文化大舞台改扩建项目	1045
工艺美术	文化传播中心建设项目	2800

资料来源：根据中部某省份《2015 年扶持优势文化产业发展专项资金绩效评价报告》整理。

财政除了直接出资扶持，也比较注重发挥间接引导作用。贵州省 2006 年安排专项资金 1500 万元，支持 32 个项目（贴息 20 个，补助 12 个），带动投资总额 52.58 亿元。2006 年至 2009 年，陕西省西安市安排 5237.5 万元专项资金，扶持 37 个重点项目，推动曲江新区、临潼景区等示范性文化产业园区建设。2009 年广东电视台高清项目获得 800 万元专项贴息贷款，带动光大银行 2 亿元贷款的跟进（张凤华和傅才武，2013）。而前文中提到的中部省份 2015 年通过 2400 万元专项资金投入带动了 4.5 亿元的社会投入，平均 1 份财政资金投入能够带动 19 份社会资金跟进，起到了较好的杠杆作用。

除财政补贴和专项资金外，各级政府还成立了大量文化产业投资基金，对文化企业进行股权投资。2006 年，上海市委宣传部与浦东区人民政府一同出资 1 亿元人民币，设立了上海东方汇金文化产业投资基金，投资项目包括上海富凯网络信息技术有限公司和上海城市动画有限公司。2008 年，浙江日报集团和浙江省财务开发公司共同出资成立东方星空文化传播投资有限公司，投资包括宋城旅游发展股份有限公司增资扩股等项目（欧培彬，2009）①。2011 年 7 月，财政部、中银国际控股有限公司、中国国际

---

① 欧培彬. 产业投资基金支持文化产业发展研究 [D]. 武汉：武汉理工大学硕士学位论文，2009.

电视总公司等联合发起成立的中国文化产业投资基金，财政部出资 5 亿元，总规模 200 亿元，以股权投资的方式扶持新闻出版、广播电影电视、文化艺术、网络文化、休闲文化娱乐等传统与新兴文化产业。投资包括人民网、新华网、中国出版集团公司、万方数据、开心麻花、芒果 TV 等行业领军公司的融资项目。到 2013 年底，全国已有超过 100 家文化产业投资基金，总规模达到 1408 亿元。目前我国文化产业投资基金正处于快速发展时期。

总体来看，我国文化产业财政投入力度不断加大，支持覆盖面不断扩展，资助金额也不断增加。当前，财政已从直接投入逐渐转变为引导社会资本投入，注重发挥杠杆作用。此外，结合前文对于产业政策目标的分析可以看出，文化产业财政政策是在文化产业规划的引导之下，对规划中提出的重点产业、重点项目进行支持；既要扶持文化企业创新，又要引导资本进入文化产业；既要推动文化资源集聚，又要促进区域协调发展；既要提高中小企业生存能力，又要维持大型龙头企业竞争力。

应该注意到，从资金投入覆盖面来看，由于规划中的各类目标较多，财政资金难免不能兼顾；从支出结构来看，产业园区基地等重大项目建设所需的庞大资金会挤占科技研发、人才培养、外贸补贴资金的份额；从项目选择机制来看，政府代替市场决定需要发展的产业和技术；从各级政府配合来看，下级政府往往根据上级政府的支出方向选择本级专项资金的支持方向，导致资金的"马太效应"。

2. 税收优惠政策梳理

在丛明（2008）[①] 研究成果的基础上，本书整理了 1993 年到 2017 年我国文化产业的税收政策。国家税务总局于 1993 年下发的《关于进一步支持宣传文化事业的通知》（国税发〔1993〕59 号）文件中提出凡是为宣传文化事业单位服务的文化企业免征产品税、增值税、营业税，税款专项用作宣传文化事业经费，经营有困难的企业也可由地方政府酌情进行税收减免；出版业只征收增值税，党政军机关、军事、科技和少儿刊物免征增值税；电影制片收入只征收增值税，科技、儿童、新闻、美术影片免征增

---

① 丛明. 我国促进文化产业发展的税收政策 [J]. 中国财政，2008 (17)：49 - 50.

值税；个人转让著作权免征营业税，新建出版发行单位的出版销售业务免征营业税，税款专项用于网点建设，少数民族地区出版销售业务可由地方政府给予定期减征或免征营业税的优惠；宣传文化事业单位免征房产税、车船使用税和土地使用税。

1994 年财政部下发的《关于继续对宣传文化单位实行财税优惠政策的规定》（财税字〔1994〕89 号）中提出，全国县及县以下新华书店和农村供销社销售的出版物、电影拷贝收入和电影母片母带销售收入免征增值税。

1996 年国务院颁布《关于进一步完善文化经济政策的若干规定》（国发〔1996〕37 号），对歌厅、舞厅和音乐茶座等娱乐场，对广播电台、电视台和报纸等广告媒介分别按营业收入和经营收入的 3% 征收文化事业费；企业对公益性文化事业单位的捐赠额予以 3% 的所得税扣除。

2000 年国务院下发《关于支持文化事业发展若干经济政策的通知》（国发〔2000〕41 号），规定纳税人缴纳企业所得税时，在年度应纳税所得额 10% 以内的部分，可在计算应纳税所得额时予以扣除；纳税人缴纳个人所得税时，捐赠额未超过纳税人申报的应纳税所得额 30% 的部分，可从其应纳税所得额中扣除；将《关于进一步支持宣传文化事业的通知》和《关于继续对宣传文化单位实行财税优惠政策的规定》两份文件中部分文化活动"免征增值税"调整为"增值税先征后退"。

2003 年 12 月，国务院办公厅又下发了《关于印发文化体制改革试点中支持文化产业发展和经营性文化事业单位转制为企业的两个规定的通知》，给予文化产业财税、投融资、资产处置、国有文化资产授权经营、人员安置等一系列政策。

2005 年 3 月，财政部、国家税务总局和海关总署下发《关于文化体制改革中经营性文化事业单位转制后企业的若干税收政策问题的通知》和《关于文化体制改革试点中支持文化产业发展若干税收政策问题的通知》。（1）对转制文化事业单位的税收优惠包括免征企业所得税、房产税、车船税及城镇土地使用税，减征增值税；文化产品出口退税，（重要设备进口）免征进口关税和增值税；境外提供文化劳务取得的境外收入不征营业税，免征企业所得税。（2）对文化企业的税收优惠政策包括新办文化企业免征

3 年企业所得税，核心企业对成员企业 100% 控股的合并缴纳企业所得税；部分企业可以按照高新技术企业享受优惠待遇；电影拷贝收入免征增值税、电影发行收入免征营业税；重要设备进口免征进口关税和增值税；境外提供文化劳务取得的收入不征营业税，免征企业所得税。从中可以看出文化事业单位和文化企业单位的税收待遇存在一定差异。

2007 年的《中华人民共和国企业所得税法》中规定，小微企业减按 20% 的所得税税率征收企业所得税，高新技术企业减按 15% 征收企业所得税，企业对于公益文化事业的捐赠，在年度应纳税所得额 12% 以内的部分，允许进行扣除。

2008 年和 2009 年，国务院下发的《关于印发文化体制改革中经营性文化事业单位转制为企业和支持文化企业发展两个规定的通知》（国办发〔2008〕114 号），财政部、国家税务总局联合下发的《关于支持文化企业发展若干税收政策问题的通知》（财税〔2009〕31 号）均规定，电影企业销售电影拷贝、发行、农村放映收入免征增值税和营业税；有线数字电视基本收视维护费免征营业税；电影、图书、报纸等文化产品享受增值税出口退税；文化高新技术产业减按 15% 征收企业所得税，研发费用在计算应纳税所得额时加计扣除；党报党刊发行印刷收入免征增值税，经营性文化事业单位转制后免征企业所得税。

财政部、国家税务总局于 2009 年联合下发的《关于扶持动漫产业发展有关税收政策问题的通知》（财税〔2009〕65 号）中规定，动漫企业销售其自主开发的动漫软件享受增值税实际税负超过 3% 的部分即征即退的税收优惠，与动漫开发制作相关的多项活动均享受营业税 3% 低税率优惠。2013 年财政部、国家税务总局联合下发的《关于动漫产业增值税和营业税政策的通知》（财税〔2013〕98 号）中规定，部分地区动漫企业与动漫开发制作相关的多项活动仍然享受营业税 3% 低税率优惠。

2014 年，财政部下发的《关于支持电影发展若干经济政策的通知》（财教〔2014〕56 号）中规定，对电影制片企业销售电影拷贝（含数字拷贝）、转让版权取得的收入，电影发行企业取得的电影发行收入，电影放映企业在农村的电影放映收入，自 2014 年 1 月 1 日至 2018 年 12 月 31 日免征增值税。

　　本书对近年来文化产业税收优惠政策措施进行了汇总，结果如表5－7所示。第一，企业所得税方面。对于新办文化企业给予3年企业所得税免征优惠①，小型微利企业（应纳税所得额不超过50万元、员工人数不超过80人、企业资产不超过1000万元）减按50%征收企业所得税，所得税税率为20%②；部分符合条件的高新技术文化企业减按15%征收企业所得税③。第二，增值税和营业税方面。部分文化企业享受营业税和增值税低税率优惠待遇（"营改增"之前，文化体育业营业税税率3%、销售图书报纸增值税税率13%④；从事动漫软件开发的动漫企业增值税实际税负超过3%的部分即征即退，部分动漫企业与动漫制作相关的活动的营业税税率为3%⑤）；部分文化活动享受营业税和增值税免征待遇（销售电影拷贝收入、转让电影版权收入、电影发行收入以及在农村取得的电影放映收入免征增值税和营业税）⑥。第三，区域性税收政策方面。如2011年"营改增"试点工作启动后，上海市文化创意企业增值税税率为3%⑦；部分文化服务外包示范城市的技术先进型文化企业享受减按15%征收所得税和职工教育经费8%准予税前抵扣的优惠待遇。第四，给予文化产品出口、文化设备进口税收优惠（如向境外单位提供的研发服务和设计服务适用增值税零税率，为生产重点文化产品而进口国内不能生产的自用设备及配套件、备件等免征进口关税，出口图书、报纸、期刊、音像制品、电子出版物、

---

　　① 《国务院办公厅关于印发文化体制改革试点中支持文化产业发展和经营性文化事业单位转制为企业的两个规定的通知》（国办发〔2003〕105号），《财政部、海关总署、国家税务总局关于文化体制改革试点中支持文化产业发展若干税收政策问题的通知》（财税〔2005〕2号），《国家税务总局关于新办文化企业企业所得税有关政策问题的通知》（国税函〔2010〕86号）。

　　② 《财政部、国家税务总局关于小型微利企业有关企业所得税政策的通知》（财税〔2009〕133号）。

　　③ 《科技部、财政部、国家税务总局关于修订印发〈高新技术企业认定管理办法〉的通知》（国科发火〔2016〕32号）。

　　④ 《中华人民共和国营业税暂行条例（2008）》《中华人民共和国增值税暂行条例（2008）》。

　　⑤ 《关于扶持动漫产业发展有关税收政策问题的通知》（财税〔2009〕65号），《关于动漫产业增值税和营业税政策的通知》（财税〔2013〕98号）。

　　⑥ 《关于支持文化企业发展若干税收政策问题的通知》（财税〔2009〕31号）。

　　⑦ 《关于在上海市开展交通运输业和部分现代服务业营业税改征增值税试点的通知》（财税〔2011〕111号）。

电影和电视完成片享受出口退税政策)①。

本书重点关注的是给予科技型文化企业的税收优惠措施。我国税法对于科技创新型企业进行了较为细致的分类：

第一，高新技术企业的认定标准是企业必须处于国家重点支持的高新技术领域内，且从事研发的员工总数不低于10%，高新技术产品收入占总收入的比重不能低于60%，研发费用比例不低于3%。第二，科技型中小企业的认定标准是员工总数不超过500人，其中科技人员比例不能低于10%，年收入和资产总额不超过2亿元，科技性评价指标（包括科技人员、研发投入、科技成果）评分不低于60分。第三，初创科技型企业的认定标准为员工数量不超过200人，其中大学本科以上学历的员工比例不低于30%，资产总额和销售额均不超过3000万元，研发费用占成本的比例不低于20%，成立时间不超过5年。需要说明的是，广播影视采编播系统、广播电视业务集成与支撑系统、数字电影系统、数字电视终端等先进技术，以及与文化艺术产业相关的新材料制备、场景制作、印刷和文物保护技术才属于国家重点支持的高新技术领域范畴；科技型中小企业需要经过省级科技管理部门认定，初创型科技企业则无需认定。

与前述分类相对应，我国税法对于科技型企业的税收优惠如下：

第一，高新技术企业减按15%征收企业所得税，研发费用可以进行50%的加计扣除，无形资产成本允许进行150%的摊销。第二，科技型中小企业研发费用扣除比例为75%，无形资产成本摊销比例为175%。第三，京津冀等八个全面创新改革试验区的法人合伙人、个人合伙人、天使投资人以现金支付获得股权的方式，投资初创科技型企业满两年之后，其投资额的70%可以从应纳税所得额中扣除，不足抵扣的部分允许结转，其中天使投资人的抵扣期限为36个月。同样需要说明的是，初创型科技企业一定能够享受高新技术企业的相关税收优惠，而这些企业想要成为科技型中小企业并享受更为优惠的抵扣政策则需要在研发投入和成果方面接受更为严格的审核。

---

① 《关于应税服务适用增值税零税率和免税政策的通知》（财税〔2011〕131号），《关于支持文化企业发展若干税收政策问题的通知》（财税〔2009〕31号）。

表 5 – 7　　　　　　2008—2017 年文化企业财税扶持政策措施

颁发政策部门	政策手段
国务院、文化部 （文化体制改革政策）	1. 放宽市场准入，鼓励支持民营企业进入演出业、影视业、音像业、文化娱乐业、文化旅游业、网络文化业、图书报刊业、文物和艺术品业以及艺术培训业等行业，与国有企业各项待遇相同； 2. 推动文化事业单位转企改制； 3. 鼓励金融机构建立专门服务文化产业的专营机构，建立完善文化金融中介服务体系，进行信贷产品和服务方式创新。
财政部、国家税务总局 （财政税收政策）	1. 产业发展专项资金： （1）设立文化产业发展专项资金，采取贴息、补助等方式，支持文化产业发展； （2）设立宣传文化发展专项资金、文化事业建设费、国家出版基金等专项资金； （3）设立国家文化发展基金，扩大有关文化基金和专项资金规模。
	2. 企业所得税： （1）企业所得税税率为 25%； （2）职工福利费支出不超过工资薪金总额 14% 的部分，准予扣除； （3）职工教育经费支出不超过工资薪金总额 2.5% 的部分，准予扣除； （4）广告费和业务宣传费支出，不超过当年销售收入 15% 的部分，准予扣除，超过部分，准予在以后纳税年度结转扣除； （5）开发新技术、新产品、新工艺发生的研究开发费用，未形成无形资产计入当期损益的，在按照规定据实扣除的基础上，按照研究开发费用的 50% 加计扣除，形成无形资产的，按照无形资产成本的 150% 摊销，摊销年限不低于 10 年； （6）公益性捐赠支出，在年度利润总额 12% 以内的部分，准予在计算应纳税所得额时扣除； （7）已在境外缴纳的所得税税额，可以从其当期应纳税额中抵免，抵免限额为该项所得依照本法规定计算的应纳税额超过抵免限额的部分，可以在以后五个年度内，用每年度抵免限额抵

颁发政策部门	政策手段
财政部、国家税务总局 （财政税收政策）	免当年应抵税额后的余额进行抵补； （8）小型微利企业（年应纳税所得额低于 50 万元、员工人数不超过 80 人、资产总额不超过 1000 万元）按 50%计入应纳税所得额，按 20%的税率缴纳企业所得税； （9）高新技术企业减按 15%的税率征收企业所得税； （10）居民企业技术转让所得不超过 500 万元的部分，免征企业所得税，超过 500 万元的部分，减半征收企业所得税； （11）高新技术企业，其来源于境外的所得可以享受高新技术企业所得税优惠政策，即对其来源于境外所得可以按照 15%的优惠税率缴纳企业所得税，在计算境外抵免限额时，可按照 15%的优惠税率计算境内外应纳税总额； （12）创业投资企业采取股权投资方式投资于未上市的中小高新技术企业 2 年以上的，可以按照其投资额的 70%在股权持有满 2 年的当年抵扣该创业投资企业的应纳税所得额； （13）对政府鼓励的新办文化企业免征 3 年企业所得税； （14）对在境外提供文化劳务取得的收入免征企业所得税； （15）服务外包示范城市中从事服务外包的技术先进型文化企业减按 15%征收企业所得税，职工教育经费的 8%允许税前扣除。
	3. 个人所得税： （1）稿酬所得适用比例税率，税率为百分之二十，并按应纳税额减征百分之三十； （2）劳务报酬所得适用比例税率，税率为百分之二十，对劳务报酬所得一次收入畸高的，可以实行加成征收； （3）特许权使用费（个人提供专利权、商标权、著作权、非专利技术以及其他特许权的使用权）所得，利息、股息、红利所得，财产租赁所得，财产转让所得，偶然所得和其他所得，适用比例税率，税率为百分之二十； （4）劳务报酬所得、稿酬所得、特许权使用费所得、财产租赁所得，每次收入不超过四千元的，减除费用八百元，四千元以上的，减除百分之二十的费用，其余额为应纳税所得额； （5）个人捐赠额未超过其应纳税所得额 30%的部分可以扣除。

颁发政策部门	政策手段
财政部、国家税务总局（财政税收政策）	4. 增值税： （1）文化企业增值税税率为6%（税率分档为6%、11%、17%）； （2）小规模纳税人（年销售额小于500万元）适用简易计征办法； （3）小规模纳税人（月销售额小于3万元）免征增值税； （4）个人转让著作权免征增值税； （5）文化产品出口享受增值税退税； （6）向境外单位提供的设计服务适用增值税零税率； （7）向境外单位提供技术转让、技术开发和与之相关的技术咨询、技术服务免征增值税； （8）在境外提供的广播影视节目（作品）的发行、播映、制作服务免征增值税； （9）向境外单位提供的完全在境外消费的知识产权服务、广告投放地在境外的广告服务、无形资产免征增值税； （10）动漫企业销售其自主开发生产的动漫软件，对其增值税实际税负超过3%的部分，实行即征即退政策； （11）销售电影拷贝收入、转让电影版权收入、电影发行收入以及在农村取得的电影放映收入免征增值税； （12）有线电视基本维护费和农村有线电视基本收视费免征增值税。
	5. 营业税（"营改增"之前）： （1）文化企业营业税税率为3%； （2）对在境外提供文化劳务取得的境外收入不征营业税； （3）销售电影拷贝收入、转让电影版权收入、电影发行收入以及在农村取得的电影放映收入免征营业税。

5.2.2　我国文化产业财税政策的不足之处

1. 财政补贴政策效果不佳

我国政府扶持文化产业发展普遍采用财政补贴、设立文化产业发展资金等手段对文化产品生产者进行奖励补贴，对公众进行消费引导，对企业研发进行资助，目标是增加文化产品的消费和总产出。2007—2016 年中央与地方各类文化产业发展专项资金对文化上市公司的补助情况如图 5 – 3 所示，财政补贴和税收返还数额不断增加，2016 年文化上市公司平均净利润为 4.4 亿元，各级政府对文化上市公司的平均补助金额达到 4300 万元，其中税收返还 803 万元，项目资助 2651 万元，产业发展专项资金 1073 万元，各类奖励 310 万元，研发补贴 250 万元，企业依靠财政补贴增厚利润的现象较为明显。从后文的实证检验结果可以看出，各级政府的财政补贴政策并不能从根本上改变文化产品科技含量不高、文化内涵不足的现状。相反，财政补贴可能会产生寻租、市场失灵、企业行为扭曲等一系列问题，甚至导致部分行业陷入"政府扶持—产能过剩"的怪圈。

对文化休闲娱乐、网络文化等新兴文化行业的补贴效果不好。例如笔者曾去某国内一线城市中心区的 VR – AR 体验店消费，体验票的门市价为 500 元/人。公司宣传片中提到，因为 VR – AR 技术符合文化科技发展潮流，而且体验店得到了多个国家部委领导的肯定，进而获得了市级和区级财政大量资助，门票价格降为 250 元/人。笔者体验过后发现，尽管其室内装潢较为新潮和前卫，能够给消费者带来感官上的巨大冲击，但是该体验店存在 VR – AR 项目可玩度不高、场景真实性较差、部分核心项目限制体验次数等多个问题，VR – AR 产品供给质量与体验店的宣传严重不符。创立不足三个月，该体验店已门可罗雀，财政补助并未带来文化产品供给质量的提高。

对电影等传统文化行业进行消费补贴和消费限制同样未能达到目标。仍以笔者的亲身经历举例。2017 年笔者曾经计划去观看某部国产故事片。到电影院咨询后发现，消费者如在网上自费购买电影票，价格为 40 元，而如果使用某单位工会下发的电影卡购买电影票，价格为 80 元，补贴后的价格远高于市场价格，通过财政补贴降低文化产品价格的目标并未实现，且扭曲了企业行为，并存在利益输送的可能性。此外，我国设有"国产影片保护月"，在此期间，不允许院线播放外国电影。由于国产影片剧本、拍摄条件等与美国等发达国家存在较大差距，"国产影片保护月"并未起到有效提高国产片质量的作用，反而使部分企业产生逃避市场竞争、依靠保护生存的倾向。

2. 税收优惠政策手段单一

文化企业和从业人员的税收负担较重。我国近年来不断出台政策，减轻文化企业税收负担。如年应纳税所得额低于 50 万元的小微企减按 50% 征收企业所得税，税率为 20%；科技型文化企业减按 15% 的税率征收企业所得税；月销售不超过 3 万元的小微企业免征增值税、教育费附加、地方教育附加、水利建设基金和文化事业建设费；特许权使用费、转让收入允许进行费用扣除，并按 20% 的税率征收个人所得税，稿酬所得税实际率为 14% 。但是仍有大量文化企业和提供文化产品的个人税收负担较重，如部分文化企业需按 25% 的税率上缴企业所得税，广告等部分文化企业需要缴纳 7% 的城市维护建设税和 3% 文化事业建设费。作品价值较高的画家、作家需缴纳更多的个人所得税。

企业所得税、增值税税额和税率优惠是主要手段。税收豁免、扣除等间接优惠手段较少使用，文化企业的人才培训费用、宣传费用和员工福利费用企业所得税扣除额度不高。此外，"营改增"之前，文化产业部分行业存在营业税导致的重复征税问题，"营改增"之后，位于文化产业链上游的文化企业由于缺乏增值税进项税额抵扣，税收负担加重，且部分中小文化企业脱离了增值税抵扣链条。

税收政策覆盖面较窄。除了电影、动漫和部分满足国家高新技术企业条件的文化企业之外，无论是演艺娱乐、出版发行、工艺美术品制造等产业规划中明确提出希冀转变发展方式的传统文化产业，还是游戏、互联网文化等依靠技术与创意发展的新兴文化产业，都无法享受更多的税收优惠。

3. 文化体制改革进程滞后

除财税扶持之外，我国政府近年围绕建立完善文化市场、给予民营文化企业同等待遇、国有企业产权等问题，不断推动文化体制改革①。支持各类文化企业跨地区、跨行业投资和经营，打破地区、部门、行业、所有

---

① 《关于支持和促进文化产业发展的若干意见》（文产发〔2003〕38 号），《关于鼓励、支持和引导非公有制经济发展文化产业的意见》（文产发〔2004〕35 号）。

制界限，不断拓宽经营范围，调整经营结构，拓展发展空间①；鼓励文化金融对接，为文化企业融资打造服务平台和专业团队，创新信贷产品和信贷模式，鼓励文化企业通过企业债券、上市等方式进行直接融资②。

文化体制改革政策的目标是建立健全文化市场机制，鼓励私人文化企业发展，延伸文化产业链条，配合财税、金融、打造各类服务平台等多种方式培养骨干文化企业，希冀为文化企业发展创造良好环境。尽管各级政府普遍提出要从"办文化"转向"管文化"，但这种转变更多的是从"直接办文化"转向"间接办文化"，从"政府直接提供文化产品"转为"政府通过财政补贴间接提供文化产品"；财政支出规模持续增大，税收优惠措施不够丰富，各类财税补贴优惠政策的效果并不明显，"重政府角色，轻市场机制"，以政府代替市场进行资源配置的现象较为突出；民营企业生存发展遭遇瓶颈，文化企业盈利能力不强，创新动力不足；广播电视、出版发行等部分文化领域条块分割、各自为政，给文化产业链的整合、文化企业盈利模式的确立带来了较大障碍，且对各类资本进入文化产业产生了一定程度的负向激励（张凤华和傅才武，2013）。

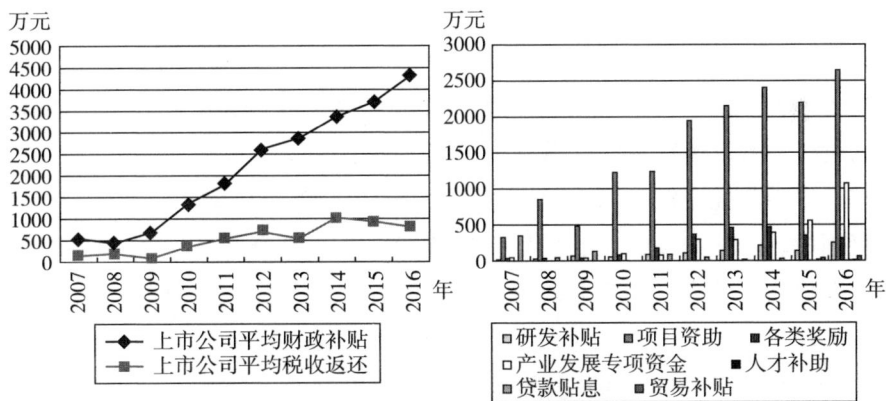

图 5 – 3　2007—2016 年文化上市公司财政补贴与税收返还情况

---

① 《文化部、国家旅游局关于促进文化与旅游结合发展的指导意见》（文市发〔2009〕34号）。

② 《关于深入推进文化金融合作的意见》（文产发〔2014〕14 号）。

5.3 我国文化产业财税政策支持效果的实证检验

通过梳理我国文化产业财税扶持政策后可以发现，财税政策的重点集中于减轻中小文化企业税收负担，推动企业进行文化与技术创新，提高文化企业盈利能力等几个方面。结合前文对于文化产业发展的现状分析可以看出，一方面，我国财政税收政策的补贴优惠力度不断增加，另一方面，我国文化企业却逐渐陷入发展瓶颈，财政重点支持的电影、动漫等多个行业盈利能力不强、国际影响力不足、发展水平不高。财政的高投入并没有带来行业的高产出，没有提高文化企业特别是中小文化企业与民营文化企业的内生增长能力。因此，需要对不同类型财政支出与税收优惠政策措施的效果进行评估，分析财税支持效果不佳的原因。

采用实证方法评估文化产业政策实施效果的文献并不多见。王凤荣等（2016）在细致整理我国中央和地方政府1978—2013年颁布的文化产业政策的基础上，通过实证方法评估了政策实施效果，他们重点考虑了央地博弈因素。具体来说，我国文化产业政策的颁布与实施分为四个阶段，"中央主导"（1978—1991年），中央管制与财政支持；"央地博弈"（1992—2002年），政治与经济激励，地方政府"试动"；"地方竞争"（1993—2011年），地方政府财税政策频出，内容多样化、手段多样化，引入社会资本、培育产业组织、健全市场管理；"地方领先"（2012年至今），扶持新兴领域、关注小微企业、引导文化消费。地方政府的文化产业政策具有即时有效性，中央文化产业政策具有长期有效性，文化产业政策的有效性存在区域差异。他们采用区域文化产业增加值衡量产业政策的效果，依靠关键词抓取而后统计政策措施的频数，并将其作为政策导向的评估标准的做法具有一定的科学性，但是采用中央和地方政府颁布的文化产业政策数量作为政策力度的评价方法则欠缺合理性。因为从前文的产业政策梳理部分可以看出，产业规划和政策文件数量的多寡，与政策的落实情况并没有必然的联系，不考虑产业政策目标和具体实现手段就得出产业政策能够促进文化产业发展的结论是不能令人信服的。

臧志彭（2015）认为，文化上市公司绩效水平与政府当期与滞后一期补贴水平正相关，对技术研发也存在正向作用。刘鹏等（2015）的实证结果表明，滞后一期的地方政府财政补贴对文化上市公司的盈利能力存在正向影响，分权程度越高的地方政府越有意愿补贴上市公司。

　　笔者认为，学者们对财政补贴的考察不够细致，只使用了财政补贴的总量数据，而没有对财政补贴进行更为细致的划分。另外，上述研究还存在一个共同的缺陷，就是只考察了财政补贴对文化企业的影响，并没有考虑税收优惠的作用，对财税政策作用的评估缺乏全面性。

5.3.1　财税政策对文化企业盈利能力的影响

　　在式（4－1）的基础上添加相关变量财政补贴 G 和税收优惠 T，构建柯布—道格拉斯（C－D）生产函数如下：

$$Y = A(t)^{\alpha}B(t)^{\beta}C(t)^{\sigma}G(t)^{\theta_1}T(t)^{\theta_2}, \alpha、\beta、\sigma、\theta_1、\theta_2 > 0 \quad （5－1）$$

对式（4－1）左右两边取对数后得到：

$$\ln Y = \text{Cons} + \alpha\ln A(t) + \beta\ln B(t) + \sigma\ln C(t) + \theta_1\ln G(t) + \theta_2\ln T(t)$$

$$（5－2）$$

　　与第4章中的做法类似，在剔除 ST 公司和主营业务并非文化业务年份的基础上，以 2004—2016 年的总收入（Torev）、净利润（Prof）、无形资产（Iasset）、固定资产（Fixasset）和期末员工总数（Staff）数据为基础，增加财政补贴（Governaid）和税收返还（Taxre），后两项数据来源于 Wind 数据库上市公司财务报表附注。

　　政府对于文化企业的财税支持可以从新加入的变量上得到体现。此外，通过设置 DebtAsset、lnTechInd、lnSizeInd、lnMonoInd、Property、Dumyear 等控制变量控制文化企业风险偏好、市场环境、股权结构和时间的影响。通过对 Governaid 和 Taxre 取对数消除异方差。另外，由于税收优惠通常是采用降低税率、减征免征应纳税额等方式给予企业的，所以可以通过设置企业所得税实际税率（IncomeT）、营业税实际税率（SaleT）、增值税实际税率（ValaddT）代替 Taxre，作为税收优惠变量，考察财税政策对企业盈利能力的影响，三个变量的计算方法均为财务报表中对应的纳税额数据与营业收入之比。

　　1. 财政与税收政策的效果

　　新加入的解释变量的描述性统计如表5－8所示。可以看出财政补贴是政府扶持文化企业的主要方式，不同企业得到的财政补贴和税收返还优惠差距较大。文化企业税收负担主要集中在所得税和营业税上，增值税税收负担相对较轻，这是因为在 2013 年文化产业全面"营改增"之前，我国文化企业大都缴纳营业税，在"营改增"之后才缴纳增值税。从表 5 - 9 的系数回归结果可以得出，文化企业对财政补贴的依赖程度非常高，增值税和营业税实际税率越高，文化企业收入和利润水平越低，这都比较符合我们的预期，即财政补贴和税收优惠能够增加企业的盈利水平。需要说明的是，从样本量来看，(3)、(4) 列的结果更有代表性。

　　流转税方面，降低增值税和营业税税率，会提高企业的盈利水平。在"营改增"之前，我国《税法》原则上规定，文化体育业应缴纳营业税。若企业存在混合销售行为或者兼营行为（即同时提供营业税和增值税应税劳务，以营业税应税劳务与增值税应税劳务有无直接联系作为混合销售和兼营的划分依据），则混合销售行为仍应缴纳营业税，而兼营行为应分别核算销售额与营业额，而后对应缴纳增值税和营业税①。企业若无法确定主营业务，则以工商登记第一项业务为主营业务②。样本中的文化企业由于原则上均提供营业税应税劳务，所以在 2013 年文化体育业全面"营改增"之前，样本企业各会计年度的大部分税收以营业税的方式缴纳，但也会同时上缴少量由增值税应税劳务产生的增值税③。随着"营改增"的推进，增值税覆盖面逐渐扩大④，尽管部分产业链上游文化企业的税收负担会加重，但是大部分企业的税负还是减轻了（魏鹏举和王玺，2013）。具体到样本中的企业，通过对增值税实际税率（ValaddT）、营业税实际税率（SaleT）与 Dumyear 做 Pearson 相关性检验可以发现，2011 年以后，文化上市公司的营业税税负呈逐年下降趋势，增值税实际税负的增幅也并不

---

① 《关于修改〈中华人民共和国增值税暂行条例实施细则〉和〈中华人民共和国营业税暂行条例实施细则〉的决定》财政部第 65 号令。

② 《关于调整新增企业所得税征管范围问题的通知》（国税发〔2008〕120 号）。

③ 构建指标 T = （营业税额 - 增值税额）/营业税额。以皖新传媒为例，公司主营业务为教材图书的出版销售，缴纳营业税，2013 年以前，T 值均大于 1。2014—2016 年，其主营业务中出现综合贸易一项，三年的 T 值分别为 0.98、0.93、0.91。

④ 2011 年以前，样本企业各年度 T 值绝大部分大于 0.90；2012 年，70 个样本企业 T 平均值为 0.127，2013 年为 - 0.871，2014 年为 - 1.123。

明显。

所得税实际税率与文化企业营业收入和利润显著正相关，一种可能的解释是，企业所得税是以企业净利润作为税基的，在企业收入不变的情况下，企业控制销售费用、管理费用的能力越强，成本就越低，净利润就越高；或者在成本不变的情况下，企业盈利能力越强，净利润同样会比较高，所以营业收入和净利润与企业所得税实际税率正相关。

2. 财政与税收政策的选择

关于财政与税收政策效果差异的问题，一直以来都是学术界争论的焦点。陈永清等（2016）[①] 认为，财政政策偏向于"事前激励"，税收政策则倾向于"事后激励"，而这两种激励的效果是不同的。张同斌和高铁梅（2012）[②] 认为，财政政策比税收政策更能促进高新技术产业的增长，但是税收政策在转变产业结构方面产生作用更大。从本书的实证结果来看，财政支持政策对于目前我国文化产业发展具有不可替代的作用，文化企业需要政府的支持与补贴；税收优惠政策同样不可或缺，能够提高文化产业的投资回报。

我国发展文化产业的根本原则是坚持社会效益和经济效益相统一，以社会效益为先。对文化产品生产进行补贴能够带来经济效益，也能实现社会效益。第一，经济效益方面。文化产品是具有收入的边际消费倾向递增、需求价格弹性较大两种特征的特殊产品。马斯洛需求层次理论中，文化需求属于高层次的需求。人民群众存在较强的文化需要，渴望获得良好文化产品与服务，但又希望文化产品定价不能太高，过高的产品定价会迫使消费者放弃消费，而政府补贴能够降低文化产品价格，增加文化产品供给，满足文化消费需求。第二，社会效益方面。文化产品具有外部性，能够对消费者的世界观、人生观和价值观产生重要影响。政府希望企业提供的文化产品能对社会价值导向和民情舆论产生正面影响，而文化企业如果要研发生产即符合主流价值观，且人民群众喜闻乐见的文化产品，就势必

---

① 陈永清，夏青，周小樱. 产业政策研究及其争论述评 [J]. 经济评论，2016（6）：150 - 158.

② 张同斌，高铁梅. 财税政策激励、高新技术产业发展与产业结构调整 [J]. 经济研究，2012（5）：58 - 70.

要付出较高的开发和推广成本。如果政府不对文化企业进行补贴，则部分文化企业就有可能屈服于市场压力，提供偏离主流价值观，但是能够迎合市场中不良需求的文化产品，这种文化产品将对社会产生不良影响，带来巨大的负外部性。

税收优惠政策对于文化企业的发展也存在正向的激励作用。第一，低税率能激发文化企业的活力。企业的目标是盈利，低税率能够增加企业的利润，"挣得多、留下的就多"，进而带动微观主体的生产积极性。第二，如果文化产业利润高、收益大，则会有大量资金选择进入文化产业，加剧行业内部竞争程度，刺激企业不断提高经营绩效。至于税收返还的系数不显著，即税收返还对于文化企业的激励作用并不明显，这可能是因为税收返还力度不大造成的。

表 5 - 8　　　　　　　　财政补贴与税收返还变量的描述性统计

	Mean	Std. Dev	Min	Max
lnGovernaid	15. 93433	1. 664126	8. 294049	19. 8748
lnTaxre	15. 02219	2. 254073	6. 776279	19. 08153
IncomeT	0. 0958779	1. 676812	− 0. 0278238	40. 87693
SaleT	0. 1589524	2. 461974	− 0. 1747373	59. 71714
ValaddT	0. 0156259	0. 0158087	0	0. 1575318

表 5 - 9　　　　　财政补贴与税收返还对文化企业盈利能力的影响

	（1）	（2）	（3）	（4）
	lntorev	lnprof	lntorev	lnprof
解释变量				
lnGovernaid	0. 123 ***	0. 102	0. 0542 ***	0. 135 ***
	（4. 67）	（1. 64）	（4. 38）	（4. 48）
lnTaxre	− 0. 00705	− 0. 0161		
	（− 0. 42）	（− 0. 41）		
IncomeT			1. 332 ***	2. 209 ***
			（4. 87）	（3. 36）
ValaddT			− 0. 895 ***	− 1. 251 ***
			（− 5. 47）	（− 3. 18）

续表

	（1）	（2）	（3）	（4）
	lntorev	lnprof	lntorev	lnprof
SaleT			− 12. 24 ***	− 5. 772 *
			（ − 8. 77）	（ − 1. 66）
控制变量				
lnIasset	0. 551 ***	0. 699 ***	0. 411 ***	0. 454 ***
	（10. 13）	（5. 44）	（17. 14）	（7. 63）
lnFixasset	0. 00845	0. 156	0. 145 ***	− 0. 0854
	（0. 15）	（1. 16）	（5. 46）	（ − 1. 32）
lnStaff	0. 334 ***	− 0. 208	0. 115 ***	− 0. 0745
	（4. 25）	（ − 1. 13）	（3. 72）	（ − 0. 94）
Property	− 0. 101	− 0. 0448	0. 0451	1. 253 ***
	（ − 0. 49）	（ − 0. 09）	（0. 26）	（2. 69）
Model	− 0. 00331	0. 102	0. 0839 **	0. 320 ***
	（ − 0. 06）	（0. 73）	（2. 21）	（3. 40）
DebtAsset	0. 500 **	− 1. 660 ***	− 0. 170 **	− 1. 353 ***
	（2. 34）	（ − 3. 30）	（ − 2. 17）	（ − 5. 46）
lnTechInd	− 0. 539 ***	− 0. 793 ***	− 0. 361 ***	− 0. 404 ***
	（ − 8. 07）	（ − 5. 03）	（ − 13. 87）	（ − 6. 29）
lnSizeInd	− 0. 158	0. 623 **	− 0. 0982 **	0. 136
	（ − 1. 52）	（2. 53）	（ − 2. 14）	（1. 22）
lnMonoInd	0. 650 ***	0. 697 **	0. 661 ***	0. 633 ***
	（5. 60）	（2. 54）	（13. 88）	（5. 20）
_ cons	6. 629 ***	4. 989 **	9. 032 ***	10. 23 ***
	（7. 29）	（2. 33）	（17. 56）	（8. 13）
Dumyear	控制	控制	控制	控制
观测值	158	157	446	436
调整后 R − square	0. 900	0. 665	0. 882	0. 632
F − 统计量	53. 45	12. 19	193. 45	30. 91
（Prof > f）	（0. 000）	（0. 000）	（0. 000）	（0. 000）

注：＊、＊＊、＊＊＊分别表示在10%、5%、1%的水平上显著，括号中的数值是 t 统计量值。

5.3.2 不同类型财政补贴对文化企业盈利能力的影响

1. 财政补贴类型的划分

样本中企业财政补助的来源大都是各级政府补贴和各类文化产业发展专项资金。文化产业发展专项资金包括文化产业发展专项资金、文化事业发展专项资金、国家电影事业发展专项资金、少儿精品发展专项资金、动漫产业专项资金、中小企业国际市场开拓资金、中小企业发展专项资金、外经贸发展专项资金、国家艺术基金和国家科技支撑计划、文化创意产业发展专项资金等十余个专项资金。

根据文化上市公司财务报表附注"政府补助和税收返还"中的细分项名目,可以将政府补助项目划分为研发补贴(Techsa)、重大项目资助(Project)、贷款贴息补助(Moansa)、人才补助(Personad)、贸易担保与补贴(Tradead)、各类奖励(Reward)、产业发展专项资金(IndustryDev),数据来源于国泰君安 csmar 数据库。

首先需要注意的是重大项目资助范围较广,例如大地传媒(000719. SZ)公司 2013 年收到名目为"数字出版项目"的财政补贴,由于缺乏更为详细的信息,难以将其与文化创新、资本、人才、出口等支持方向对应起来,因此重大项目并不单指项目建设类补贴,还可能包括技术、人才等相关补贴。

其次需要注意的是各类产业发展专项资金同样支持的是文化创新、重大项目建设、文化金融对接、文化产品出口等方向,支持方式普遍采用项目补助(包括研发补助和重大建设项目补助)、贷款贴息、保费补贴、绩效奖励等多种方式[①],因此,只有未明确标注补助资金项目类型,只标明是产业发展专项资金的补贴,才会被划入产业发展专项资金 IndustryDev 细分项。例如附注表中出现"研发补贴 A 元",层级来源是"某省或某市文化产业发展专项资金",则将其划入研发补贴 Techsa 细分项中。此外,部

---

① 《文化产业发展专项资金管理办法》(财文资〔2012〕4 号),《国家电影事业发展专项资金管理办法》(财教〔2006〕115 号),《北京市文化创意产业专项资金管理办法》(京财文〔2006〕2731 号),《湖北省扶持动漫产业发展专项资金管理办法》(湖北省财政厅、湖北省文化厅,2017 - 09 - 19)。

分奖励的对象也难以准确界定。

细分项数据取对数后的描述性统计如表 5 - 10 所示。需要说明的是财政补贴里贷款贴息、人才补助、贸易补助的样本数量分别是 60、20、74，而研发补助、财政奖励、项目补助和产业发展专项资金的样本数量分别为 222、228、374 和 203，政府在补贴方式的选择上存在明显的倾向性。

表 5 - 10　　　　　　　　财政补贴细分项描述性统计

	Mean	Std. Dev	Min	Max
lnTechsa	13. 76255	1. 647105	7. 673223	17. 1832
lnMoansa	13. 75184	1. 7851	8. 882253	17. 79515
lnPersonad	11. 47518	1. 468114	8. 394976	13. 29778
lnTradead	12. 48069	1. 893948	6. 39693	17. 15643
lnReward	13. 76794	2. 05424	7. 090077	18. 75542
lnProject	15. 29787	2. 000937	8. 517193	19. 86939
lnIndustryDev	14. 33077	2. 007361	8. 411833	19. 67834

将各细分项分别对企业总收入和总利润进行回归后发现，项目资助、研发补贴、各项奖励对文化上市公司的总收入和净利润存在负面影响，专项资金、人才补贴、贸易补贴和贷款贴息等变量对总收入和净利润存在正面影响，但都不显著。

数据整理的过程中我们发现，每家企业只获得了少数几种补贴，甚至没有补贴。由于大量补助项目为零，细分项这种划分方式可能带来所有变量回归系数的不显著的问题，因此尝试对解释变量进行合并。我们在梳理扶持项目决定权后发现，产业发展专项资金、项目资助、研发补贴和各类奖励的决定权在各级政府，是政府根据预先制定的标准选择资助、奖励、补贴的对象；而人才补贴、贷款贴息、贸易补贴都和企业的市场行为相关，企业只有通过获取要素或者出卖产品等市场行为才能获得相应的补贴。因此，我们可以根据"政府选择"和"市场导向"将这些补助划分为"政府选择型"补助（GovActivity）和"市场导向型"补助（MarActivity）。

依据项目名称和备注可以将资金来源划分为中央与各部委（Central）、省和直辖市（Provience）、地级市及以下（City）三个行政层级。以文化产业发展专项资金为例，划分方法是，若项目备注中如果出现文化产业发展专项资金，则将其划归中央和各部委，若出现某省文化产业发展专项资金，则将其划归省和直辖市，其余的划归地市级政府。需要说明的是文化创意产业发展专项资金由各省市设立。

2. 不同类型政府补贴效果的差异性分析

以企业生产要素、风险偏好、市场环境、股权结构作为控制变量，对所有细分项和合成项取对数以消除异方差，通过 Hausman 检验确定分别对文化企业收入和利润水平进行面板固定效应回归，回归结果如表 5 - 11 所示。从系数回归结果可以看出，"政府选择型"补助对文化企业营收存在显著正向影响，这是因为从样本数据来看，大量补助都是来自于项目资助、产业发展专项资金、研发补助和各类奖励；贷款贴息补助、贸易补贴、人才补贴数量较少。即使从"政府选择型"补助变量 GovActivity 中将未标明资助项目的产业发展专项资金 IndustryDev 除去，基本结果依然不变（GovActivity 对 lntorev 和 lnprof 的回归系数分别为 0.037** 和 0.168***）[①]。

以文化上市公司 2016 年的数据为例，70 家公司总共获得项目资助 18.02 亿元、产业发展专项资金资助 7.29 亿元、各类奖励 2.1 亿元、研发补助 1.70 亿元，与之相比，贸易补贴数额为 0.40 亿元、贷款贴息补助金额为 0.11 亿元、人才专项补贴 143 万元，贸易、人才和贷款补助之和仍低于研发补助，"政府选择型"补助远高于"市场导向型"补助，文化企业需要向政府"看齐"才能获得支持。

从这个角度来看，当前的文化产业财政支持措施和财政专项资金制度是以政府之手代替市场机制对资源配置起决定性的作用，以"政府选择型"补助增加企业的收入和净利润。值得注意的是，只要政府取代市场对资源配置起作用，就难免会存在因为政府信息不对称和寻租腐败问题导致的逆向选择、道德风险与补贴效率低下（陈永清等，2016）。

3. 不同层级政府补贴效果的差异性分析

不同层级政府对于文化产业补贴的效果是存在差异的。中央政府支持变量前系数为负，地方政府补贴变量前系数为正，说明地方政府财政补贴对增加文化企业收入的作用更为明显，这与王凤荣等（2016）的研究结论

---

① 由于篇幅问题，回归结果省略。

相同。原因如下：

第一，尽管中央政府支持意愿较强（多个文化产业专项资金均是由中央财政发起，地方财政跟进和协同管理），但无奈资金有限，而需要支持的文化项目浩如星海，中央财政补贴不可能面面俱到。对于样本中的文化企业来说，地方财政补贴力度相对更大。本书的样本数据显示，2016 年我国 70 家文化上市公司获得中央财政资金补助约 6.3 亿元，获得省级、市级政府补助约 29.21 亿元，地方财政是补助文化企业的主力军。

第二，由于中央财政直接支持或者由中央文化产业发展专项资金支持的大都是具有显著外部性的重点项目和可能存在外溢性的技术研发项目，这些项目工程均能从宏观层面对推进文化体制改革，构建现代文化市场体系，推进文化科技创新和文化传播体系建设产生重大影响。因此，这些项目多数由国有企业、大型民营企业承担，项目和技术研发见效的时间跨度较长，所以中央政府补助与企业营业收入和获利水平负相关。相比之下，省市级财政和专项资金支持的则是域内项目，重点关注发挥区域特色、补齐发展短板等方面，而大多数文化企业和文化产品总是与区域发展联系的更为紧密，也更容易获得地方财政的青睐。与其他学者的研究结论类似，从文化企业增收的角度来看，地方财政补贴具有即时有效性，中央财政补贴具有长期有效性（王凤荣等，2016）。

第三，不同层级财政支持和专项资金的申请条件不同。以专项资金为例，地方企业想要申请中央财政专项资金就必须通过省市财政部门筛选而后报中央部门批准，各地优秀项目竞争十分激烈，而且中央政府有关部门会对申请人的申请资格、申请程序、资料真实性进行严格审查。与之相比，地方政府会适当放宽域内企业的申请条件，降低营业收入、资本规模、项目前景的要求。

如果仅从这部分实证结果出发，无法对不同层级政府财政补贴的合意性进行评价。因为各级政府都有强烈意愿通过财税手段支持文化产业发展，这对文化企业是利好，而且不同层级的政府补贴也确实与企业产出和利润存在正向关系。

吴意云和朱希伟（2015）[①] 认为，我国中央的产业政策导向性较强，地方政府往往会出台相应的政策进行跟进，欠发达地区盲目模仿发达地区的经验有可能造成各地补贴方向和手段的同质化，使欠发达地区偏离自身的比较优势，各地"一哄而起、一拥而上"，进而造成产业集中度降低、产品同质化倾向的增加。为此，就必须考察财税政策对于文化企业创新和市场地位的影响，以明确财税政策对文化产业发展的作用。

表 5 – 11　　　　　不同类型财政补贴对文化企业盈利能力的影响

	（1）	（2）	（3）	（4）	（5）	（6）
	lntorev	lnprof	lntorev	lnprof	lntorev	lnprof
解释变量						
GovActivity	0.0362 **	0.126 ***				
	(2.40)	(4.04)				
MarActivity			0.000265	0.00456		
			(0.02)	(0.13)		
Central					– 0.0180	– 0.0149
					(– 1.18)	(– 0.55)
Province + City					0.0945 ***	0.107 ***
					(4.19)	(2.66)
控制变量						
lnIasset	0.495 ***	0.444 ***	0.466 ***	0.670 ***	0.690 ***	0.540 ***
	(14.86)	(6.41)	(8.58)	(5.69)	(9.48)	(4.08)
lnFixasset	0.0553	– 0.179 **	– 0.0369	– 0.198 *	0.165 **	– 0.0663
	(1.42)	(– 2.22)	(– 0.78)	(– 1.85)	(2.52)	(– 0.54)
lnStaff	0.167 ***	0.0615	0.315 ***	0.0452	0.111	0.172
	(4.33)	(0.74)	(3.88)	(0.25)	(1.30)	(0.99)
Property	0.263	1.153 **	0.244 *	– 0.0506	0.0283	– 0.00589
	(1.15)	(2.35)	(1.79)	(– 0.15)	(0.12)	(– 0.01)
Model	0.0666	0.323 ***	0.295 ***	0.455 ***	0.151 *	0.303 **
	(1.25)	(2.94)	(3.74)	(2.66)	(1.94)	(2.12)

[①]　吴意云、朱希伟. 中国为何过早进入再分散：产业政策与经济地理［J］. 世界经济，2015（2）：140 – 166.

续表

	（1）	（2）	（3）	（4）	（5）	（6）
	lntorev	lnprof	lntorev	lnprof	lntorev	lnprof
DebtAsset	- 0. 174	- 1. 264 ***	0. 354	- 1. 150 **	- 0. 192	0. 405
	（ - 1. 31）	（ - 4. 03）	（1. 48）	（ - 2. 10）	（ - 1. 17）	（0. 94）
lnTechInd	- 0. 492 ***	- 0. 454 ***	- 0. 500 ***	- 0. 686 ***	- 0. 683 ***	- 0. 556 ***
	（ - 14. 09）	（ - 6. 37）	（ - 8. 03）	（ - 5. 06）	（ - 8. 89）	（ - 4. 01）
lnSizeInd	- 0. 0789	0. 570 ***	- 0. 150	0. 709 ***	- 0. 0779	0. 569 ***
	（ - 1. 10）	（3. 92）	（ - 1. 20）	（2. 62）	（ - 0. 70）	（2. 83）
lnMonoInd	0. 894 ***	0. 384 ***	0. 736 ***	0. 815 ***	0. 826 ***	0. 271
	（13. 51）	（2. 94）	（6. 16）	（3. 06）	（7. 46）	（1. 25）
_ cons	8. 749 ***	10. 94 ***	10. 49 ***	10. 19 ***	2. 873 **	7. 230 ***
	（11. 64）	（7. 14）	（10. 32）	（4. 70）	（2. 08）	（2. 88）
Dumyear	控制	控制	控制	控制	控制	控制
观测值	357	345	118	117	148	146
调整后 R - sq	0. 864	0. 637	0. 860	0. 591	0. 859	0. 764
F - 统计量	93. 36	25. 11	73. 02	26. 81	47. 23	13. 47
（Prof > f）	（0. 00）	（0. 00）	（0. 00）	（0. 00）	（0. 00）	（0. 00）

注：表中 GovActivity、MarActivity、Central、Province + City 均为对数值。* 、** 、*** 分别表示在 10% 、5% 、1% 的水平上显著，括号中的数值是 t 统计量值。

5.3.3 财税政策对文化企业创新能力的影响

1. 加入财税政策变量的文化企业技术进步函数

文化产业的发展离不开技术水平的提高。由 4.2.1 节的分析我们知道文化企业想要更好地满足市场消费需求，提高盈利能力，就必须提高产品的技术水平与文化内涵。科技的发展会给予文化产品全新的传播方式、展示方式，甚至为文化产业确立全新的消费模式，企业要想在市场竞争中取胜，就必须不断进行创新。由于市场需求变化无常，文化企业的创新会面临巨大的风险；由于文化创新存在外溢性和外部性，部分文化企业可能并没有充足的创新动力。

财政补贴是促进文化产业创新的重要手段。政府可以通过研发补贴、项目资助等方式对文化企业创新开发活动给予支持。财政补贴和项目资助可以补偿高昂的研发成本，弥补企业创新资源的不足；消除创新研发的外部性，降低企业面临的市场风险。税收优惠也是政府鼓励文化企业创新的重要方式。政府可以通过研发费用所得税抵扣、新产品收入免征企业所得税、允许文化企业进行各类进项税抵扣等多种税收优惠方式，降低企业研发成本和研发风险，激发企业提供优质文化产品的动力。

我们知道，企业投入研发的各类资源和政府财税补贴优惠，均能影响企业创新速率。黎文靖和郑曼妮（2016）认为，政府财税补贴的导向可以决定企业研发的目的。因此我们假设：对于文化企业来说，财税补贴如果导向实质性创新，则企业无形资产将获得快速增长，若财税补贴将企业研发行为导向策略性创新，或者企业将财税补贴用于维持运营与提高员工待遇等其他用途，即存在财税补贴使用的道德风险问题，则企业无形资产增长的幅度不明显。

在4.3节设定的文化企业创新函数的基础上，本节通过增加财政补贴 G 和税收优惠 T 考察财政税收政策对文化企业创新的影响：

$$B(t) \cdot = A(t)^{\gamma} B(t)^{\theta} G(t)^{\rho_1} T(t)^{\rho_2}, 0 < \gamma < 1,$$
$$0 < \rho_1, \rho_2 < 1, 0 < \theta \qquad (5-3)$$

对式（5-3）左右两边取对数得到：

$$\ln B(t) \cdot = \gamma \ln A(t) + \theta \ln B(t) + \rho_1 \ln G(t) + \rho_2 \ln T(t) \qquad (5-4)$$

我们预期财政税收政策会对文化企业创新产生积极的影响。依然采用4.1.1中的方法和数据对式（5-2）进行实证检验。检验结果如表5-12所示。从（1）、（3）列 lnGovernaid 和 lnTaxre 前的回归系数来看，财政补贴与税收返还并没有有效促进文化企业创新，甚至存在负面影响。从（2）、（4）列 lnGovernaid 和三个税收变量前的回归系数来看，具有技术优势的文化企业也并没有获得更多的财政支持，而且这些企业的营业税和增值税实际税收负担更高。

2. 财税政策对企业技术创新的影响

结合前文财税政策对企业盈利能力影响的分析可以得出，财税政策尤其是财政补贴政策只是单纯用来增加文化企业的收入和净利润，并没有有效引导文化企业创新和开发具有吸引力的文化产品。

这与臧志彭（2015）的研究结论不同，他认为政府财政补贴能够引导文化企业增加研发投入，而研发投入的上升又能使企业获得更高的营业收入。但是采用研发投入作为文化企业绩效的解释变量是欠妥的，因为它和政府补贴存在一定的相关性。根据本书对财政补贴数据的整理，研发补贴是文化企业财政补贴的重要组成部分，占补贴的很大比例，也就是说，在臧志彭的研究中，可以使用财政研发补贴作为企业研发投入的替代变量，研发投入与营业收入的正相关关系也完全可能转变为财政研发补贴与营业收入的正相关关系。因此，并不能得出，或者说不能稳健地得出财政补贴促进了文化企业研发进而提高了企业收入的结论。

与之相比，本书的研究思路是使用无形资产增加值 Iassetgr 和技术优势 Techind 作为技术进步的代表变量，不仅考虑到了对企业文化创新的表征，更可以分析这种创新是否带来了真正的市场技术优势。因此，本书的结论更为稳健，即财政补贴更多地用于提高文化企业收入和净利润，"扮靓"企业财务报表，并没有激发企业的创新活力。

由财税政策对文化企业盈利能力影响部分的实证结果我们还知道，文化企业收入越高，盈利能力越强，其增值税和营业税的实际税收负担越轻，企业所得税的实际税负越重。而表 5 - 12 的回归系数显示，lnTechind 越大，即企业技术优势越明显，增值税和营业税实际税负越高。

通过对比两部分实证结果，我们可以得出：

第一，我国"赚钱"的文化企业大都处于文化产业链下游，如大量的文化制造企业和低端文化服务企业。这些企业的特征是，它们拥有增值税进项税额抵扣的资格，或者能够得到地方政府给予的或明或暗的税收返还。在"营改增"之前如果这类企业提供的是营业税应税劳务（部分低端文化服务企业），则其营业税税收负担较轻；如果其提供的是增值税应税劳务（部分文化产品制造企业），则其增值税实际税收负担也比较轻。而在"营改增"之后税收负担同样不会发生明显变化，甚至因为进项抵扣的存在导致税收负担有所下降（孙静和钟毓，2013）[①]。当然，由于净利润较

---

① 孙静，钟毓. "营改增"中促进文化创意服务业发展的税收政策取向 [J]. 税务研究，2013（12）：35 - 39.

高，这些企业所得税的实际税收负担较重。

第二，我国"不赚钱"的文化企业恰恰是具有技术优势、位于产业链上游的企业。这些企业的特征是收入不高，但管理、运营和产品研发成本较高，这使得其所得税实际税负下降。另外，这些企业由于无法进行增值税进项税抵扣导致其增值税实际税负偏高（魏鹏举和王玺，2013）。简言之，由于我国部分高端文化企业没有将自身的技术优势转化为收入和利润优势，而且所得税和增值税税制对其并不"友好"，导致其"赚的少、交的多"。

表 5 - 12　　财政税收政策对文化企业创新能力影响的参数估计结果

	（1）	（2）	（3）	（4）
	lnIassetgr	lnTechInd	lnIassetgr	lnTechInd
解释变量				
lnGovernaid	- 0. 527 *	- 0. 174 ***	- 0. 0789	- 0. 140 ***
	（ - 1. 70）	（ - 5. 01）	（ - 0. 65）	（ - 5. 89）
lnTaxre	0. 195	- 0. 00610		
	（0. 90）	（ - 0. 25）		
IncomeT			- 11. 64	- 1. 852 ***
			（ - 1. 52）	（ - 3. 42）
ValaddT			6. 497	1. 271 ***
			（1. 51）	（3. 95）
SaltT			20. 43 **	3. 409
			（2. 02）	（1. 22）
控制变量				
lnIasset	1. 669 **	0. 715 ***	1. 408 ***	0. 742 ***
	（2. 37）	（18. 61）	（7. 56）	（26. 05）
lnFixasset	- 0. 188	- 0. 374 ***	- 0. 292	- 0. 192 ***
	（ - 0. 26）	（ - 4. 73）	（ - 1. 41）	（ - 3. 67）
lnStaff	0. 585	0. 207 *	- 0. 441 *	- 0. 0482
	（0. 62）	（1. 87）	（ - 1. 80）	（ - 0. 77）
Property	- 4. 170 **	- 0. 336	- 4. 064 ***	- 0. 418
	（ - 2. 44）	（ - 1. 11）	（ - 2. 76）	（ - 1. 19）

续表

	（1）	（2）	（3）	（4）
	lnIassetgr	lnTechInd	lnIassetgr	lnTechInd
Model	−0.557	0.325 ***	0.107	−0.0522
	（−0.61）	（3.65）	（0.30）	（−0.68）
DebtAsset	0.319	−0.202	0.126	0.0669
	（0.14）	（−0.64）	（0.16）	（0.42）
lnTechInd	0.0212		−0.111	
	（0.02）		（−0.55）	
lnSizeInd	−2.219	0.0716	−0.437	0.0994
	（−1.60）	（0.47）	（−1.16）	（1.08）
lnMonoInd	0.594	0.497 ***	0.746 *	0.458 ***
	（0.39）	（3.04）	（1.70）	（4.94）
_cons	−3.651	−4.127 ***	3.515	−7.225 ***
	（−0.44）	（−3.23）	（0.88）	（−7.51）
Dumyear	控制	控制	控制	控制
观测值	86	158	255	446
调整后 R − square	0.4333	0.819	0.326	0.856
F − 统计量	4.92	69.19	17.65	110.00
（Prof > f）	（0.000）	（0.000）	（0.000）	（0.000）

注：$*$、$**$、$***$ 分别表示在 10%、5%、1% 的水平上显著，括号中的数值是 t 统计量值。

5.3.4　不同类型财政补贴对文化企业创新能力的影响

继续采用 5.4.2 节中对财政补贴的划分方法。由于 lnTechsa 是针对技术研发最直接的补贴，因此先使用 lnTechsa 等变量对 lnIassetgr 和 lnTechInd 进行回归。lnTechsa 前系数为正，但是均不显著，说明技术补贴对文化创新的推动作用并不明显。前文分析中已经提到，相对于项目补贴，技术补贴金额较低。而且由 5.2.1 节中中部某省文化产业专项资金扶持项目可以发现，多个项目支持的是技术改造、文化创意设计、文化内容开发等方面，说明项目补贴与文化创新也应存在一定的相关性，因此，尝试用项目

补贴 lnProject 对前述衡量文化创新的因变量进行回归[1]，系数分别为
−0.106和−0.0778[***]，项目补贴也没有提升文化企业的文化创新能力和
技术优势。

1. 不同类型政府补贴效果的差异性分析

按照"政府选择"与"市场导向"划分的不同类型财政补贴对文化企
业创新影响的系数回归结果如表 5 – 13（1）列至（4）列所示。"政府选
择型"补贴并没有增加文化企业的创新能力，原因如下：

第一，项目补助支持的是国有企业和大型民营企业承担的重点项目工
程，企业能否承担"重点项目"工程需要政府决定，且由于研发目标合意
性的判断权、研发补贴对象的选择权同样属于政府，这就很可能会带来补
贴项目事前的逆向选择与事后的企业道德风险，例如企业为了迎合政府进
行华而不实的"策略性"创新问题（黎文靖和郑曼妮，2016）。企业获得
了大量研发和项目补助，但是没有进行研发或只进行了"伪"研发。

第二，各类奖励尽管相对公开透明，但文化作品优秀与否的评判标准
依然来自政府，因此在政府无法判断企业做出的创新到底是"普通"创新
还是真正的"前沿"创新（陈永清等 2016）时，可能会存在"误奖励"
问题。联系前文"政府选择型"财政支出能够增加企业收入的结论，我们
可以得出，文化企业获得了大量补贴收入，增加了净利润，但是却没有提
高内生增长能力（解雪芳和臧志彭，2015）[2]。简言之，"政府选择型"财
政补贴既可能由于存在信息不对称导致的项目逆向选择问题，也可能由于
存在企业将经费挪作他用或者进行策略性创新导致的道德风险问题，并未
产生良好的文化创新推动效果。

2. 不同层级政府补贴效果的差异性分析

如表 5 – 13（5）、（6）列所示，无论是来自中央财政的补贴还是来自
地方财政的补贴，都没有促进文化上市公司创新和获得市场技术优势。周
莉等（2015）认为，财政分权对文化产业发展存在一定的阻碍作用。蒋萍
和王勇（2011）认为，政府支持方式和方向的不恰当会阻碍文化企业提升

---

[1] 两次回归结果均省略。

[2] 解学芳，臧志彭. 国外文化产业财税扶持政策法规体系研究：最新进展、模式与启示
[J]. 国外社会科学，2015（4）：85 – 102.

技术效率。我们的结论与之有相似之处。

笔者认为，中央补贴效果不好的原因可能是：第一，中央政府的补贴数量相对较少；第二，存在逆向选择和道德风险问题。由于与地方财政资金相比，中央财政资金的审批与监管更为严格，产生道德风险的可能性较小。因此本书认为中央财政专项资金推动企业创新效果不好是中央财政资金不足，而且存在逆向选择导致的。也就是说，中央政府以及各部委无法准确判断项目的发展前景，且缺乏足够的资金对创新项目进行支持。

至于地方政府财政支出为何效果不佳，第一个可能的原因是地方政府财政补贴具有短视性。Thun（2004）[①] 认为，中国的产业政策与其他东亚经济体不同，并不是中央政府单独制定，而是在央地政府之间进行分权。中央给予地方政治激励和经济激励（周业安和章泉，2008[②]；王凤荣和董法民，2013[③]）。自 1994 年分税制改革后，地方政府具有了相对独立的经济利益。在获得了相应的事权和财权之后，地方政府就有了相应的竞争工具（Montinola 等，1996[④]；Qian 和 Barry，1996[⑤]），地方政府官员围绕官职晋升开展了 GDP 锦标赛（李涛等，2011）[⑥]。孙早和席建成（2015）[⑦] 认为，地方政府面临短期经济增长和长期经济结构调整的双重压力，在不发达地区，地方政府更有可能通过产业政策追求短期的高速增长，从而忽略长期经济结构调整的目标。具体到文化产业上，如果中央政府对地方政府设置了不恰当的考核目标（例如文化产业"倍增"计划），或其他需要采

---

① Thun E. Keeping up with the Jones：Decentralization，Policy Imitation，and Industrial Development in China［J］. World Development，2004（8）：1289 – 1308.

② 周业安，章泉. 财政分权、经济增长和波动［J］. 管理世界，2008（3）：6 – 15.

③ 王凤荣，董法民. 地方政府竞争与中国的区域市场机制整合——中国式分权框架下的地区专业化研究［J］. 山东大学学报（哲学社会科学版），2013（3）：17 – 31.

④ Montinola G，Qian Y Y，Barry R Weingast. Federalism，Chinese Style：The Political Basis for Economic Success［J］. World Politics，1996（48）：50 – 81.

⑤ Qian Y Y，Barry R Weingast. China's Transition to Markets：Market – Preserving Federalism，Chinese Style［J］. Journal of Policy Reform. 1996（1）：149 – 185.

⑥ 李涛，黄纯纯，周业安. 税收、税收竞争与中国经济增长［J］. 世界经济，2011（4）：22 – 41.

⑦ 孙早，席建成. 中国式产业政策的实施效果：产业升级还是短期经济增长？［J］. 中国工业经济，2015（7）：52 – 67.

用财政补贴等形式进行资金支持的考核项目（魏福成等，2013）[1]，地方政府可能会选择为了赢得考核而扶持那些技术含量不高，但是能带来较多税收收入的文化制造业和低端文化服务业，从而忽略了对企业技术开发的引导。

第二个可能的原因是接受财政补贴的文化企业进行了"策略性"创新。黎文靖和郑曼妮（2016）通过对我国产业规划和政策文件进行关键词抓取得出，各类规划中鼓励发展的行业中的企业更容易进行"策略性"创新。文化企业同样可能为了获取财税补贴而进行策略性创新。地方政府补贴数量越大，审计和绩效考评越不严格，企业越有可能为了获得补贴而"蒙骗"政府。

表 5 - 13　不同类型财政补贴对文化企业创新能力影响的参数估计结果

	（1）	（2）	（3）	（4）	（5）	（6）
	lnIassetgr	lnTechInd	lnIassetgr	lnTechInd	lnIassetgr	lnTechInd
解释变量						
GovActivity	- 0. 152	- 0. 133 ***				
	（ - 1. 36）	（ - 5. 43）				
MarActivity			- 0. 245 *	- 0. 0135		
			（ - 1. 89）	（ - 0. 53）		
Central					- 0. 155	- 0. 0445 **
					（ - 0. 98）	（ - 2. 16）
Province + City					- 0. 275	- 0. 0604 *
					（ - 1. 16）	（ - 1. 97）
控制变量						
lnIasset	1. 376 ***	0. 792 ***	1. 260 ***	0. 681 ***	2. 796 ***	0. 833 ***
	（6. 44）	（24. 94）	（4. 28）	（12. 95）	（3. 56）	（17. 33）
lnFixasset	- 0. 270	- 0. 227 ***	- 0. 328	- 0. 142 *	- 0. 732	- 0. 211 **
	（ - 1. 00）	（ - 3. 49）	（ - 1. 44）	（ - 1. 95）	（ - 1. 12）	（ - 2. 39）

① 魏福成，邹薇，马文涛，刘勇. 税收、价格操控与产业升级的障碍——兼论中国式财政分权的代价 [J]. 经济学（季刊），2013（4）：1491 - 1512.

续表

	（1）	（2）	（3）	（4）	（5）	（6）
	lnIassetgr	lnTechInd	lnIassetgr	lnTechInd	lnIassetgr	lnTechInd
lnStaff	-0.462*	-0.0395	0.000244	0.128	-1.173	0.122
	（-1.91）	（-0.60）	（0.00）	（1.01）	（-1.03）	（1.03）
Property	-3.944**	-0.502	0.271	0.118	-4.227**	-0.257
	（-2.57）	（-1.28）	（0.47）	（0.54）	（-2.28）	（-0.76）
Model	0.0372	-0.0476	-0.209	-0.266**	0.445	0.0526
	（0.09）	（-0.52）	（-0.44）	（-2.24）	（0.58）	（0.49）
DebtAsset	-0.0816	0.452**	1.968	-0.659*	1.583	0.0399
	（-0.08）	（2.01）	（1.53）	（-1.79）	（0.75）	（0.17）
lnTechInd	-0.123		-0.505		-1.429*	
	（-0.57）		（-1.38）		（-1.82）	
lnSizeInd	-0.259	0.184	0.537	0.147	-0.406	0.183
	（-0.49）	（1.51）	（0.55）	（0.76）	（-0.38）	（1.19）
lnMonoInd	0.623	0.288**	0.260	0.292	2.236	0.275*
	（1.32）	（2.58）	（0.32）	（1.59）	（1.68）	（1.83）
_cons	5.332	-7.658***	3.003	-10.21***	-3.325	-11.03***
	（1.06）	（-6.37）	（0.49）	（-8.36）	（-0.26）	（-7.29）
Dumyear	控制	控制	控制	控制	控制	控制
观测值	204	357	58	118	86	148
调整后 R-sq	0.2881	0.8423	0.650	0.833	0.233	0.911
F-统计量	15.22	92.67	29.77	56.78	4.86	77.68
（Prof>f）	（0.000）	（0.000）	（0.000）	（0.000）	（0.000）	（0.000）

注：表中 GovActivity、MarActivity、Central、Province + City 均为对数值。*、**、*** 分别表示在 10%、5%、1% 的水平上显著，括号中的数值是 t 统计量值。

5.4　我国政府财政补贴偏好的实证检验

考虑到政府补贴和资助一般都是在尽可能了解企业经营情况的基础上才会实施，而能有效反映企业经营现状的是企业前一年的收入和净利润。因此，为了明确各级政府文化产业财政支出的偏好，首先对企业的绩效变量 lntorev、lnporf，资源变量 lnIasset、lnFixasset、lnStaff 以及前文代表企业风险偏好、市场地位和行业壁垒的诸多变量均取滞后一期，分别对当期不同类型的财政补贴 lnGovernaid、lnGovActivity、lnMarActivity、lnCentral 和 ln（Province + City）做面板固定效应回归，并通过 Dumyear 控制住时间影响，系数回归结果如表 5 – 14 所示。

5.4.1　财政补贴对企业利润规模的偏好

"政府选择型"补贴和地方政府补贴与企业净利润显著正相关。地方政府补贴与企业营收的相关性存在两种可能的解释：第一，地方政府缺乏企业经营的相关信息，所以只能通过净利润判断企业的"质量"；第二，如果企业收入多、利润高，是区域发展的"领头羊"和纳税"大户"，地方政府就会选择对其进行补助。魏福成等（2013）认为，在财政支出分权的情况下，地方政府可能将财政资源用于对大企业进行补贴，这种行为不利于产业升级。结合 5.4.2 节和 5.4.3 节中对于地方政府补贴的分析可以得出：对于企业来说，地方政府补贴资金量更大，也更容易获得，争取补贴是"增收"的好办法。

lnTechInd$_{t-1}$ 前的系数表明，"政府选择型"补贴、中央政府财政补贴与文化企业技术优势存在负相关，这说明了一个重要事实，即由于技术优势和发展潜力难以准确衡量，中央政府会根据较容易获得的信息（如无形资产数量 lnIasset$_{t-1}$）对企业进行补贴，这说明政府补贴存在信息不对称问题。而地方政府有时既无法有效判断补贴项目的必要性和创新性（lnIasset$_{t-1}$ 和 lnTechInd$_{t-1}$ 前系数均为负数），又存在赢得增长竞赛的冲动，就可能会对域内企业进行无效率的补贴。

lnIasset$_{t-1}$ 前的系数表明，财政补贴与文化企业无形资产并不存在明显的相关性，结合 4.2.1 节中证明的产品科技文化含量（lnIasset）与企业盈利能力相关变量存在正"U"形的相关关系，我们可以得出，目前的财政支出政策对创新型文化企业支持力度明显不足。因此，未来应加大财政对处于正"U"形曲线底部、具有一定技术水平和技术优势且盈利能力不足的文化企业以更大的支持，通过研发补助等直接方式或拓宽其销售渠道等间接方式增加其盈利水平。

5.4.2　财政补贴对企业资产规模的偏好

lnFixAsset$_{t-1}$ 和 lnSizeInd$_{t-1}$ 前的回归系数说明，企业能否获得地方财政资助，更多地与企业的资产规模和相对资产优势相关。也就是说，能够入围地方财政文化产业发展专项资金扶持和补贴范围的基本是大型企业。注意到，与补贴力度正相关的并不是无形资产数量 Iasset$_{t-1}$。而前文我们已经证明，无形资产数量所代表的产品技术水平和文化内涵，是文化企业收入和利润水平的重要影响因素，因此这同样证明，地方政府文化产业财政支出并不是以提高企业的创新和发展能力作为目标的。与之相比，中央政府更愿意对拥有较大规模无形资产的企业进行支持，更为注重企业的技术水平和发展潜力。

5.4.3　财政补贴对企业经营模式的偏好

基于信号传递理论，产业政策和财政补贴会向资金融出方传递"风险较小"和"前景光明"的信息，并产生"资源效应"，增加企业获得资金的可能性（车嘉丽和薛瑞，2017）。本节中 DebtAsset$_{t-1}$ 前的回归系数说明，一方面，本书的样本均为上市公司，其通过资本市场融资的需求和可能性较高，因此 DebtAsset 前系数并不显著。另一方面，说明财政政策对企业融资的支持程度依然不足。

值得注意的是，杨向阳和童馨乐（2015）的研究得出，增加财政补贴会提高文化企业获得贷款可能性。根据 Prob > f 统计量，对 MarActivity 采用随机效应模型的估计结果为，lnprof$_{t-1}$（0.608[*]）、lnFixAsset$_{t-1}$（0.371[*]）、DebtAsset$_{t-1}$（2.382[*]）、lnMonoInd$_{t-1}$（1.655[**]），"市场导向型"补贴与文化企业净利润、固定资产、市场地位正相关，并使其更容易获得融资。本书认为，尽管"市场导向型"财政补贴和地方政府财政补贴能够使文化企业获得更多的金融资源，扩大企业规模、增加杠杆率，但也很可能会改变文化企业的风险偏好，为金融企业传递错误的信息，进而引导信贷资源的不合理流动，形成"马太效应"。此外，由于财政资金有限，大量有融资需求的文化企业难以获得银行贷款，而获得政府补贴的少量企业却能获得融资，这使企业在资金方面产生了"苦乐不均"的现象。

最后，本书采用 Probit 模型估计了财政税收政策对文化企业经营模式选择 Model 的影响，无论是"政府选择型"补贴、"市场导向型"补贴还是央地各级政府的补贴，对文化企业整合产业链都存在正向影响，但所有补贴变量均不显著，这说明财政政策对支持文化企业整合产业链条的关注仍然不够，缺乏引导企业兼并重组、整合产业链条的财政政策。企业所得税和增值税变量系数均为正，但同样不显著。这说明多元化经营的文化企业，由于存在规模效应、范围经济和协同效应导致的收入增加，在成本不变的条件下，可能造成企业所得实际税负的加重。此外，除非文化企业自营加工、修理修配等增值税应税劳务，否则文化企业大都无法进行增值税进项抵扣，文化企业整合产业链带来的业务种类的增加可能会导致增值税税收负担的加重[①]。

表 5 – 14　　　　　　不同来源财政补贴偏好的系数回归结果

	Governaid	GovActivity	MarActivity	Central	Province + City
解释变量					
$lntorev_{t-1}$	0. 700 ***	0. 385	1. 162	− 0. 448	0. 527 *
	(3. 44)	(1. 48)	(0. 87)	(− 0. 48)	(1. 86)
$lnprof_{t-1}$	0. 150 *	0. 268 **	− 0. 0212	− 0. 411	0. 265 **
	(1. 77)	(2. 55)	(− 0. 03)	(− 0. 88)	(2. 33)
$lnIasset_{t-1}$	0. 166	0. 186	− 0. 592	1. 891 ***	− 0. 0961
	(1. 35)	(1. 17)	(− 0. 86)	(2. 70)	(− 0. 55)
$lnFixasset_{t-1}$	0. 100	0. 132	0. 160	0. 186	0. 346 **
	(0. 92)	(0. 90)	(0. 29)	(0. 37)	(2. 15)

---

① 例如文化企业 A 获得动漫产品开发收入为 125 元，成本为 25 元，企业所得税率为 25%，按照本书的计算方法，其所得税实际负担为 20%；若该动漫企业将其业务扩展至动漫衍生品生产领域，两种业务获得的总收入为 225 元，并假设衍生品生产成本为 0、25、50 元三种情况，则其企业所得税实际税负分别为 22.2%、19.4%、16.7%。通过简单计算可以发现，在不考虑各类扣除的条件下，规模经济、范围经济和协同效应越大的企业，所得税实际税负越重。将收入和成本替换成销项额和进项额，将所得税税率替换为增值税税率之后，计算结果也基本相同。Probit 回归结果省略。

续表

	Governaid	GovActivity	MarActivity	Central	Province + City
解释变量					
$\ln Staff_{t-1}$	− 0. 242 *	− 0. 154	− 1. 939	0. 211	− 0. 136
	(− 1. 93)	(− 1. 08)	(− 1. 38)	(0. 37)	(− 0. 87)
控制变量					
$DebtAsset_{t-1}$	0. 254	− 0. 472	0. 651	− 0. 935	0. 0965
	(0. 61)	(− 0. 83)	(0. 31)	(− 0. 58)	(0. 16)
$\ln MonoInd_{t-1}$	0. 0882	0. 245	2. 811 *	1. 118	− 0. 231
	(0. 39)	(0. 84)	(1. 98)	(1. 09)	(− 0. 72)
$\ln SizeInd_{t-1}$	0. 0403	0. 215	− 1. 291	− 0. 589	0. 719 ***
	(0. 24)	(0. 90)	(− 1. 04)	(− 0. 88)	(2. 84)
$\ln TechInd_{t-1}$	− 0. 223 *	− 0. 348 **	0. 546	− 1. 744 ***	− 0. 0864
	(− 1. 80)	(− 2. 18)	(0. 76)	(− 2. 66)	(− 0. 49)
Dumyear	0. 565	0. 168	0. 529	0. 566	0. 470
	(1. 55)	(0. 40)	(0. 27)	(1. 54)	(1. 01)
_ cons	− 5. 078 *	− 1. 953	11. 27	− 8. 570	− 4. 394
	(− 1. 85)	(− 0. 53)	(0. 78)	(− 0. 79)	(− 1. 08)
观测值	396	323	106	142	327
调整后 R − sq	0. 463	0. 444	0. 213	0. 06	0. 359
F − 统计量	18. 81	9. 50	1. 07	1. 41	8. 37
(Prof > f)	(0. 000)	(0. 000)	(0. 3976)	(0. 000)	(0. 000)

注：表中 GovActivity、MarActivity、Central、Province + City 均为对数值。*、**、*** 分别表示在 10%、5%、1% 的水平上显著，括号中的数值是 t 统计量值。

5.5 本章小结

本章着重分析了财政税收政策对文化企业营业收入能力和技术创新的影响，并得出以下重要结论。

第一，通过将财政补贴划分为"政府选择型"补贴和"市场导向型"补贴后发现，由于存在逆向选择和道德风险问题，"政府选择型"补贴只能增加企业收入，文化企业必须更"贴近"政府，而不是向市场"看齐"，才有可能获得更多的财政支持；"政府选择型"补贴对于企业文化创新存在显著的负面影响。

因此，各级政府应不断提升制度供给"合意性"，合理运用财政支出政策，提高财政支出效率，激发文化企业创新活力。转变文化企业依靠财税补贴优惠增加营收、增厚利润的行为导向，将"科技项目补贴"转化为"科技企业补贴"，通过加大公共技术平台、专利申请、知识产权保护的支持力度间接引导文化创新。

第二，通过将财政补贴划分为"中央政府"补贴和"地方政府"补贴后发现，中央政府补贴由于需要兼顾社会效益、资金数量不足且存在逆向选择的可能，对文化企业提高收入和创新水平没有正向影响；地方政府由于存在赢得增长竞赛的短视性、逆向选择和道德风险问题使得其提供的补贴只用于增加文化企业收入，同样不能促进文化企业创新。地方政府会选择补贴高收入的大型文化企业，各级政府并未对人才培养和资本引入给予足够的关注。大量有融资需求而没有获得政府补贴的文化企业难以得到银行等金融机构的支持。

因此，应适当增加中央政府文化产业发展的事权和支出责任。在充分调动地方各级政府积极性的基础上，中央政府应不断完善政治激励和经济激励机制，引导其避免短视性，合理运用财政补贴，增加其辖区内文化企业的内生增长能力。

第三，现有财政政策对创新型文化企业的关注不足，补贴缺乏针对性。政府应给予创新型尤其是处于盈利与创新正"U"形曲线底部、具有创新能力和技术优势但盈利水平不高的文化企业以更多支持。

第四，现行的所得税税制由于缺乏研发费用抵扣项，增值税税制由于缺乏进项税抵扣项，并不利于文化企业创新，也不利于产业链上游的文化企业发展。未来应完善企业所得税税收制度，提高文化企业技术创新支出和员工培训支出在应纳税所得额中进行加计扣除的比例，综合运用企业所得税抵免、豁免和纳税扣除措施。鼓励企业妥善使用减免税款，增加技术研发投入。完善增值税税收制度，给予文化企业合理的进项税抵扣额度，鼓励文化企业技术创新和开发具有文化内涵的产品与服务，切实减轻产业链上游和创新型文化企业的税收负担。

第6章

发达国家文化产业政策的
经验借鉴

　　发达国家十分重视发展文化产业。本章通过梳理各国文化产业的管理模式、财税政策、特色行业，旨在阐明：尽管在管理模式、政策体系等方面存在差异，但是各国依靠发展特色文化行业，提升产品供给能力和产业竞争能力的目标是相同的。我国在发展文化产业的过程中，也应以此为导向，采用更为高效的配置资源模式，给予文化企业更多的支持和优惠，以提升文化产品的科技文化含量，增加文化服务的吸引力，最终提高我国的文化感召力，并有效保障国家文化安全。

6.1　美国的文化产业政策

6.1.1　美国文化管理模式与文化产业发展概况

1. 美国文化产业管理模式

　　美国奉行"自由主义"的文化产业政策，政府并不直接干预经营性的文化产业发展，也没有设立负责文化产业发展的部门。美国政府只在市场机制不能充分发挥作用的文化领域出现，美国政府直接投入资金或者直接进行管理的部门均承担着维护国家文化安全，为社会提供公益性文化产品和服务等任务。

　　文化安全方面，如美国国务院文化事务局和国际信息项目局负责管理文化艺术和教育交流项目，对涉及美国政府对外交流的重大项目进行跨部门协调，维护国家文化安全；美国广播理事会负责对外广播，通过自由欧洲、美国之音等多个电台，对外播送广播节目，竭力输出自身的意识形态。

公共文化设施方面，美国内务部国家公园服务局负责保护全国 30 余个国家公园及自然人文景观，并向旅游者提供旅游信息和教育服务。史密斯学会、肯尼迪表演艺术中心等公共文化机构均由美国政府在预算中单独拨款。

文化艺术方面，美国政府设立了国家艺术基金和国家人文基金，对经济欠发达地区、弱势族群的文化活动进行指导和支持，以保障美国文化的多元性和文化特色，促进文化交流融合。

2. 美国文化产业发展概况

以科技和工具为坐标，美国文化产业发展经历了四个不同阶段。20 世纪 20 年代到第二次世界大战前，电报、电话、电台、电视等新传媒工具的出现，为文化产品大规模复制打下了基础，文化产业因此成为美国的支柱产业之一。第二次世界大战结束以后，随着计算机、卫星、光纤、激光、数码科技的不断发展，文化产业所依赖的通讯传播工具再次得到升级，美国文化产业进入快速扩展阶段。冷战结束之后，美国凭借其唯一超级大国的地位和冠绝全球的经济、政治、文化和军事实力，依托文化产业和文化产品不断对全球进行文化和意识形态的输出。这期间，庞大的市场需求推动信息产业和文化产业的持续融合，使得网络文化等新兴文化产业不断涌现，文化业态发生了革命性的变革，美国文化产业的发展进入黄金期。21世纪初至今，集群化又成为了美国文化产业发展的动力，产业集聚和产业链整合造就了数量庞大、规模空前的文化产业集团。凭借着产业集团的资本、技术和管理能力，美国将自己的文化产品和文化模式推广到了全世界。2013 年，美国版权产业占 GDP 的增加值达到 11. 25%，从业人员占美国就业人口的 8. 36%，文化产业成为美国仅次于军工产业的第二大产业。2012 年，美国文化产品出口额为 378 亿美元，文化产业产品出口额在美国各个行业中稳居第一，丰富的文化创意产品和服务模式使美国成为世界文化创意产业发展的"领头羊"（杨明辉，2006）①，科技和资本是美国文化

---

① 杨明辉. 美国文化产业与对外文化战略 [J]. 世界经济与政治论坛，2006（5）：110 -
113.

产业的重要支柱。

3. 美国的特色文化产业

高质量的文化产品和文化服务是美国文化产业另一个重要支柱。电影产业、广播电视产业、艺术产业、音像产业和版权产业是美国的特色文化产业。电影产业是美国的支柱产业，电影工业将美国文化传播到了全世界。迪士尼、索尼、米高梅、派拉蒙等好莱坞的七大电影公司凭借世界上最大的电影生产基地和产业集群，依托先进的技术和管理经验，流水线般地生产出科幻、战争、历史、人文、伦理等多种类型的电影，创造了巨大的商业利润。美国的文化艺术业包括表演艺术、视觉艺术两大门类（Crane，2014）①。

表演艺术行业以哥伦比亚、ICM 艺术家等各大经理公司为枢纽，沟通表演艺术创作和消费市场，让艺术表演不断产生新的生机与活力，并成功将百老汇和百老汇大道打造成了戏剧圣地，吸引着全世界的旅游者和消费者。视觉艺术行业中的博物馆和展览馆大都由政府出资扶持，它们秉承顾客就是上帝的原则，提供多元化、人性化的文化艺术服务，满足不同种类的文化需求，将博物馆和展览馆打造成美国人的"终身学校和百科全书"；通过巡展获取收入的同时，不断扩大公共文化传播覆盖面，使美国精神得到美国人民的认同。

美国是世界上广播电视最发达的国家之一。早在 20 世纪 20 年代，美国广播就成为产品多样、信息及时的代名词。各类商业、非营利广播电台，各类探险、肥皂、娱乐节目，广播以其个性化的消费模式成为美国人民最为依赖的文化信息渠道。美国电视产业同样拥有庞大的需求和高水准的产品供给。美国电视节目分为免费和付费两种，付费节目接受个人定制，消费者选择范围广泛，厂商竞争激烈，这使得美国电视节目质量较高，美国电视剧行销全球。

音像产业是美国最为倚重的文化产业之一。美国音像产品生产者包括负责进行原创的艺术家、负责进行产品制作的制作人和负责产品发行的唱片公司，

---

① Crane D. Cultural Globalization and the Dominance of the American Film Industry: Cultural Policies, National Film Industries, and Transnational Film [J]. International Journal of Cultural Policy, 2014 (4): 365-382.

各个生产者围绕版税进行收入分配，在较好的知识产权制度体系保护下，美国的音像产品制作的参与者均能获得可观的报酬，充分激发了唱片行业创造力和积极性。

6.1.2 美国扶持文化产业发展的财政税收政策

1. 财政支出方面

由于美国政府对文化产业奉行"不干预"原则，美国迄今为止并未对文化产业进行大规模的直接支持。美国联邦政府和各地方政府的文化支出主要用于保障国家文化安全、支持公益性文化设施建设和维护美国少数族裔的文化利益诉求。美国公共文化财政支出坚持法律规制和基金会拨款原则。财政投入水平较高，联邦基金会和公益性基金会拨款数量占比不大，主要是地方配套投入，并对非营利文化机构给予税收减免。

联邦和地方政府主要通过政府购买支持中小文化企业发展。政府购买必须经过招投标程序，公开透明，给予文化企业公平竞争的机会。此外，联邦政府还通过财政贴息贷款和政策性优惠贷款支中小企业研发创新，并拨出专项资金帮助中小企业进行技术成果转化。

2. 税收优惠方面

同样由于"不干预"原则，美国政府对文化产业的税收优惠措施十分丰富。文化事业领域，如对非营利机构从事非营利活动获得的收入免征公司所得税；从事文化事业工作的个人享受个人所得税免税待遇；公司对公益性文化事业机构的捐赠享受5%限额的公司所得税抵免优惠；个人向公益性文化事业机构捐赠，低于70万美元的部分免征遗产税，捐赠产生的抵免额度可以用来抵免个人所得税或者遗产税。

文化产业方面，通过税收优惠减轻企业负担、鼓励企业研发，直接优惠方式与间接优惠方式均有使用。例如联邦政府对出版物、本国生产的动漫数字产品不征收商品消费税，对不同类型的出版企业实行差别所得税率；高新技术企业可以使用购入新设备价值的6%（使用期在三年以内）或者10%（使用期在五年以上）进行企业所得税减免，而且每个投资者最多可获得200万美元的企业所得税扣除额度；企业研发费用超过上年投入20%的部分可以抵扣企业所得税，数字影视企业当年研发支出超过前三年平均值部分的 25% 可用于企业所得税扣除，未获得收入的可以进行前向或者后向结转，增加研发投资的企业可以获得增加额 50% 的所得税抵扣额度；文化企业委托高校研发支付费用的 65% 可以直接从所得税中扣除；优秀人才获得的奖金免征个人所得税；对图书出口免征营业税，网络游戏出口享受 50% 的出口退税待遇。

地方政府同样以税收优惠的方式扶持电影、音像、游戏等重点文化产业发展。所得税方面，截至 2009 年，美国已有 46 个州对影视行业实行 5% ~ 40% 不等的税收减免优惠，如密歇根州对在州内投资超过 5 万美元的影视片实行 42% 的税收返还，纽约州和加利福尼亚州甚至为了争取影视剧组入驻而展开了减税大战。此外，美国各州的电影、电视、游戏、广告、MTV 等行业也可享受不同程度的所得税减免与税收返还。流转税方面，纽约市规定，文化企业可以通过市经济发展公司获得低息贷款，百老汇营利性剧目生产和演出过程中发生的消费免征消费税。

马里兰州规定，指定固定区域内对艺术家销售作品收入免征营业税；艺术家居住或者工作的建筑免征物业税；对经过认定的历史建筑进行维修产生的费用，低于 30% 的部分可以抵扣所得税。罗德岛免税文化区中的文化创意人员也享有免征所得税的优惠，画廊展厅享有营业税优惠。到 2010 年，美国各州的减税措施不仅没有减少政府的税收收入，反而带动了影视、娱乐和游戏的投资，创造了大量就业机会，并产生了超过 270 亿美元的税收收入。

总的来看，美国的文化产业政策的核心就是支持但不干预原则，以法律对文化发展进行规制，注重发挥市场在资源配置中的作用。《联邦税收法》《国家艺术及人文事业基金法》《版权法》《文娱版权法》等一系列法律规章构成了美国文化市场运行的基本准则，国家艺术基金会、国家人文基金会等各类基金会代替政府履行宏观调控的职能，有效制衡政府对文化产业和文化产品生产的干预。

美国很少对营利性文化企业进行直接补助，而更多采用直接税与间接税相结合的方式减轻企业税负，充分激发市场主体的积极性和科技创新、文化创作的激情，注重通过产业链整合和文化资源集聚，丰富文化产品供给渠道和种类，满足不同消费者的需求。此外，由于美国的税制与中国不同，联邦政府征收个人所得税、社会保险税和企业所得税，州政府和地方政府征收流转税，州以下地方政府征收财产税，因此美国地方政府拥有一定的财权，使各州可以通过制定差异化的税收政策吸引资本进入文化产业（文文，2010）①。

6.2　法国的文化产业政策

6.2.1　法国文化管理模式和文化产业发展概况

1. 法国文化产业管理模式

法国的文化管理模式是典型的国家主导型。与美国政府在文化管理中扮演的角色类似。法国政府关注的是本国文化安全、文化资源和遗产保护、维护公民受教育的权利。文化和交流部负责法国的公共文化事务，法国所有国家级的文化政策均出自这个部门，文化和交流部还负责制定对不同的艺术理事会分配资金的计划。国家档案中心、博物馆、多媒体图书馆等公共文化机构也归属于文化和交流部管辖，它们在文化和交流部的指导下为社会提供公共文化产品和服务。在国家文化安全上，法国的目标非常明确，就是保障民族文化的传承，抵制英美文化入侵。

事业经费支出责任方面，法国政府在预算年度内先对文化和交流部拨款，再由文化和交流部决定对各个城市的公共文化机构以及公共文化服务进行资助，资助重点是大型文化设施、大型文艺院团和重要文化活动。中央地方之间支出责任划分相对合理，地方政府只需负责资助本辖区内的公共文化机构。市镇级地方政府出资额占到3/4。经费支出结构方面，主要给予涉及知识和文化传播、文化遗产保护、文化科学研究的各类文化设施、院团和活动进行资助。

法国政府认为，文化产业的发展能够带动投资和就业的增加，提高经济发展水平的同时，还能有效应对外国文化入侵产生的负面影响。因此，法国政府对文化产业发展给予了很多优惠措施（方雪梅，2015）②。

---

① 文文. 金融危机背景下的美国文化产业财税政策 [J]. 税务研究, 2010 (2)：92–94.
② 方雪梅. 法国文化产业的发展模式及其启示 [J]. 湖南科技大学学报（社会科学版），2015 (01)：124–126.

2. 法国文化产业发展概况

法国世界文化大国，其核心文化产业产值占 GDP 的 4% 以上。法国文化产业 80% 的收入来源于创意设计、发行推广等核心环节。2011 年法国文化产业营业额在国内排名第五位，仅次于化工、通信、汽车与奢侈品行业。

法国文化资源十分丰富。追溯到 17 世纪，法国出现了莫里哀、司汤达、大仲马、福楼拜、雨果等享誉世界的作家，《巴黎圣母院》《基督山伯爵》《悲惨世界》等名著被世界各地的人们阅读和传颂。法国各类古迹众多，公共文化十分发达。全国拥有 38 项联合国教科文组织认定的世界文化遗产，全国共有 1200 余座博物馆、136 种日报、4000 多家出版社和 1500 多座纪念性建筑。

3. 法国的特色文化产业

法国的特色文化产业包括文化旅游业、电影产业和出版产业。法国旅游业的繁荣得益于法国浓烈的文化气息和文化感召力。自 17 世纪太阳王路易十四继位之后，法国国力逐渐强盛，法国人的生活方式、艺术品位、建筑格局成为全欧洲效仿的对象。德国的君主在宫廷里要听法国歌剧，观看法国芭蕾舞；俄国沙皇兴建圣彼得堡的初衷就是"想把巴黎搬回俄国"。凡尔赛宫、卢浮宫、香博堡、科西嘉岛，这些风景名胜古迹每年吸引着 1300 万名以上的游客，向他们诉说着法国强大的过去和充满希望的未来。

法国具有浓厚的电影情节，法国是电影大国。法国全国共有 2000 家电影制作商，5000 家电影院；以夏纳国际电影节为代表，法国每年要举办近 30 个电影节。法国政府始终支持电影产业的发展，通过成立国家电影中心，从拍摄、发行、放映等产业链全环节对电影产业给予资助。从 E. 雷诺到米埃尔兄弟，再到埃米尔科尔，从《火车进站》到《幻影集》，法国的导演们不断创新拍摄方法，法国的剧作家不断创作出引人入胜的剧本，法国电影的魅力也在不断地向全世界扩散。

法国出版行业的发展同样离不开法国政府的支持。相对于英语和英美文化，法语和法国文化处于绝对劣势，因此，法国政府十分注意维护国家文化安全。政府对出版行业的扶持主要包括设立专门的出版管理机构，通过政府拨款、贷款等方式资助阅读和图书创作活动。法国文化和交流部主要任务是扩大法国图书出口，国家出版中心负责资助作家、出版社和期刊。出版行业产生的税收收入是这些资金的重要来源。

6.2.2 法国扶持文化产业发展的财政税收政策

1. 财政支出政策

法国为了维护自身的文化安全，保持本民族的文化特色，对文化产业发展中涉及传统文化的部分通过财政不断给予支持，如设立图书文化基金、担保基金、报刊出口基金等，对报刊业、出版商等进行资助。法国政府还比较注重对于文化交流的资助，如对书籍翻译人员给予高额的生活补贴。此外，法国政府格外关注可能对文化产业发展产生影响的重大文化活动的资助，如戛纳国际电影节等。

2. 税收优惠政策

对传统文化产业普遍实行低税率政策。法国增值税一般税率为19.6%，而出版行业适用的增值税税率为5.5%，新闻出版物按照2.1%的税率征收增值税；电影门票收入按照5.5%征收增值税，电视税税率为2%；艺术品交易、演出销售收入、剧场经营等享受5.5%的增值税优惠待遇，新创作的演出节目，前140场可以按照最低税率2.1%征收增值税，文化演出团体享受2%的特别增值税税率。

通过税收优惠鼓励新兴文化产业创新和文化产品出口。成立不足8年的创新型企业享受企业所得税"三免两减半"优惠；游戏开发商享受企业所得税研发费用扣除待遇，扣除比例为20%；经过法国相关部门确认的高技术数字游戏产品出口免征企业所得税和增值税；艺术品出口到欧盟地区享受5.5%的增值税税收优惠，出口到欧盟以外地区，免征增值税（杨京钟和洪连埔，2012）①。

通过税收措施保护知识产权和弥补部分文化活动的负外部性，如对电视上播放的电影依照10%的税率缴纳播放权税，用于支持版权保护事业和电影产业发展；对部分色情、暴力电影征收11%的特殊附加税，用以资助电影产业和儿童漫画行业的发展。

---

① 杨京钟，洪连埔. 法国文化产业税收政策对我国的借鉴 [J]. 税务研究，2012 (12)：88–91.

6.3 日本的文化产业政策

6.3.1 日本文化管理模式和文化产业发展概况

1. 日本文化产业的管理模式

日本对于文化产业发展坚持"政府引导"的原则。日本的文化管理可以认为是"官产学研"相结合的模式，政府负责制定文化产业规划，并提供政策和法律支持；各类学校和教育机构负责培养专业的文化产业人才；研究机构负责提供产业发展信息动态等相关情报；企业则在此基础上，提供文化产品满足市场需求，实现自身发展和产业竞争力的提升。

中央政府通过设立战略会议、幕僚会、恳谈会等多种形式促进管理部门之间的协调配合，制定文化产业发展规划；地方政府则根据中央政府颁布的发展规划，充分发掘传统工艺、民间艺术、祭祀活动等本地区的特色文化资源，因地制宜地发展特色文化产业。此外，行业协会和商会等中介组织在文化产业发展过程中扮演着重要作用，是政府职能的延伸。中介组织负责制定行业规则，维护协会会员的权益，并进行相关数据的统计。

2. 日本文化产业发展概况

文化产业在日本产业体系中长期扮演着重要角色。第二次世界大战结束之后，日本逐步从"贸易立国""技术立国"转变为"文化立国"。从1995 年日本文化政策促进会提出《新的文化立国目标——当前振兴文化的重点和对策》报告开始，再到 2004 年日本政府明确提出打造世界第一知识产权强国，直到 2011 年日本政府提出"文化艺术立国"六项重点战略，日本的"文化立国"思想不断演进，目标也更为清晰，效果也逐渐显现（李海霞，2010）①。

从 20 世纪 50 年代到 80 年代，日本经历了战后复兴、快速发展和稳定发展时期，经济上创造了"日本奇迹"，但是两次石油危机和本币升值对日本经济发展的能力影响巨大，日本也开始反思自己的发展模式。1979 年

---

① 李海霞. 日本文化产业战略思想及其启示 [J]. 现代日本经济，2010 (6)：24 – 30.

大平正芳在就任首相的施政演说中提出了"文化立国"的口号。1995 年，日本文化产业中的娱乐业生产经营收入就达到 35 兆日元，直至 2007 年，日本文化产业的规模为 80 兆~90 兆日元，约占 GDP 总量的 15%，2012 年，日本文化创意产品出口额达到 77 亿美元，成为世界文化产业增长的重要一极。

3. 日本的特色文化产业

娱乐产业、动漫产业、文化旅游业、广告业和教育产业是比较具有日本特色的文化产业。娱乐产业的产值规模庞大，是日本文化产业的柱石。2003 年，日本成立"知识财富战略本部"，将"新文化产业"确定为国家发展战略的重要组成部分，并以此为基础对娱乐业放松进入管制，增加预算和完善相关法律法规。与此相应，日本民间积极创办游戏学校、举行游戏比赛，通过人才培养不断壮大游戏创作人员队伍。早在 2003 年，日本游戏市场规模就已经十分庞大，弹子房和大型游乐场的年营业额分别达到 30 万亿日元和 21 万亿日元。此外，博彩业的收入也随着经济发展水平的提高而水涨船高，市场规模达到了 42 万亿日元。

动漫和动画产业是日本发展的最为成功的产业，是日本的国家名片。日本成为世界上最大的动漫和动画产品出口国，世界范围内每 100 部动画中就有 70 部是日本人创作的。假以时日，名侦探柯南、蜡笔小新、漩涡鸣人、哆啦 A 梦等日本动漫形象有可能取代米老鼠和唐老鸭成为最受欢迎的卡通人物。随着日本卡通形象对各国青少年影响的不断加深，日本的风景名胜、饮食文化对全世界的感召力也在不断增强，人们将认识到日本是一个"酷"国家，日本政府在 2004 提出的"酷日本"计划在不经意间就得到了实现。

文化观光旅游产业也是日本的重要产业。2008 年国际金融危机之后，日本政府在每年 1 月、5 月和 8 月的黄金周期间都会对国民发放旅游补助，全国高速公路在黄金周期间也低价通行，以鼓励国民旅游和消费。此外，日本政府与其他各国政府、旅游局和交通部门合作，派遣宣传队到各国推介日本的文化旅游产品，为目标国的民众量身定制赴日旅游的目的地和旅行规划，并提供详细的旅游目的地和人文自然景观的资料，进而增加日本在全世界的知名度和吸引力。

6.3.2　日本扶持文化产业发展的财政税收政策

1. 财政支出方面

日本政府通过财政支出扶持文化产业发展的方式主要有财政补助、综合援助和政府采购等。近年来日本中央政府对文化产业的补贴逐渐增加。2012 年日本中央政府对文化产业的财政投入金额为 1170.9 亿日元，比 2011 年增加了 54.4 亿日元，增幅为 13.5%。

财政补助方面，为了扶持动漫产业发展，日本文化厅设立了"资助影视制作""资助影视作品上映"等项目，在控制额度的条件下，补贴动漫制作人、动漫剧本作家、动漫监制人的工作和生活，并对提高地区知名度的动漫作品予以重点支持。此外，针对民间艺术团体人才培养，芭蕾舞、电影人才培养等日本文化厅也有专项补助。

综合援助方面，日本文化厅设立了文化产业专项资金，用于支持各地区文化产业特别是观光产业的发展。主要支出项目包括通过国际交流发展地方文化、培养地方文化产业人才、推动地方文化发展和振兴观光事业、活跃地方经济等，各项补贴资助金额逐年上涨。日本政府还通过财政贴息、政府担保等方式鼓励传统工艺和民间特色文化产品的传承。除了支持地方文化产业发展外，文化厅的文化产业专项资金重点用于促进国际交流项目，包括支持日本电影参加海外电影节、与海外联合制作文化艺术作品、举办物质与非物质文化遗产海外展览、引进海外文化产业人才等，有力地促进了日本文化在全世界的传播与推广。此外，日本政府还成立了"东京多媒体基金""动画片基金"等多个专项基金，支持动漫游戏音乐的开发与宣传（李彬和于振冲，2013）①。

政府购买方面，日本政府出资 24 亿日元，从日本国内动漫和动画制作商处购买动漫产品版权，无偿提供给第三世界国家的电视台播放；购买具有地区特色的文化产品或者文化服务，对边远地区和海岛地区的日本国民免费提供。

---

①　李彬，于振冲. 日本文化产业投融资模式与市场战略分析 [J]. 现代日本经济，2013 (4)：60-68.

2011 年仅文化厅下设的各类基金针对地方文化产业发展的补贴额就高达到 70 亿日元，在日本财政收入下降、预算紧张的条件下，更凸显出了日本政府发展文化产业的信心与决心。

2. 税收优惠方面

日本政府为文化产业发展制定了大量税收优惠措施，优惠范围几乎涵盖了日本所有税种和税目，中央税和地方税均有优惠。法人税（中央税）方面，文化企业如在会计年度发生亏损，可以向后结转 7 年亏损额，利润在 800 万日元以下的文化企业给予法人税税率优惠；关税（中央税）方面，高科技文化产品和服务进口免征关税；消费税（中央税）方面，出口文化产品免征消费税，中小文化企业享受消费税低税率待遇，并允许其进行进项税抵扣；个人所得税（地方税）方面，向文化业捐赠的个人可以获得 10% 的所得税扣除额度，投资文化产业的个人同样可以得到所得税抵免额度，获得外国政府、国际组织颁发的奖金免征个人所得税，对经过认定的高端文化人才给予个人所得税扣除优惠，并给予其配偶一定的扣除额度；事业所得税（地方税）方面，日本政府规定文化中介、文化经纪人的收入免征事业所得税；固定资产所得税（地方税）方面，投资于文化遗产、民间艺术等特定方向形成的资产免征固定资产所得税（庄严，2013）①。

总的来看，日本文化产业的特点是以政府为主导，以大企业为主体，注重产品的地方特色、文化吸引力和科技含量，以文化产品与服务的高品质带动文化消费和文化产业的繁荣。日本政府针对文化产业的财税政策手段十分丰富，目的也非常明确。财政政策对提高文化产业人才层次、提高地方文化产业发展的水平、促进文化发展国际交流、宣传推广日本文化产品等具有一定外部性的活动的补助和支持力度较大；税收政策则集中于减轻中小企业税收负担，吸引对文化产业投资和捐赠，鼓励文化创新等方面，日本的税收优惠政策综合运用了税收减免、纳税扣除、亏损结转等直接与间接优惠方式。

---

① 庄严. 日本文化产业制度安排及其创新 [J]. 经济纵横, 2013 (11)：102 – 109.

6.4　韩国的文化产业政策

6.4.1　韩国文化管理模式和文化产业发展概况

1. 韩国文化产业的管理模式

韩国文化产业发展同样属于典型的"政府主导"模式。韩国政府通过设置专门机构，直接投入资金，设立投资和奖励基金，税收优惠等多种方式扶持文化产业发展。韩国文化产业发展是典型的政府主导产业发展模式，历届政府均成立或者扩充文化产业管理机构，并根据产业发展需要不断提出发展规划。韩国文化产业管理机构设置和产业政策制定与我国的情况比较相似，具有较高的参考价值。

金永三政府（1993—1997 年）以韩国"世界化"为行政目标，于 1993 年将文化部更名为文化体育部，交通部管理的观光业务也移交给文化体育部，并将文化产业发展与国家长期发展进行了关联。金永三政府任内颁布的《迈向 21 世纪的文化蓝图与战略》重点强调实现韩国文化的产业化、信息化和世界化。

金大中政府（1998—2002 年）颁布的《内容韩国蓝图 21》以"成为重要内容生产国"为施政目标，将文化当作国家发展的核心原因，并视文化产业为创造高附加值和改善国民生活品质的新兴产业；通过设立"韩国文化产业振兴研究院"，加大对高质量文化产品开发的支持力度，增加不同文化行业之间的协同效应，培养文化产业人才，不断扩大韩国文化在世界上的影响力。政府作为政策实施主体，制定法律法规和产业规划，市民和社会团体开始参与政策制定；文化产业规划注重加强民间部门竞争力，建立文化信息网络和人才培养体系，支持技术开发和产品出口；政府对文化艺术实行支持但并不干涉的原则，中央政府向地方政府转让各种权力。

卢武铉政府（2003—2007 年）文化产业政策强调多元化、创意性，重点是培育全新的文化市场消费结构、革新政府与市场的关系结构、构筑产学研一体化的治理结构，核心是增加韩国文化产品的国际竞争力，通过加大对人才培养、核心技术开发、吸引投资和促进产业集聚等方式，使韩国成为世界五大文化强国。

李明博政府（2008—2012 年）发表《文化蓝图 2012》战略，采用"间接支援"原则，重点提高文化产品的内容、文化内涵，增强文化企业的竞争力和生存能力。建立"韩国内容产业振兴委员会"，积极制定吸引投资、培养人才、改善创作环境、开辟国际市场的文化产业政策。

从整体上观察，韩国历届政府的文化产业政策经历了完善产业政策体系、建设文化基础设施、扩大文化产业规模、提高文化产业专业水平等不同阶段。政策手段集中在放松市场管制、吸引资本投入、培养创意人才、丰富产品内容和开拓国际市场方面，有效促进了文化产业发展。其缺陷在于韩国文化产业仅以出口创汇为目标，产业政策的透明度和公开性不足，更为强调政府作用而忽视市场机制（向勇和权基勇，2013)[①]。

2. 韩国文化产业发展概况

20 世纪 90 年代以后，韩国文化产业全面兴起。2002 年韩国文化产业规模已经逼近 160 亿美元；2004 年韩国文化产业成为汽车之后的第二大产业，其文化产品的份额达到世界市场份额的 3.5%；2010 年韩国文化产业增加值接近 660 亿美元。目前韩国文化产业已经发展成为韩国实现经济转型、提升国家软实力的支柱产业。

3. 韩国的特色文化产业

游戏产业是韩国最为重视的产业之一。韩国游戏厂商在线上游戏领域投入巨资，使得韩国开发的线上游戏能够与美国、日本等发达国家的产品抗衡。2009 年韩国在世界线上游戏市场的占比排名第一，产值为 14.06 亿美元；手机游戏也与美国、日本差距不大，排名世界第三。此外，韩国在游戏领域非常善于"凭风借力"。世界电子竞技大赛（World Cyber Games，WCG）就是由韩国主办的高水平世界电子游戏竞技比赛，很多比赛游戏项目如星际争霸、魔兽世界等并不是由韩国公司开发，但是仍然凭借与游戏开发公司的良好合作以及增加推广宣传力度，打响了韩国电子竞技在全世界的知名度。再比如，2017 年极为火爆的线上游戏"绝地求生"的创意来源就是日本电影《大逃杀》。韩国游戏公司受到日本电影的启发，开发出与电影的世界观完全相同，但是游戏场景

---

① 向勇，权基勇. 韩国文化产业立国战略研究 [J]. 华中师范大学学报（人文社会科学版），2013（4）：107 – 112.

逼真，战斗紧张激烈的全新游戏，赢得了世界各地游戏玩家的青睐。

电影产业同样得到了韩国政府的大力支持。韩国政府早期先通过鼓励大型商业集团介入电影产业的发展，整合电影产业链条，提高产业竞争力和利润率；随后设立"独立制片人"制度，使得电影制作公司大量出现，进而提升市场竞争程度；随着电影产业投资方的增加和电影导演数量的增多，韩国电影产业的剧本质量、制作水平都产生了飞跃。近年来，版权质押融资、债券融资等新型融资方式的出现，电影产业产能的进一步扩张，结合好莱坞引进的先进技术，将韩国电影产业推向发展的快车道。

6.4.2　韩国扶持文化产业发展的财政税收政策

1. 财政支出政策

韩国政府对文化产业进行财政扶持的方式主要有财政投资、政府奖励、产业基金三种形式，其中财政投资和政府奖励属于财政全部出资，产业基金则分为完全依靠财政出资即官方性质的，以及财政和民间共同出资即半官方性质的两种。

财政直接投入方面，自1998年确立了"文化立国"的思想之后，韩国财政对于文化产业的投入逐年增加，现在已经稳定在预算的1%左右。

财政资金用于培养人才和保护版权。2000年至2005年，韩国政府累计投入2000亿韩元，构建"文化产业和文化艺术"双赢的人才培养机制，加强艺术学科的实用性教育，增加不同层次不同专业背景人才的交流频率，为文化产业发展提供智力保障。2005年韩国召开国务会议讨论"政府对韩流的持续和扩散的支援方案"，决定政府为民间文化活动提供基本保障，包括培养高级文化人才、建设基础设施、加强版权保护等一系列措施。2009年韩国发布《音乐产业振兴中长期规划》中提出以增加音乐消费需求、扩建音乐基础设施、增强音乐国际交流作为促进音乐产业发展的主要手段，并通过政府财政拨款1275亿韩元资助音乐家培养、乐曲创作、版权保护和市场开发（徐索菲和李建柱，2014）①。

---

① 徐索菲，李建柱. 韩国文化产业振兴举措对我国培育新经济增长点的启示［J］. 经济纵横，2014（4）：116－120.

财政资金用于扩大韩国文化产品的影响力。2010 年韩国政府投资 2000 亿韩元完成了 200 个文化产业扶持项目,帮助韩国文化企业从金融危机的阴影下迅速走出来,推动文化产业持续高速增长。自 2002 年以来,政府财政出资共计 50 亿韩元支持本国文化企业赴海外举办音乐、游戏、影视推介展销会,扩大韩国文化产品的影响力。

财政资金用于提供贷款。近年来,韩国财政投入方式也在发生转变,政府每年通过预算拨款 100 亿~500 亿韩元,交由银行和产业孵化机构按照市场化机制运作,为文化企业提供贷款。如果文化企业到期还本付息,则利息收入在政府、银行和产业孵化机构之间分配;若文化企业并未清偿债务,则银行和孵化机构将负责赔偿。

政府奖励方面,根据企业的经营情况、产品的出口情况、国民的喜爱程度等多种条件,财政出资对动漫、游戏、影视等重点发展的行业内的企业进行奖励。

产业基金方面,1997 年韩国政府设立文化产业基金,为新创办文化企业提供贷款。2002 年韩国通过政府拨款、投资组合、专项组合、专项基金等方式融取文化事业资金 5000 亿韩元,并成立文艺振兴基金、文化产业振兴基金、信息化促进基金等多个产业基金,为文化企业发展提技术和供资金支持。如电影产业基金主要对电影的剧本创作与拍摄进行扶持。文化产业振兴基金则主要对包括动漫、广播电视、电子书、游戏等多个行业在内的,产品研发制作、市场营销与出口各个环节进行资助。游戏产业发展基金为游戏产业提供长期低息贷款。2011 年韩国根据《文化创意产业振兴基本计划》,成立由政府出资并主导的产业发展"种子基金",向急需资金支持的电影产业和 3D 技术开发提供支持。2005 年韩国政府创新基金融资方式,和民间部门共同出资设立"文化产业专门投资组合",融资额超过1000 亿韩元,以市场化的运作方式,支援重大文化项目的建设。

2. 税收优惠政策

企业所得税方面,给予初创期文化企业税收减免优惠,企业创立前四年的企业所得税按照应纳税所得额的 10% 征收,第五年按照 40% 征收,第六年为 70%,从第七年开始才进行全额征收;首都圈以外的地区的高新技术企业享受减免 50% 法人税的优惠待遇,持续期 6 年,首都圈以内的地区前 4 年减免 50%，后两年减免 30%；年收入在 1000 万韩元以下的文化企业，企业所得税税率为 9%；文化企业退休、负债、坏账、应急准备金在允许的范围内进行税前扣除；非韩国居民投资高新文化企业 6 年内免征50% 的企业所得税；电影、动漫、数字文化企业税率为 3%；在国外已经缴纳的所得税可以在 5 年内结转扣除，税收协定范围内可以进行税收饶让（张世军和王燕燕，2015）①。

个人所得税方面，外籍雇员拥有 5 年个人所得税减免优惠；外国政府和国际组织授予个人的奖励免征个人所得税；文化创意和动漫等重点领域的高级人才免征个人所得税；收入较低的文化产业从业人员免征所得税。

流转税方面，文化产品与劳务免征增值税，企业购买文化产品和劳务允许进行进项税抵扣，给予影视发行公司和影视院线 3% 的增值税优惠，文化产品和服务出口实行零税率。进口用于文化教育和科研的、国内无法生产的设备免征进口关税（张世军和王燕燕，2015）。

财产税方面，新设立的中小文化企业免征不动产税。高新技术文化企业和文化艺术传播院校的车辆免征交通税（张世军和王燕燕，2015）。

总的来看，韩国文化产业以市场为导向，立足于产品的文化内涵，不断增加产业资本和技术能力，以获得更多的经济回报。韩国的政府的文化产业政策以推动韩国文化产品出口，增加韩流文化对世界的影响能力为总目标，不断完善市场机制，培养专业文化人才，吸引资本进入文化产业，提升行业科技水平，有力地提升了文化产业的竞争力。韩国文化产业财税政策是助推文化产业发展、实现产业规划目标的重要手段。财政支出围绕市场机制不能有效配置资源的，诸如文化遗产保护、特色文化传承、高级文化人才培养、企业贷款增信、技术更新换代等制约产业发展的薄弱环节有的放矢；税收优惠则集中于减轻企业负担，鼓励各类文化产业资源跨区域流动和合理配置，激发企业创新活力等方面。

---

① 张世君，王燕燕. 韩国文化创意产业的税收制度 [J]. 税务研究，2015（8）：118 – 121.

6.5　发达国家文化产业财税政策的经验和借鉴

通过前文的梳理发现，西方发达国家文化产业政策的重点在于提升文化产品的科技水平和人文内涵，增加文化产品的吸引力。财政补贴集中于开发保护文化资源、培养高端文化人才、拓宽企业融资渠道、宣传推广文化产品；而税收优惠则侧重于减轻文化企业负担、吸引人才和资本进入文化产业、促进文化企业研发创新。政府对市场合理放权，通过市场机制调节资源配置；中央与地方政府合理分权，各级政府的产业政策衔接得当。最终实现文化产品和服务的有效供给，提高了文化产业的发展水平和国家文化的感召力。

6.5.1　明确文化产业财税政策目标

1. 以提高文化产业科技水平为目标

科技能够为文化产业的发展插上翅膀，能够为文化产品打开更为广阔的市场。美国的电影产业、日本和韩国的游戏产业作为各自国家的支柱产业都是知识密集型产业，也是产品附加值最高的产业。美国的电影工业能够以流水线的方式不断生产诸如《星球大战》《指环王》《哈利波特》等享誉全球的电影，就是依靠发达的模型构建技术、高超的场景再现能力、逼真的人物刻画手段将一幕幕只有在书中和人们脑海中才会出现的景象搬到大银幕上，并赢得了全世界消费者的喜爱。日韩的游戏产业之所以能打造出宠物小精灵、绝地求生等令玩家痴迷的游戏，也是依靠两国游戏企业精良的硬件设备和软件编程技术。

文化产业科技水平的提高离不开政府财税政策的支持。文化创新和科技创新具有一定的外溢性，企业创新的成本有可能会高于社会收益。如果不能有效弥补这部分差额，就有可能挫伤企业的创新积极性。因此，发达国家的文化产业政策均致力于引导文化企业创新，减轻科技创新型企业的负担，进而提高本国文化产业的科技水平。美国政府通过政府购买和贷款贴息支持中小企业研发创新，美国的文化高新技术企业可以享受购入新技术设备所得税减免和研发费用所得税扣除；法国不仅对创新型小微文化企业给予所得税减免和研发费用扣除优惠，还使用空白存储设备附加税收入妥善保护文化知识产权和版权；英国政府通过征收"伊迪税"补贴电影产业发展，提高电影工业的技术水平；韩国政府通过财政担保和贷款贴息不断拓宽创新型文化企业融资渠道。

我国政府对于文化企业创新的引导效果相对不佳，大量文化企业处于产业链中下游，技术、设备和创意的匮乏制约了我国文化产业结构的升级和发展方式的转变。财税政策手段的贫乏使得政府只能靠"上项目、建园区"等手段促进文化企业创新和区域集聚，在虚掷财政资源的同时，还使得部分文化企业产生了"政府依赖"。一旦减少财政补贴、项目经费，这部分文化企业生存能力堪忧。

2. 以提高文化产品人文内涵为目标

人文内涵是文化产品的灵魂。汉语中，文化的本意是"文治和教化"，文化可以分为物质、制度和精神三个层次。器物文化指的是人们的物质生产活动及其产品的总和，是可以触摸的文化，是物态的文化；制度文化指的是人们在生产生活实践中制定的维系各种社会关系的规范，包括经济制度、政治制度、婚姻制度、宗教制度以及教育、科技和艺术的组织形态；精神文化又包括风俗习惯和思想价值层次，展现人的行为方式和价值观念。精神文化是文化的核心内涵。文化产品和服务是否能够得到不同文化背景消费者的喜爱，就看其是不是能够产生文化感召力，引发消费者的文化认同和思想共鸣。

调查数据显示，日本在国际游客渴望访问的国家排行榜上常年高居第一，中国和韩国每年都会有大量游客去日本旅游。产生这种现象的一个重要原因就是，日本人的生活方式、建筑形态依然保留着唐朝的影子，而唐文化对东亚文化圈影响甚深。游客们可以从日本人的身上看到自己民族过去的生活状态，因此日本的饮食习惯、社情民风会对东亚国家产生巨大的文化吸引力，也为日本带来了文化感召力。日本的财政政策始终专注于维护日本文化的独特性，发掘具有区域特色的文化资源。各类日本独有的艺术表现形式、器物加工工艺在得到日本政府的补贴与资助之后，都获得了更好的传承和发展。

与之相比，我国政府并没有通过增加投入和依靠市场力量充分开发具有特色的文化资源。各地区文化产业结构趋同、产品种类趋同、服务方式趋同的现象十分明显，缺乏内涵的文化产品产销两难，文化企业间的竞争十分激烈，造成文化产品与服务的利润空间进一步降低，文化投资缺乏吸引力，人才大量流失，文化产品供给结构性失衡，最终使文化产业发展失去动力。

6.5.2 修正文化产业财政支出导向

1. 财政支出应以外部性为导向

文化是一个具有包容性的概念，文化产业具有深刻的内涵和广阔的外延。文化感召力带来的国家族群认同，文化包容性带来的社会安定和谐，文化创造性带来的相关产业飞速发展，均会使一个国家拥有强大的文化软实力，而这种文化软实力的提升就是文化产业发展产生的外部性。

美国政府对具有外部性的文化活动进行补贴。法国政府通过文化和交流部拨款，资助文化资源开发、文化遗产保护等具有外部性的公共文化活动，日本政府通过财政出资向全世界推广日本的饮食文化、茶文化、跆拳道、艺伎表演，不仅快速提高了本国特色文化的国际知名度，更有效地增加了国民的文化认同，有力地保障了国家的文化安全。

我国政府的文化产业财政政策并没有完全以外部性作为导向，而是以"政府判断"作为导向。只有政府认为需要支持的产业、技术和项目才会得到各类资源，一旦政府判断失误，就会造成产品同质化和产能过剩，严重影响文化市场的正常运行和市场机制发挥作用。此外，我国政府在部分具有外部性的公共产品提供领域缺位，比如部分人民群众的基本文化需求得不到有效满足，部分企业缺乏国内外市场信息，文化产品进出口难度较大，且由于缺乏宣传与引导，国外消费者对我国文化产品缺乏了解甚至不屑一顾，导致我国文化企业的国际竞争力下降。

2. 财政支出应以市场化为导向

一个国家的财政资源是有限的，如何高效地使用财政补贴就成为了一个重要的问题。前文已经分析过，政府采用财政补贴方式，就有可能产生信息不对称、寻租、绩效评价困难导致的资金使用效率低下、扶持效果不好等问题，甚至出现越帮助扶持，产业竞争力越弱的局面。我国部分文化产业财政补贴和专项资金就是如此，在政府缺乏判断发展前景的信息时就盲目进行补贴资助，各级政府上行下效，各类资源在财政资金的引导下产生"潮涌"现象，"一窝蜂"地进入部分即将饱和的文化行业。

相比之下，美国和法国政府主要通过税收政策支持文化产业发展，美国政府通过将公共文化财政资金拨付给国家文化基金会和国家艺术基金会，再由这些基金会对其认为需要支持的文化活动进行资助，有效制约了政府对文化活动的不当干预；法国政府也在文化部和文化机构之间加入了艺术理事会这个夹层，通过艺术理事会更好地判断文化艺术活动的价值，提高了财政资金的使用效率。日本的财政政策也集中在具有外部性的文化资源开发和宣传上，只有韩国政府是以财政补贴、贷款贴息补助和财政出资成立基金等形式对文化产业进行扶持，而且不断引入市场力量作为决策方，比如韩国政府通过政府与民间共同出资成立"专门投资组合"，采用市场化的方式进行股权债权投资，也使得财政投入效果不断增强。

6.5.3　丰富文化产业税收优惠措施

1. 增加人才税收优惠措施

文化产业的发展离不开文化人才的培养与引进。只有优秀的作者才能创作出直抵人们心灵的作品。人们将他们对生活的感悟、对世界的感受载入文化产品中，赋予了文化产品无穷的生机与活力，因此，培养和吸引文化人才是发展文化产业的重要环节。

发达国家出台了大量政策，培养和吸引文化产业人才。比如美国联邦政府对于文化产业就业人员给予奖金免征所得税的待遇，夏威夷州对个人来自专利、版权和商业秘密的特许权使用费免征所得税；日本政府通过文化产业发展资金对动漫创作、动漫剧本作家和动漫监制人给予补贴，对芭蕾、电影人才培养给予专项补助，对经过认定的高级文化人才和配偶给予更高的所得税扣除额度；韩国对文化产业外籍雇员也给予所得税优惠，重点行业的高级人才甚至可以免征所得税，收入较低的文化产业就业人员也可免征所得税。再比如，爱尔兰给予创意性和原创性艺术家25万英镑以下收入免征所得税，超过25万英镑的部分按50%计征的优惠；加拿大魁北克省对任何生产有版权产品的个人不超过2万加拿大元的部分给予1.5万加拿大元的免税额，超过 2 万加拿大元的部分，最多可以获得 3 万加拿大元的免税额；德国、法国、英国、希腊、卢森堡、荷兰和丹麦等都实行艺术家个人平均收入计税法；加拿大安大略省对文化行业实行人工费用差别抵扣。相比之下，我国文化产业财税政策对于人力资本的投入与优惠明显不足。公共文化机构的工作人员收入不高；历次个人所得税法修订稿中规定的稿费减除费用额度只有 800 元，明显不利于提高文化生产者的积极性。

2. 增加区域税收优惠措施

区域税收优惠能够有效促进文化产业集聚和区域发展。我国政府一般都采用兴建文化产业园区和基地等形式促进产业的区域集聚。其实，在现代交通和信息条件下，文化产业集聚并不是把企业"扎堆儿"，而是实现以文化创意为基础的产业链深度融合。从文化素材发掘到文化产品与服务生产，通过市场推广与宣传，文化创意渗透到产业链的每个环节并通过产业链条实现价值实现与价值放大。创意不同、文化素材不同，产业链的形态会完全不同，促进文化产业区域集聚的政策选择也应随之变化。对文化资源富集区应该采用税收优惠政策，吸引文化企业和文化工作者进驻，鼓励其不断开发全新的带有区域特色的文化产品，打响区域品牌价值，进而带动文化消费。

发达国家制定了不少区域税收优惠政策。如美国马里兰州规定，指定区域内对艺术家销售作品收入免征营业税；艺术家居住或者工作的建筑免征物业税；对经过认定的历史建筑进行维修产生的费用，低于30%的部分可以抵扣所得税；制造和工商业建筑修复或者改建成文化企业工作场所最多可以免征 10 年的财产税。美国罗德岛政府规定，在艺术区生活和工作的艺术家，其销售收入免征州销售税和州个人所得税。这些税收优惠举措吸引了大量艺术家在特定区域定居，丰富了具有区域特色的文化产品供给，并将这些地区打造成为文化消费的天堂。

3. 增加产业税收优惠措施

从前文的梳理可以发现，各国都出台了大量针对重点文化产业的税收政策。英国政府从未对图书、报纸和期刊征收过任何增值税，各类出版物始终处于"零税收"状态；实行行业差别税率，对书报期刊进口免征增值税；开征"伊迪税"为电影产业投资提供资金；游戏产业享受出口退税。

　　法国采用的是"产业税收资助事业机构"的方式扶持文化产业发展，如国家图书中心预算的 80% 来自于出版人上缴的图书营业额税（0.2%）和出售复印机的商家上缴的复印机营业额税（3%）；"分类优惠"，通过税收优惠实现政府发展某个行业的意志；"税收保护版权"，私人购买能作为音像空白载体的设备时，需缴纳私人复制版税；"优待进口方"，文化艺术品出口到欧盟国家，增值税缴纳给进口国，出口到欧盟以外国家，免征增值税。意大利对图书、报纸给予 4% 的增值税率优惠（一般税率为 20%），德国文化产品和版权增值税率为 7%（正常税率为 15%）。

　　美国 27 个州给予电影和相关产业生产开支税收抵扣、支付工资税收抵扣和投资税收抵扣，希望通过减税增加电影行业各类优质生产要素的供给；英国对于在本国境内产生的电影制作费用，给予最高 80% 预算总额的税收抵扣，无利润电影可以获得 16%~20% 的税收抵扣用于其他电影；澳大利亚电影产业投资人可享受 100% 的电影版权抵扣，在缴纳所得税时可享受投资额 150% 的超额税收扣除，其投资所得只有 50% 需要纳税。

　　我国文化产业税收政策存在覆盖面窄，优惠手段单一等问题。相对于普通文化企业，只有转企改制的文化事业单位，部分高新技术文化企业，动漫、电影等少数几个行业拥有较为完善的税收优惠政策体系，如改制单位可以免征企业所得税，少量高新技术企业减征企业所得税，电影拷贝、放映免征增值税和营业税，动漫行业减征增值税和营业税。税收优惠覆盖面过窄与历年来文化产业发展规划中提出的动辄十余个重点发展的文化行业的状态不匹配，大量文化企业享受不到税收优惠政策，对于处于初创期的文化企业优惠时间过短。此外，各类税收优惠均是采用减征、免征等直接优惠方式，所得税扣除等税基式优惠较少使用。总的来看，我国的文化产业税收优惠政策既难以引导资本进入文化产业，也不能有效激发文化企业创新。

6.5.4　妥善处理各级政府间的关系

1. 合理划分中央与地方的事权

　　发达国家不同层级政府之间的文化产业事权是有着较为明晰的划分的。美国联邦政府文化拨款均会要求地方政府予以配套，给予地方政府一定的税收优惠权，州政府为地方组织、青年艺术家提供财政支持。法国中央政府主要支持首都和各大城市的公共文化机构，对国际文化和电影节进行资助，地方政府则负责支持本地区文化企业和公共文化机构。日本地方政府负责发掘本地区特色文化资源，中央政府则主要负责制定文化产业发展规划、开拓国际市场、培养文化产业人才，并对地方政府的活动进行一定的资助。

与之相比，我国各级政府之间的责任划分就不是非常清晰。比如，中央政府在各类文化产业规划中提出要设立各类国家级动漫、电影、文化产业融合示范园区和基地，地方政府普遍都会在本地区的产业规划中跟进；中央政府规划中提出发展某个重点产业，地方政府也会进行关注和扶持；中央政府各类文化产业专项资金设立后，地方政府均仿照设立了同样名称的资金，资助的项目也大同小异。再加上我国地方政府没有相应的财权，为了赢得上级政府的考核和"增长"竞赛，只能通过不断增加财政投入支持相关产业发展，这使得各级财政资金投入方向发生重叠，进一步引导各类资源向某个行业集中，引发行业竞争加剧、利润不足和产品质量下降，这在动漫等国家规划重点支持的行业上表现得最为明显。

因此，妥善划分各级政府在文化产业发展中的责任，明确各级财政关注的重点就成为了当务之急。我国应以日本、韩国等发达国家为样板，中央政府负责加强对外文化交流与宣传，拓宽文化产品出口渠道，对人才培养、基础技术研发等具有显著区域外部性和行业外部性的文化事务进行资助；地方政府则应专注于挖掘域内特色文化资源，弥补域内文化产业发展短板。

2. 完善中央对地方的激励引导措施

打破中央对地方政绩评价"唯产值"和"唯增速"的观念，从产值、可持续发展、发掘区域文化特色、促进文化技术创新、引导社会资本等多个角度全方位地构建政绩评价体系。中央政府应鼓励地方政府挖掘区域特色文化、引导企业研发创新和吸引民间资本投入的行为，完善指标体系，过程和结果导向并重，给予地方政府行为更为科学的评价标准，进而转变地方政府追求产值、忽视创新的行为模式。

第7章

供给侧结构性改革视角下
文化产业财税政策的优化与完善

7.1 文化产业财税扶持政策的主要目标和基本原则

7.1.1 文化产业财税扶持政策的主要目标

1. 提升文化产品供给质量

财税政策的目标是提升文化产品的供给质量。我国文化行业门类众多，既包括出版印刷发行、广播电影电视、演艺娱乐、美术工艺品等传统文化产业，又包括动漫动画、互联网娱乐、文化创意休闲等新兴文化产业。技术的不断进步使得传统文化产业不断升级，新兴文化业态不断出现也使得传统文化与新兴文化之间的差异日渐模糊。例如传统的出版发行行业如果加入创意元素，并采用个性化定制模式就会生出创意出版这种利润高、投入少的新兴文化业态，从而有效满足不同的出版消费需求。企业通过将创意元素、文化内涵与新型研发、传播、展示技术结合，能够更好地让消费者体验到文化产品与服务中包含的文化价值与文化魅力，提高文化产品的供给质量。因此，财政补贴和税收优惠政策应集中于支持能够推动传统产业升级和新兴产业发展的关键技术、创意元素和文化内涵方面。

2. 增强文化企业盈利能力

财税政策的目标是增强文化企业的盈利能力。企业是提供文化产品、满足消费需求的中坚力量，文化企业必须拥有稳定的获利渠道，文化产品的供给质量才能得到有效的保证。从短期来看，政府可以通过财政补贴和税收优惠增加文化企业的利润水平，从而将各类优质资源引入文化产业，进而促进文化产品生产方式的转变和文化产品质量的提升。从长期来看，政府必须通过综合运用财政税收政策，增加文化企业的创新能力，增加文化产品的人文内涵，使得企业产品能够获得市场认可，鼓励文化企业通过整合产业链条实现创意价值的最大化，最终从根本上增加文化企业的盈利能力和内生增长能力。

3. 提高文化产业发展水平

新兴文化产业具有能耗少、效益高的特点，是未来国家经济增长的重要引擎。目前，发达国家的文化产业已经普遍开始进行"互联网+""数字+"革命，未来国际文化产业竞争必将是文化科技的竞争，先进的传播、展示与体验技术让许多原本难以被公众了解的文化作品、艺术形式得到更好地展示，这将为传统文化产业带来革命性的变化，也会为新兴文化产业发展带来更多的机遇。我国政府历来对文化产业发展就十分重视。从2003年到2017年，包括财税政策在内，中央政府累计颁布了30余项文化产业发展扶持政策。我国政府围绕文化事业单位转企改制、吸引社会资本进入文化产业、培养文化产业人才、鼓励文化科技创新等目标，不断增加财政投入力度；以减轻企业负担、鼓励企业创新为目标不断改革企业所得税、增值税和营业税税收制度，政策目标多种多样，扶持方式不断创新。政府必须运用财税政策引导文化产业抓住每一次技术革命的机会，实现产业结构持续升级，不断提高文化产业的发展水平。

应该注意到，财政税收政策对文化产业发展的影响并不总是正面的、积极的，不合意的扶持方式、不合理的分权程度使得各级政府财政支出并没有促进文化企业创新和产品文化内涵的不断丰富，反而使企业产生了"等、靠、要"的想法，扭曲了企业生产研发行为。税制改革滞后使部分创新型文化企业税收负担加重，研发成本升高，挫伤了企业的创新积极性。另外，财政在文化企业兼并重组中起到的作用并不明显，并没有有效引导文化创意的价值最大化。因此，财政税收政策的改革必须始终坚持引导文化企业丰富产品内涵，鼓励文化企业开发新技术和新产品，拓展文化新业态，提升文化产业的发展水平。

7.1.2　文化产业财税扶持政策的基本原则

1. 精品导向原则

第一，精品导向原则要求政府制定财税政策时，必须以提高文化产业科技水平为中心。财税政策必须能够妥善引导文化企业不断进行创新与研发，提供科技含量高、经济效益好、附加值较大的文化产品与服务。财政支出必须以补偿技术研发风险和外溢性为导向，税收优惠必须以激发企业创造力为导向。

第二，精品导向原则要求政府制定财税政策时，必须以丰富产品和服务的文化内涵为中心。财税政策必须能够有力支持特色文化资源开发与维护，必须能够妥善引导文化企业开发具有文化内涵和文化感召力的文化产品，必须能够不断提升民族文化的吸引力和感染力，全面保障国家文化安全。

2. 市场导向原则

市场导向原则要求政府制定财税政策时，必须以发挥市场机制对资源配置的基础性作用为中心。首先，政府选择不能代替优胜劣汰，政府必须要从市场能够有效配置资源的领域里退出，将注意力集中在提供公共文化产品和服务，提高文化产品知名度，拓展企业销售渠道，有效维护市场竞争秩序等方面。其次，财税扶持不能代替市场竞争，要在财政支出决策中引入市场机制，在税收优惠制定时考虑对市场主体行为的影响。

第一，增加"市场导向型"财政补贴规模。"市场导向型"财政补贴主要针对企业获取要素和宣传销售等经营行为，"市场导向型"财政补贴是以充分发挥市场作用为导向的。要素市场的供给变化能够影响企业的资源配置决策，产品市场的需求变化能够影响企业的研发生产选择。由于文化要素市场和产品市场时刻处于变化之中，导致研发创新风险较高、文化企业融资困难、文化产业缺乏高素质人才。政府应通过增加"市场导向型"支出，补偿关键技术研发产生的正外部性，拓宽企业融资渠道、培养高水平文化人才，进而帮助企业有效抵御市场风险、高效利用生产要素、积极参与市场竞争。

第二，减少"政府选择型"财政补贴规模。"政府选择型"补贴的范围包括对科技研发资助、文化项目扶持、文化创作奖励，"政府选择型"

是以政府判断为导向的。科技创新是否具有前景、文化项目是否具有外部性、文化创作是否能够带来社会效益，这些问题的答案与标准都在政府手里。由于政府的信息不对称与寻租行为会导致项目的逆向选择问题，而企业和个人的利己行为会导致项目资金使用存在道德风险问题，因此"政府选择型"补贴会扭曲市场机制，改变个人与企业的行为导向，最终损害文化产品和服务的供给质量。

7.1.3　文化产业财税扶持政策优化与完善的基本思路

第一，应明确财政支出导向，提升要素供给质量与利用水平，帮助文化企业实现利润最大化。从供给侧的角度来看，影响文化产品供给质量、文化企业盈利能力和文化产业发展水平的根本因素是生产要素的供给质量与利用水平。文化创新即要素利用水平方面，由前文实证部分可以得出，政府"创新直补"的效果不佳。产业资本方面，政府"直接投资"的效果也并不理想。因此，应从激发活力和优化环境入手，将"直接补贴"变为"间接扶持"，鼓励文化创新向市场"看齐"，变"直接投资"为"间接引导"，多元化产业投资主体，提高利用效率。人力资本与文化资源方面，应增加财政对于人才培养、资源开发的直接支持力度，提升人力资本质量，发掘特色文化资源。此外，财税政策应对企业整合产业链条给予足够的支持，支持企业在全面提升要素供给质量和利用水平进而产生文化创意的基础上，通过产业链整合实现创意价值的最大化和企业盈利能力的最大化。

第二，应调整各级政府文化产业财政支出结构，提高财政资金的使用效率。充分发挥中央政府在文化创新、项目建设等方面的作用，降低项目补贴的信息不对称程度，强化各级政府在人才培养和文化资源开发中的作用，弥补人力资源和文化资源的外部性。

第三，应发展全新的财政支出方式，发挥财政资金的引导作用。通过发展政府购买、文化产业投资基金和文化产业政社合作模式，引入社会资本，扶持中小文化企业发展，培育新兴文化行业。通过在创新补贴、项目补贴、消费补贴、各类奖励等财政支出方式中引入市场机制，让市场在资源配置中起决定性的作用。

　　第四，应优化绩效评价制度，强化财政支出绩效导向。通过完善立项审核制度、绩效评价指标和引入权威第三方进行绩效评估等办法，优化财政补贴项目结构、兼顾社会效益和经济效益、提高财政支出的透明度和公信力。

　　第五，应增加文化产业税收优惠措施，减轻文化企业税收负担。通过推进"营改增"和实行行业差别税率，构建公平的税收环境，通过税收政策间接引导文化企业创新，增加人才和文化资源供给，引入社会资本，提高文化企业的盈利水平。

　　总之，应从提高财税政策供给质量出发，通过优化财政政策导向和财政支出方式、加强财政支出绩效评价、完善税收优惠措施，进而提高文化产品供给质量，增加文化企业盈利能力，最终提升文化产业内生增长能力。

7.2　供给侧结构性改革视角下文化产业财政政策的优化与完善

7.2.1　文化产业财政支出导向的优化与完善

1. 财政支出应以激发企业创新活力为导向

　　第一，增加对经过认定的高新技术企业的支持力度。与其对技术研发项目进行资助和补贴，不如对文化高新技术企业进行直接补贴。首先，适当提高文化高新技术企业认定的标准，如文化产品开发和相关人员在企业职工中的占比不能低于15%，不同收入规模的文化高新技术企业科技研发和产品开发投入在总收入中的占比分别为7%、6%和5%，近一年的研发费用中发生于中国境内的比例、高新技术产品和服务产生的收入不得低于65%。其次，财政加大对通过认定的文化高新技术企业的补贴力度。补贴并不规定具体使用方向，只是在绩效考评时需对补贴之后企业是否增加了研发投入和是否开发了新产品进行确认，如不满足条件则全额收回财政相关补贴。最后，如果在接受财政补贴之后，企业高新技术产品和服务的收入持续增长，则对其进行奖励。

这与前述缩减"政府选择型"补贴的相关建议并不矛盾，因为文化高新技术企业的认定标准除了考虑研发投入规模，还考虑了市场认可程度。企业如果进行"伪研发"，其产品就不会获得消费者的青睐，进而无法获得较高的营业收入和净利润。因此，财政补贴与企业研发能力和依靠创新获利的能力是正相关的。

第二，增加对企业申请专利和产品参展的支持力度。专利申请数量能够从一定程度上代表企业的研发能力。由于目前国内外专利申请和维持费用较高，因此财政应对企业申请专利进行适度补贴，如对专利申请说明书附加费从 200 页以后进行全额补助，权利要求附加页从第 5 页起进行全额补助。根据不同专利类型对文化企业给予不同金额的补贴，如对发明专利给予申请费总额 30％ 的补贴，对外观设计的补贴为 20％，对实用新型专利的补贴为 10％，鼓励企业进行具有市场价值的实质性研发创新。

我国部分文化企业缺乏国内和海外产品贸易的相关渠道，缺乏市场知名度。政府应对企业参加高新技术文化产品展览会给予补助。由于企业资源是有限的，部分创新型文化企业可能缺乏参展与宣传经费，财政补贴能够提高文化企业的市场知名度，拓宽文化企业的销售渠道，消除市场风险和企业研发的后顾之忧。此外，由于目前我国居民的收入持续提高，文化消费需求不断攀升，潜在市场规模十分庞大，因此政府应加大对企业参加国内展览宣传的补助力度，引导企业依靠产品的技术与文化优势不断开发国内市场。

第三，增加对公共技术平台建设的支持力度。可以仿照韩国政府的做法，由财政出资购买文化产业生产研发的关键设备，如装有正版设计、加工软件的高性能电子设备，低价提供给中小企业使用或者租赁给中小企业使用。减轻中小企业的固定资产投入负担，间接增加中小企业投入技术开发的资金。

全国各省市均可尝试仿照北京市建立文化创意产业服务信息平台，为文化企业提供政策、技术、投融资、创业和国际交流相关信息。可以通过政府购买和财政补贴的方式对建设文化产业相关平台进行资助，或通过整合现有资源和完善监督评价体系，完善现有文化科技与信息平台。

第四，增加对知识产权保护的支持力度。针对游戏外挂、影视图书盗版等严重侵犯知识产权的现象，政府应制定具有针对性的措施。如设立知识产权保护专项资金，通过奖励举报人等多种方式搜集侵权信息，对维权主体进行的证据搜集、诉讼审判费用给予适当的资助和补贴。此外，应制定严格的知识产权保护法，细化相应的执行规章与制度，突出政府在知识产权领域的作用，维护技术、创意知识产权市场的良好运转。

2. 财政支出应以优化企业融资环境为导向

文化产业发展离不开各类资金的投入。由 4.2.2 节的分析我们知道阻碍资本进入文化产业的原因主要有盈利预期较低、直接融资门槛较高、间接融资成本和风险资本退出难度较大等原因。从企业成长的阶段来看，风险资本和私募股权资本的匮乏使得种子期和初创期的文化企业融资困难；而在文化企业进入发展期和成熟期之后，其研发和生产又会受到直接和间接融资成本较高的影响。

总的来看，各级政府可以通过政府购买、文化消费补贴等财政支出手段增加文化企业的盈利预期；通过成立政府注资的文化产业投资基金引导各类风险投资和私募股权进入文化产业，对大量处于发展种子期和初创期的文化企业给予资金支持；通过创新贷款模式，财政注资成立产业基金对文化企业贷款进行贴息、担保等多种方式引导金融资本支持处于发展壮大期的文化企业。政府引导资本进入文化产业的主要方式文化如图 7-1 所示，实线箭头为财税引导方式，虚线箭头为相关配套政策。

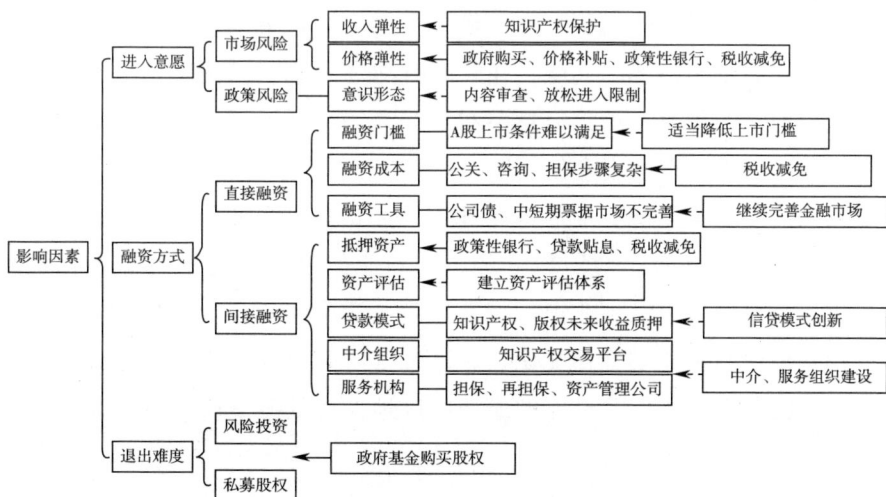

图 7-1　文化产业投融资影响因素及政府介入方式

　　具体而言，第一，引导资本市场中介机构发展，提高文化企业财务管理能力。融资端和投资端想要在资本市场上顺利对接，就需要专业的证券、基金、会计、审计、法律机构发挥中介作用，消除信息不对称。对为文化企业提供会计、审计、资产评估服务的中介机构给予一定的补贴或者绩效奖励，提高文化企业信息披露质量。对为文化企业培训会计、审计人员的教育机构同样应给予一定的补贴。文化企业员工在国家认定的财会和金融培训机构获得结业资格证书之后，财政应负担其部分学费。

　　第二，由财政出资引导成立文化产业开发银行，构建文化产权交易市场。开发性金融是在市场功能缺失或者市场不存在的情况下弥补市场失灵的金融理念和形式。通过设立国家文化产业投资开发银行等政策性开发银行，以财政注资为引导，通过发行文化开发债券、文化开发权益凭证等多种方式，鼓励国有大型企业和民营企业购买文化开发银行的股权与债权，多渠道筹集文化产业投资开发银行的启动资金；发行基于中小文化企业知识产权（Intellectural Property，IP）集合的投资组合产品或资产证券化产品，打造收益凭证、债权交易市场，为文化产权评估提供市场估值基础。

　　第三，增加专项资金贴息补助规模，拓宽文化企业间接融资渠道。财政和专项资金应先"转补贴为担保"，弥补风险敞口，进而吸收国有金融机构资金和社会资金，扩大担保资金规模（张立波，2015）①。在政府与企业之间引入金融机构作为第三方，借助金融机构业务范围较宽、能够较快地摸清客户的基本情况的优势，在政府行动之前给予其更多的关于企业资质和项目前景的信息，消除信息不对称导致的项目逆向选择问题，减少政府投入压力，提高财政资金使用效率。

　　第四，建立文化产业融资担保基金，拓宽文化企业间接融资渠道。文化产业融资担保基金是政府设立的，为商业信贷提供还款付息担保的基金，担保基金通过分散商业银行贷款风险，解决文化企业间接融资难的问题。融资担保基金能够弥补文化企业"轻资产"对商业银行贷款业务产生的风险，因此融资担保基金能够最大限度地发挥财政资金杠杆作用，引导

---

　　① 张立波. 变专项资金为担保基金，破解小微文化企业融资难题［J］. 中国海洋大学学报（社会科学版），2015（3）：45 – 48.

金融资源流向小微文化企业和处于快速发展阶段的文化企业，满足其融资需求。北京市文化科技融资担保公司是为数不多的文化产业融资担保基金公司之一。成立三年时间，依靠政府资金的良好信用，通过融资＋担保、融资＋资管等多种模式，已经为 300 余家中小微文化企业提供 700 余笔总计 60 亿元的融资担保服务，极大地拓展了小微文化企业融资渠道。未来各地区应鼓励文化产业融资担保基金的发展，加快形成以财政资金为引导，以民间投资为主体的文化产业投融资格局。

第五，创新文化产业信贷产品，拓宽文化企业间接融资渠道。可以仿照韩国政府对文化产业信贷的支持模式，即政府每年通过预算拨款，交由商业银行和产业孵化机构按照市场化机制运作，为文化企业提供贷款，如果文化企业到期还本付息，则利息收入在政府、银行和产业孵化机构之间分配，若文化企业并未清偿债务，则银行和孵化机构将负责赔偿。这样既可以通过财政直接投入优化文化企业融资环境，又可以在政府投入中引入市场机制，提高财政资金的效率。信托贷款也是一种可以考虑的方式。银行销售结构化信托理财产品，财政出资认购作为第二受益人，私募股权作为劣后受益人，充分发挥财政资金杠杆作用。此外，还可以尝试设立"政府与民间投资组合"项目，财政出资为引导，民间资金为主体，投资文化产业重大项目或为重要文化基础设施的建设提供贷款，并适当提高民间资金在收益分配中的比例。

第六，设立文化发展彩票，多渠道筹集文化产业发展资金。可以借鉴英国的经验，成立专门的文化发展彩票，或者从国家福利彩票中划拨出一部分，通过非营利组织支持文化艺术创作、文化人才培养、地区特色文化资源挖掘等对文化产业发展具有显著外部性的项目，提高彩票公益金的使用效率。

3. 财政支出应以加大人才培养力度为导向

文化产业财税政策应给予人才培养以足够的支持。政府通过给予文化产业专业人才以生活补助，能够提高文化人才的生活水平，提高文化产业的就业吸引力，引导人才进入文化产业；通过给予文化产业专业人才以创作补助，能够帮助其避开市场需求不足、创意产品无人问津的窘境，激发专业人才的创作热情；政府通过补贴文化企业的人才培养活动，可以补偿企业行为的风险和外部性，间接引导文化企业增加专业人才培养的投入。

第一，建立人才与专家数据库。由财政出资，依靠大数据和云储存技术，建立文化产业人才与专家数据库。数据库应包括国际国内文化就业人员和高级人才的数量、构成、学历层次、专项技能等内容，还应包括文化企业人才需求的动态数据。数据库的构建可以帮助了解人力资源状况和专业人才缺口情况，并为各市场主体进行人才培养与引进提供支撑。由于数据库存在大范围的外部性，因此应由中央财政承担大部分建设和维护支出，对使用数据库的企业收取少量费用。

第二，整合各类文化人才培养资源。尝试将产业基地园区、职业院校、高校等各类资源整合进文化产业人才培养体系。政府应拨出专项经费，鼓励资助文化人才培养与深造，支持文化产业的从业人员接受从文化产品种类与服务模式、文化产品生产与加工到文化产品与服务营销策划的全链条和立体式的教育，丰富文化产业从业人员的知识，拓宽文化产业从业人员视野。政府应拨出专项经费，资助文化人才到国内外优秀大学进行深造，学习世界前沿的产品开发技术、文化服务潮流和企业经营管理模式。

第三，增加对文化产业优秀从业人员的奖励。发达国家普遍对文化产业从业人员给予了大量奖励和资助。如法国对旅居国外的作家、艺术家提供资助，德国设立了上千种艺术奖项，瑞士每年给予对文化产业发展作出重大贡献的个人五万瑞士法郎的奖励。我国也应加大对文化人才的奖励和资助。设立文化产业领军人物奖、文化发展突出贡献奖等多项奖励，表彰和奖励对我国文化产业发展作出突出贡献的个人和组织。不断提高奖励金额，提高文化产业就业人员的自豪感，增强文化产业就业人员的使命感，增强文化产业对人才的吸引力。举办各种类型的文化知识竞赛、产业技能大赛，调动文化产业就业人员的学习积极性，并增加社会对文化产业发展的关注。

第四，加大对创意人才的补贴力度。根据文化人才专家数据库，建立文化专业人才评选认定标准，综合创作能力、教育背景等因素对专业文化人才进行详细评估。文化产业发展专项资金应加大对经过认定的文化专业人才的补贴力度，制定合理的生活补贴和创作补贴标准，资助优秀艺术家和创意人才去我国文化资源丰富、文化产业发达的省份和西方发达国家深造。对中青年艺术家和优秀创意人才进行重点支持，资助作品的宣传展览、交流学习，不断开阔中青年艺术家和创意人员的视野，鼓励其体验生活、采风观俗，引导其创作出符合正确价值观导向、贴近人民群众生活、富有时代感和文化内涵的优秀文化艺术作品。此外，可以尝试通过各类非政府组织如基金会和行业协会分配补贴资金，保障补贴程序的公开透明。

第五，加大对文化企业培养专业人才的补贴力度。企业出资对员工进行培训与再教育，财政应予以适当补贴；企业成功招聘文化产业人才库中的外国优秀人才，财政应予资助和奖励。对中小文化企业优化人力资源结构、培养专业人才给予适量配套资助。鼓励企业文化人才将优秀创意付诸研发与生产，并通过贷款贴息、股权投资等方式对专业人才依托个人知识产权的产业化项目进行支持。

4. 财政支出应以提升资源开发程度为导向

文化资源是文化产业发展的重要影响因素。按照文化"三层次"分析法，可以将文化资源划分为器物型文化资源、制度型文化资源和精神型文化资源。器物型文化资源指的是过去和当下人们生活当中使用到的各类物品，它们以物质的形式展现地域、民族和国家之间生产与生活方式的差异；制度型文化资源则包括经济社会制度、婚姻家族制度、风俗习惯等社会制度形态，它们展现的是不同国家、民族和区域在社会组织上的差异；精神型文化资源则包括艺术、宗教、价值观念、审美情趣等，展示的是人们在思想价值层次上的差异。所谓"十里不同音、百里不同俗"，文化资源存在差异是区域、民族和国家文化存在差异的根本原因，也是文化产业和文化产品实现差异化、特色化发展的基础。

文化资源的开发与保护需要财税政策的支持。财政直接出资对文化资源进行开发固然行得通，但是我国文化资源总量十分庞大，财政投入不可能面面俱到，因此应该引入民间资本共同开发，依靠企业的管理优势和技术力量更好地保护利用各类文化资源。值得注意的是，文化资源开发是一个漫长的过程，需要大量的资本投入和先进的技术支持，企业进入资源开发领域同样会面临较大的市场风险，甚至陷入要素匮乏的困境。政府应该通过财政补贴和税收优惠，引导文化企业积极进行文化资源保护与开发，降低企业的市场风险；鼓励文化企业充分利用优质资源占领市场，实现地区文化产业的差异化发展。

第一，增加文化产业专项资金直接投入水平。中国是文化资源大国。以非物质文化遗产为例。截至 2013 年，中国入选联合国教科文组织非物质文化遗产名录项目数量为 37 个，包括梅花篆字、中华刺绣、昆曲、芜湖铁画等代表我国传统手工艺技能、传统美术书法和表演艺术的各类非物质文化遗产使我国成为世界上非物质文化遗产数量最大的国家。从 2006 年到 2014 年，中央政府命名了 4 批共 1372 项国家级非物质文化遗产，省级非物质文化遗产更是数以千计。但是应该注意到，我国各地区文化产业发展面临较为严重的产业结构重叠化、产品结构同质化问题，因此政府必须妥善开发和维护具有区域特色的文化资源，将这些文化资源用好用活，实现其经济价值并展现其社会价值。财政部 2012 年印发的《文化产业专项资金管理办法》中明确提出专项资金要向特色文化产业和新兴文化业态倾斜。因此，必须不断增加各类文化产业发展专项资金对文化资源保护、开发的投入，对具有区域特色、民族特色的文化产业进行帮扶与支持。

第二，鼓励引导社会资本进入文化资源保护与开发领域。由于我国政府设立了文化文物保护专项资金和非物质文化遗产保护专项资金，因此，各类文化产业发展专项资金应侧重于资助可能进行商业化的非物质文化遗产项目。文化产业专项资金应对非物质文化遗产传承人进行补贴，对非物质文化遗产保护和研究项目进行资助，增加非物质文化遗产宣传专项经费，激发全社会了解和保护非物质文化遗产的热情。文化产业专项资金应资助文化文物商业化开发项目，鼓励企业和个人在妥善保护文物的前提下，深入挖掘文物中蕴含的商业价值。文化产业专项资金应通过贷款贴息、补助、奖励和担保等多种形式，鼓励引导社会资本进行文化资源保护与商业化开发，实现传统文化产业化的目标；以商品的形式对外展示我们国家和民族的文化内涵，提升我国的文化感召力。

5. 财政支出应以推动产业链条整合为导向

财政应通过支持优势企业整合产业链条，提高行业集中度，推动文化产业实现集约化发展。财政对于纵向延伸的支持应以拥有融资、传播和销售渠道优势的大中型企业为中心，对于内部延伸的支持应以拥有技术和产品内涵优势的企业为中心,对于波及延伸的支持应以拥有品牌优势的企业为中心,打造具有引导作用、多元化经营、盈利突出的大型文化企业集团。

通过文化产业发展专项资金,采用贴息、补助、担保等方式引导文化企业通过兼并重组,整合产业链条,优化资源配置,进而实现创新和文化创意增加值的最大化。

由财政出资成立文化产业并购专项资金,采用贴息、补助、担保等方式引导文化企业通过兼并重组,以财政专项资金或者财政投资基金为引导,通过资金划拨、贴息、担保、定向增发等方式为并购重组融资"牵线搭桥"。并购专项资金、文化产业专项资金管理部门以及财政产业投资基金应仿照证券公司"投资银行"部门的角色,为企业进行并购重组提供专业化的政策、法律咨询服务。

此外,应在严格管控产品内容和导向的基础上,减少对民营文化企业进入领域的限制,降低民营企业投资文化产业的门槛,适当加大对民营文化企业收购国有企业的支持力度,不断完善文化市场竞争机制。不能因为部分文化行业和文化产品带有意识形态属性就歧视民营企业,对民营企业整合产业链的行为"一刀切"式的否定。可以先通过国有企业混合所有制改革,在国有文化企业中引入民营资本,改善国有企业股权结构;而后选择适当时机放松具有意识形态属性的广播电视、出版等行业的进入限制,允许民营企业对这些领域里效益不好的国有企业进行兼并重组,以实现国有文化资产的保值增值。

6. 财政支出应以扩大文化消费规模为导向

发展文化产业最终是为了有效满足文化消费需求。如果说前文中列示的关于财政支出导向的政策建议是从要素端出发,提高企业文化创新能力,引导资本进入文化产业,加快培养创意人才,促进文化企业提供更多能够适应国人需求的文化精品,则本节关注的是如何更好地构建文化产品传播渠道,扩大文化传播覆盖面。如图 7-2 所示,文化消费不仅受到收入水平、产品技术水平和文化内涵等因素的影响,还与文化产品推广渠道密切相关。

从文化消费的现状来看,大多数文化产品仍不属于必需品。这是由于我国仍处于社会主义初级阶段，经济发展水平不高，部分群众的收入只能满足基本生存和生理需求，文化消费动力和欲望不足，这导致文化产品与服务需求的价格弹性较高。此外，部分文化产品的有效提供需要投入大量的资本，如发展广播电视行业就需要对广电网络、传播技术、放映系统进行巨额投资和不断升级，而发展互联网文化也需要高速宽带等作为基础，依靠厂商的自有资本无法满足基础设施维护与升级的资金需求。

财税政策需要对文化消费进行引导。文化消费补贴可以降低产品的价格，宣传补助能够增加文化厂商和产品的知名度，激发消费欲望；项目投资能够促进文化基础设施的快速升级，提高文化产品的流通和消费速度。降低增值税税率等税收优惠政策同样能够降低文化产品的价格，促进文化产品的消费和出口。

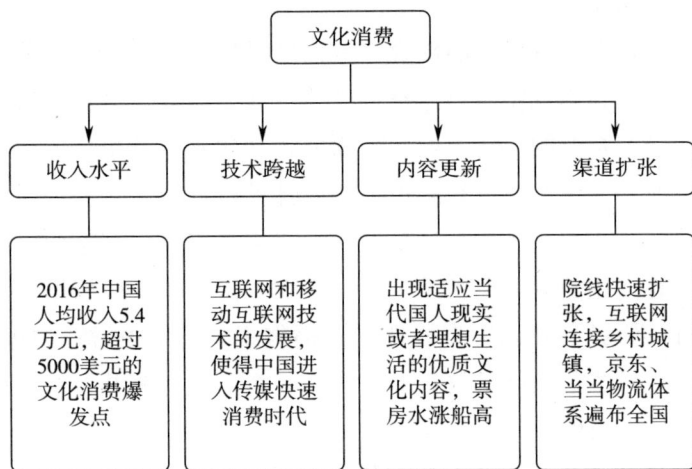

```
                    ┌──────────┐
                    │  文化消费  │
                    └──────────┘
       ┌──────────┬──────┴──────┬──────────┐
  ┌────────┐  ┌────────┐   ┌────────┐  ┌────────┐
  │ 收入水平 │  │ 技术跨越 │   │ 内容更新 │  │ 渠道扩张 │
  └────────┘  └────────┘   └────────┘  └────────┘
  ┌────────┐  ┌────────┐   ┌────────┐  ┌────────┐
  │2016年中国│  │互联网和移│   │出现适应当│  │院线快速扩│
  │人均收入5.4│ │动互联网技│   │代国人现实│  │张，互联网│
  │万元，超过│  │术的发展，│   │或者理想生│  │连接乡村城│
  │5000美元的│  │使得中国进│   │活的优质文│  │镇，京东、│
  │文化消费爆│  │入传媒快速│   │化内容，票│  │当当物流体│
  │发点      │  │消费时代  │   │房水涨船高│  │系遍布全国│
  └────────┘  └────────┘   └────────┘  └────────┘
```

图 7－2　文化消费的影响因素

第一，国内市场拓展方面。财政应对出版发行、演艺娱乐等传统文化产业倚重的物流网络、物流中心、物流组织、票务连锁等传播渠道的建设给予支持。更为重要的是，财政应对动漫游戏、文化创意等新兴文化行业倚重的高速互联网的建设予以支持。尤其应依托高速互联网发展网络文化产业，加快新兴文化行业产品的流通速度，形成多终端、广覆盖的文化消费网络，实现文化产业和文化消费"网络化"；不断丰富网络文化产品种类，支持传统文化产品"数字化"和"信息化"，提高传统文化产品的传播覆盖能力。

第二，国际市场拓展方面。我国目前设立的帮助企业拓展海外市场的专项资金是外经贸发展专项资金，用于支持欠发达地区对外贸易、培育技术与品牌国际优势、建立外贸信息服务系统和对外投资业务合作等。文化产业专项资金也有专门的项目支持文化企业"走出去"，参与国际市场竞争、拓展业务空间和扩大业务规模。但是从前文的分析中可以发现，各类文化产业专项资金对文化企业进行对外贸易和参展宣传的资助明显不足，文化上市公司大都以国内业务为主，缺乏国际客户。这从一个侧面反映了我国文化产业的国际影响力不够，文化产品还不能吸引世界各地的消费者。俗话说得好，"酒香也怕巷子深"，尽管我国文化产品的技术水平和文化内涵不断提升，但是如果没有强大的宣传做支撑，同样不会得到消费者的认可。因此，文化产业专项资金应该增加对文化产品出口、文化企业宣传等方面的扶持与补贴。国家财政应出资在海外举办各种类型的产品展览会和投资推介会，增加我国文化产品的知名度，拓宽文化产品外销渠道，进而增强我国文化产业的国际竞争力和我们国家与民族的文化感召力。

7.2.2　文化产业财政支出结构的优化与完善

1. 增加中央财政文化产业支出规模

第一，增加中央财政对重大文化工程项目的支持力度。文化产业的发展需要更好的基础设施作为支撑。要继续增加中央财政对"五个一"工程、"走出去"重大工程项目、重点文学作品扶持工程、广播影视精品工程、知识资源数据库等重大文化工程的支持力度。

第二，创新中央财政对重大文化工程建设的支持方式。应允许社会资本和民间资本参与重大文化工程建设，形成以中央财政专项资金为引导，以中央企业、国有企业投资为主体，以民间资本为补充的多元化项目建设格局。在保证项目工程建设主体是国有企业的条件下，尽可能增加民营企业和中小型企业参与和获利的机会；通过公平公开的招投标过程，给予市场主体一视同仁的待遇。这样既能提高项目建设水平，保证重大工程质量，又可以提高中小企业研发能力，并提高其利润水平。

第三，增加中央财政对文化企业研发创新和项目建设的补贴力度。由前文实证分析部分可以知道，中央政府对文化企业的财政补贴并不能在短时间内促进文化企业收入和净利润的提升，这是由于中央财政补贴金额较小、补贴项目属于具有外部性的重大项目的缘故。此外，由于中央财政文化产业发展专项资金对项目的申请、评估和绩效考评更为严格，能够较为有效地防止受资助企业的道德风险问题。因此，应增加中央财政对文化企业的补贴力度。

第四，创新中央财政对文化企业的奖励方式。设立文化产业发展的国家最高奖项，提高奖金额度，奖项评选应保证公平公开，既考虑社会效益，又注重经济效益。通过互联网、电视等多种渠道加强宣传推广，吸引全社会对文化产业发展的关注，通过颁奖仪式、事迹宣传等方式提高获奖企业的知名度。

2. 调整地方财政文化产业支出结构

第一，适当减少地方政府对文化企业的财政补贴。由前文实证部分可知，地方政府由于存在赢得增加值竞赛的短视性、补助项目的逆向选择和道德风险等问题，其财政补贴只能增加文化企业的收入，并不能推动文化企业进行技术创新和提高文化企业的内生增长能力。此外，地方政府的补贴还会使辖区内的文化企业产生路径依赖，扭曲企业的行为方式和市场的资源配置方式。

第二，适当减少地方政府对文化产业园区和基地建设项目的补助。我国部分地方政府存在盲目上项目、盲目建园区的倾向，以文化之名，行基建之实，导致大量园区基地超前建设、供给过剩，文化园区管理失控、名存实亡。因为在不甚合理的考核机制之下，由于辖区的文化企业缺乏内生增长能力，地方政府的理性选择就是通过投资拉动增长，通过不断补贴辖区内的企业，赢得产业增加值竞赛。减少此类建设补助，既可以提高财政资金的使用效率，又可以促进文化产业园区基地的集约化发展。

第三，适当增加地方政府对培育引进文化人才的财政补贴。充分开发利用区域人才资源是调整文化产业人力资源结构、提高文化产业创新能力的重要手段。由于中央政府财政资金的有限性和文化人才流动带来的外部性，中央政府和低层级政府均不是扶持文化人才的最优层级。因此，省市级政府应承担主要支出责任。省、直辖市政府应通过各个文化产业专项资金对文化人才引进、文化人才培养给予补贴和资助,给予文化专业人才生活补贴和创作补贴,并适当提高经济发展落后地区的补贴标准,促进文化人才资源的充分流动和合理配置。

第四,适当增加地方政府对文化资源开发与保护的财政补贴。想要生产出具有特色和内涵的文化产品,就必须依靠先进的文化科技和具有区域特色的文化资源。充分发掘区域特色文化资源是转变文化产业发展方式、消除文化产品同质化倾向、调整区域经济结构的有效手段。地方政府对辖区内的文化资源分布和特色具有相对信息优势,基层政府信息优势最为明显。应引导地方政府增加对本地区特色文化资源开发与保护的支持力度。高层级政府应在对低层级政府文化资源开发项目进行充分评估、明确其特色性和地方性的基础上,予以适当补贴和资助。

7.2.3　文化产业"政府选择型"财政支出方式的优化与完善

1. 文化创新财政补贴的优化与完善

以文化产业发展专项资金为例。近年来我国财政文化产业发展专项资金规模不断增加。2006 年,中央财政"原创动漫"扶持计划仅投入 2 亿元,支持了 30 个不同的作品和团队。2015 年,中央财政安排 50 亿元文化产业发展专项资金,重点支持传统媒体与新兴媒体融合发展等技术前沿项目。北京、深圳等全国各大城市也成立了总金额 5 亿元以上的文化产业发展专项资金。需要注意的是,2016 年中央财政文化产业发展专项资金由 50 亿元下降为 44.2 亿元,财政投入规模的下降对财政支出效率和扶持效果提出了更高的要求。

由前文实证部分可知,我国各级政府普遍通过各类文化产业发展专项资金对文化企业创新进行扶持,具体包括创新项目资助、研发补助、创新绩效奖励等多种方式,各级政府投入力度颇大,效果却并不明显。这主要是政府判断代替市场机制对各类创新项目进行选择造成的,而产生"政府选择型"补贴资助的根源又在于我国的文化产业政策本质上是一种选择型产业政策,即政府只对自己认为需要发展的产业进行扶持。

其实,随着社会的不断发展和技术的快速进步,人们的需求已经逐渐多元化和自由化。多样化的需求必须依靠多样化的产品服务提供手段进行满足。与市场相比，政府并不完全了解现有需求种类和需求变化趋势，甚至政府的财政补贴与奖励很可能影响文化企业的研发行为，使之以政府为导向而不是以市场为导向。

促进文化企业创新研发的财政政策可以从以下几个方面入手：

第一，财政补贴应"后发"而不是"先行"。政府应根据市场反馈进行补贴、资助和奖励，对科技研发的单项补助不必过高。如果企业创新获得了市场认可，赢得了消费者的青睐，必然获得高收益和高利润，此时财政再对其进行高额奖励和补贴，以弥补其投入的巨额研发费用，并增加企业的净利润。这样既补偿了企业研发行为产生的外部性，又实现了财政补贴的高效率。

第二，财政补贴宜"间接"而不是"直接"。政府可以考虑合并部分专项资金，或者缩减专项资金用于科技研发项目补贴的金额，而增加对企业申请高新企业认证、各类国际质量体系认证的资助，专利申请、作品参展也应该纳入资助范围。对各类补贴、补助、奖励均需进行绩效评价。

第三，财政补贴应"去行政化"。企业申请各级政府文化产业专项资金的流程相对复杂，企业需要花费大量的时间和精力准备相关材料，并需要政府层层审批考察，尤其是中央财政文化产业专项资金需要地方政府统一报送，这就使企业获得资助的时间成本和公关成本大大提高，很多中小创新型企业只能放弃。因此应在减少单项支持额度的基础上，放宽项目入库标准，加快审批速度，优化审批流程，并增加对项目完成后的绩效考评。

2. 项目建设财政补贴的优化与完善

我国各级财政和各类文化产业专项资金均会对国家和地区文化改革发展规划所确定的重点工程和项目、文化产业园区和示范基地建设进行项目资助和贷款贴息。这里面存在财政支持方向的"羊群效应"问题，即国家重点发展和支持的项目，各省市均会在规划中有所体现，并投入重金支持；国家建设各类文化产业园区和基地，省市政府也同样进行规划建设。各地区的产业规划相似度较高，发展的文化行业门类基本相同，建设的文化产业基地和园区功能重叠，导致各地区文化产业竞争激烈，行业利润率持续下降，文化产品供给低端化、同质化倾向不断加剧。

因此，各级政府应当转变"制定规划—行政推进"的产业发展模式，改变"政府选择—财政支持"的项目资助模式，防止由规划不当导致的财政资金无效投入和各类金融资源的扭曲配置。具体来看，应该减少兴建产业园区和基地的各类规划；除非市场有明确需求，不在规划中新增重点发展的行业和产业；对重大项目进行资助之前，必须经过充分的论证和市场调研；在项目资金绩效评价时，尽量引入专业机构作为第三方进行评估，增加对政府决策的约束。

第一，尽量不在规划中增加明确需要发展的行业。以广播电视行业为例，由于历年来的文化产业发展规划均明确提出要发展广播电视行业，使得我国各地区广播电视系统条块分割的现象非常明显，既不利于形成规模效应，也不利于企业整合产业链条并确立固定的盈利模式，进而对资本进入产生负向激励。随着传播方式和传播渠道的更新，部分市县级广播电视单位的竞争力显著下降，收听和收视人群集中于国家级广播电视台和部分省级广播电视台。因此，应允许广播电视单位自由兼并重组，形成产业集团，提高行业集中度，而后财政继续拨款支持广播电视集团的发展，以提高了财政资金的使用效率并提高节目的供给质量。

第二，对重大项目建设进行资助之前必须经过充分论证。论证应涵盖项目建设目标、投入方式、财政负担、经济效益和社会效益等多个方面，尤其是文化基础设施和文化产业园区基地项目的论证过程应完全公开，并向社会广泛征求意见。切实防止以文化之名行基建之实，防止财政补贴的部分"文化"项目既没有转变经济发展方式，带来经济效益的提高；又没有产生广泛的社会效益，带动文化传播和文化认同；更没有促进产业资源集聚和文化技术成果外溢，提高区域行业发展水平，而只是增加了财政支出，获得了产业增加值。

第三，引入专业的第三方机构对财政支出绩效进行评估。绩效评估应涵盖资金投入情况，即财政资金投入是否经过论证，资金分配是否合理；资金使用情况，即财政资金使用是否合规，不存在截留挪用问题；项目产出情况，即项目到期是否能够正常使用，财政投入是否起到了杠杆作用，带动了社会资金的进入；经济效益和社会效益情况，即项目本身是否产生了收益、项目是否扩大了文化传播与覆盖面。

3. 文化消费财政补贴的优化与完善

完善政府消费补贴制度，降低文化企业创新风险。政府提供消费补贴可以有效降低文化产品价格，增加文化的需求。与其他行业相比，文化科技创新具有较大的市场风险，很可能企业重金研发的技术与产品得不到市场认可，大多数文化企业盈利难度较高，因此资本并没有强烈的进入意愿。各类消费补贴可以激发投资欲望，引导资本进入文化产业。

消费补贴的使用尽量只针对互联网文化、创意休闲娱乐等消费者处于观望期、盈利模式没有完全定型、盈利预期暂时不足的新兴文化产业，补贴金额也不必过高。因为如果消费补贴不能引导企业进行真正意义上的创新，那企业的研发成果就得不到市场的认可，企业就会陷入"消费补贴—伪研发—盈利下降—消费补贴"的恶性循环。其实，消费补贴仍属于"政府选择型"支出的范畴，因此，必须在充分认识到这种财政支出方式会扭曲文化企业生产研发行为、产生"补贴风险"的前提下，妥善运用财政资金，充分调动企业的研发生产积极性，促进企业提供更符合需求的文化产品。

4. 文化产业政府奖励的优化与完善

与政府购买和消费补贴一样，政府奖励也可以增加企业盈利的预期，引导资本和人力资源进入文化产业，只是激励强度方面存在差异。各类奖励的使用也要防止由于政府信息不对称导致的"误奖励"，防止对资源的错误引导，防止扭曲企业的生产研发行为。

我国各级政府均设立了文化产业相关奖项。由于设立文化产业相关奖励的目标是支持和引导文化产业发展，而文化产业想要发展就必须依靠企业不断盈利，因此，在奖项评选过程中应以经济效益为先，兼顾社会效益。应提高经济效益相关权重，增加经济效益提升对社会效益影响的评价指标，并充分考虑市场对文化产品和服务的认可程度。具体来说，不妨将奖励兑现时间延后，让市场机制充分发挥作用，在市场"选择"出最值得"夸奖"的产品之后，政府再对产生良好经济社会影响的项目给予高额奖励。

7.2.4　文化产业"市场导向型"财政支出方式的优化与完善

1. 文化产业政府购买服务的优化与完善

完善政府购买制度，提高文化企业盈利预期。政府购买主要涉及公共文化产品与服务供给，是一种"财政出资、契约管理、效果评估"的新模式。基本步骤包括政府招标、谈判、询价，政府与企业达成契约，效果评估与费用支付。政府购买公共文化服务对象包括营利性企业、事业单位和非营利组织，本书的政策建议仅涉及企业。

从历年的国家级文化产业规划中可以发现，中央政府是在对我国比较优势和发达国家产业结构调整进行评估的基础上制定的产业政策和发展规划。中央政府希望扶持发展的文化行业几乎涵盖了文化产业的所有行业，既包括传统行业，也包括新兴行业。地方政府普遍根据中央规划制定本地区的发展规划，落后地区还会参考发达地区产业指导方针。在各地区产业结构和产品结构重叠的情况下，如果政府购买方式使用不恰当，很可能会造成文化企业的"政府购买"依赖，并产生寻租腐败等一系列问题。因此使用政府购买这种支持方式一定要慎重，要建立公共文化服务需求表达机制、目录筛选机制、企业产品质量末位淘汰机制，通过完善政府购买制度，增加文化企业的竞争意识和产品质量意识。

第一，政府购买必须兼顾经济效益和社会效益。经济效益分为两个方面：一是提高文化企业盈利水平，政府可以通过购买私人文化产品，增加文化企业的盈利能力和文化市场竞争程度，提升文化经济效益；二是政府可以通过购买文化产品，降低公共文化产品服务的生产和管理成本，在公共文化产品和服务生产过程的引入市场机制，可以充分发挥企业的生产和管理能力，降低文化产品服务的供给成本。

社会效益同样分为两个方面：一是政府可以通过购买私人文化产品和服务，然后免费提供给文化产品匮乏地区的居民或者外国文化机构，增加我国文化企业、区域特色文化产品的知名度和中华文化的吸引力，提升文化社会效益；二是从政府机构中剥离部分生产性机构和行政管理机构，压缩行政经费规模、提升经费使用效率、优化财政支出结构，提高政府制度供给的合意性和执政的合法性。政府购买必须是以公平竞争为先决条件的，政府购买既要注重社会效益，也要注重经济效益，防止政府购买对企业行为的扭曲。

第二，确定合理的产品服务政府购买范围。政府购买文化产品服务的范围应根据公共性和外部性确定。一是文化产品服务如果可以多次使用而且便于推广传播，就可以尝试采用政府购买模式。例如政府可以购买图书、音响、电影和电视剧、动漫、益智类游戏等文化产品，提供给经济发展落后地区居民、城乡生活困难群众免费使用，满足其基本文化消费需求，创造潜在的文化消费需求。

二是文化产品服务如果具有意识形态、文化感召力和文化科技外部性，同样可以采用政府购买模式。意识形态方面，政府应购买有利于提升道路自信、制度自信、理论自信和文化自信的产品与服务，提供给基层公共文化机构使用，创新意识形态宣传方式，以民众喜闻乐见的形式，宣传我党、我军和我国各族人民英勇卓绝的革命斗争历史和自强不息、艰苦奋斗的经济建设历程[①]。文化感召力方面，政府应购买能较好展现我国人民生活方式、经济发展水平、历史文化传统的产品，将其免费提供给境内外文化机构，主动输出中华文化，增强民族自信。文化科技方面，应通过政府购买模式建立文化科技研发中心和文化科技、政策和发展信息交流平台，通过政府付费鼓励大型企业为中小企业提供研发生产设备，提高文化产业整体科技水平。

第三，完善政府购买相关制度。一是进行广泛深入的文化产品需求调研。在公共图书馆、博物馆、群众文化服务中心、美术馆、基层文化体育中心等区域的电子工具上安装需求调研软件。以图书馆为例，在新用户注册完成进行书籍借阅活动之前，"强制"用户填写需求调研表。调研内容包括用户喜欢借阅的图书种类、借阅时长、馆藏量是否充足等；关注用户阅读习惯，如喜欢阅读纸质版图书还是电子版书籍，以供政府购买图书时

---

① 近年来在各大视频媒体上十分火爆的动漫产品《那年那兔那些事》就是以全新方式宣传"四个自信"的典型代表。动漫中的主角是一直头戴军帽，肚皮上有红色五角星的兔子，这只兔子代表着中国，美国以白头鹰的形象出现在屏幕上，而苏联则是一只北极熊。作品以拟人手法，讲述我国人民在中国共产党领导下保家卫国和发展经济的苦难征程；通过兔鹰搏斗等令人发笑的场景再现了抗美援朝等重大历史事件。作品在网上掀起了爱国主义热潮。

进行参考。

二是建立企业和产品筛选机制。首先，依照提供文化产品和服务种类和生产能力的不同，将文化企业分类。在进行公开透明招标的基础上，仿照美国政府文化产品购买方式，尽量选择中小企业作为主要购买对象，给予中小企业参与市场竞争的机会。其次，在清楚了解文化产品需求的基础上，围绕交易成本最小化，制定包括产品服务质量和费用在内的购买标准；明确文化产品购买范围，尽量购买在成熟的研发、生产和传播技术基础上发展起来的，已经经过市场检验的文化产品。

三是建立参与主体协商机制。首先，应在充分发挥科学技术作用的基础上，完善信息交换系统，化解信息不对称问题。如采用大数据等技术手段，全面分析文化企业生产成本和利润水平，制定合理的政府购买价格，吸引更多的文化企业参与竞标，增加各方面之间的信任与理解，妥善处理各方的利益关切。其次，采用合同形式，对产品生产时限、质量、数量、效益、责任进行明确规定，细化执行标准和流程。最后，完善招投标流程，给予文化企业尤其民营文化企业充分参与市场竞争的机会，政府与企业应进行充分的沟通和协商。

四是建立产品质量末位淘汰机制。初次购买时尽量让不同供给主体均获得生产机会，控制单个供给主体的政府购买量和购买金额，在同一公共文化服务机构中提供不同主体生产的文化产品，给予文化消费主体充分的比较选择空间，从而建立文化产品和服务质量清单，对供给质量不高的企业进行末位淘汰。

五是建立监管和绩效评价机制。首先，建立政府购买全过程监控体系，通过设立专职机构或者引入第三方专业机构，对项目论证、招标竞标、企业生产进行全流程监管，防止出现寻租与合谋行为。其次，建立绩效评价标准。设置精细和可量化的绩效评价指标，并根据目标、经济效益、社会效益、公共性、外部性等不同侧重点，调整指标权重，引入第三方作为评价主体，构建合理的绩效评价体系。再次，建立政府购买相关信息公开制度。充分发挥人大监督的重要作用和网络监督的核心作用。最后，建立责任追究制度。在加强行政诉讼制度和赔偿制度建设的基础上，对相关责任人违法违规行为进行严厉的追究。

总之，必须加强制度建设，通过增加协商成本降低过失成本和违约成本，通过增加监管成本降低寻租与合谋成本，最终通过增加政府购买制度供给质量，降低文化产品服务的供给成本，提高供给效率，提升供给质量，优化供给结构。

2. 文化产业政府投资基金的优化与完善

文化产业投资基金是由发起人定向募集，自行或委托他人管理的资产，对文化企业进行股权和债券投资。文化产业投资基金具有"集合投资、专家管理、分散风险、规范运作"的特点（周正兵、郑艳，2008）[①]，采用文化产业政府投资基金模式在政府和文化企业之间引入第三方，依托专业基金管理者和机构投资者的判断力，能够有效避免政府信息匮乏的问题，较为符合政府投资专业化和市场化的导向。目前我国文化产业投资基金已经日渐成为文化投资领域的中坚力量。数据显示，截至2013年，国内文化产业投资基金超过120只，资金规模超过1500亿元，2014年新增的50余个文化产业投资基金平均规模高达30亿元（蔡尚伟、骆世查，2015）[②]，政府文化产业投资基金是其中的重要一极。总的来看，文化产业投资基金存在投资标的、治理结构、退出渠道等方面的问题。

第一，明确文化产业投资基金模式的运用边界。一是明确企业成长阶段投资边界。文化产业投资基金应满足中小文化企业的融资需求。投资基金应重点关注处于种子期的，由于缺乏固定资产和稳定的还款来源，无法得到商业银行贷款的文化企业。按照伊查克·爱迪斯的企业发展阶段理论（朱尔茜，2016）[③]，处于婴儿期、学步期、青春期的企业盈利模式尚未定型、缺乏固定资产，贷款融资成本和违约风险较高，文化企业更是如此，文化产品盈利期滞后甚至不定，企业核心资产大都以知识产权、人力资本、商誉等无形资产等形式存在，使得广大处于发展初级阶段的文化企业融资十分困难。投资收益较低、风险较大使得大部分金融机构缺乏贷款意

---

① 周正兵，郑艳. 发展文化产业投资基金的思考［J］. 宏观经济管理，2008（4）：56 - 57.

② 蔡尚伟，骆世查. 产业基金浪潮下的文化产业投融资问题——刍议欠发达省区文化产业基金的组建［J］. 中国海洋大学学报（社会科学版），2015（6）：66 - 72.

③ 朱尔茜. 政府文化产业投资基金：基于公共风险视角的理论思考［J］. 财政研究，2016（2）：104 - 122.

愿。因此，政府文化产业投资基金应瞄准中小型文化企业和处于种子期的文化企业，充分发挥政府资金风险承受能力强而逐利性弱的特点，通过中长期股权投资促进中小文化企业扩大规模、占领市场、巩固盈利模式，促使婴儿期、青春期文化企业加快向成熟期跃迁，并为金融企业传递积极信号，引导金融资源向中小企业倾斜。

二是明确文化行业投资边界。文化产业投资基金应满足新兴文化行业和创新型文化企业的融资需求。与出版发行、广播电影电视、演艺娱乐、广告会展等传统文化行业相比，文化创意、动漫游戏、网络多媒体等新兴文化行业中的中小企业盈利模式更加不固定、更为缺乏可用于抵押的固定资产。因此，文化产业投资基金应对这些行业中的企业予以重点支持。通过化解新兴文化行业和创新型文化企业的融资风险，就能够有效避免潜在的，由新兴产业发展不足带来的文化产业全要素生产率下降、经济结构矮化、居民文化素养下降、意识形态主导权丢失等体系性风险。

第二，规范基金治理结构。一是选择专业化的基金管理团队。基金管理和运维人员应具有文化、金融、财政、公共管理等方面的专业背景，大型基金应成立专门的项目评估与投资团队，评估团队应准确把握文化产业的发展方向和政策动态，投资团队应能对项目前景和盈利模式进行精准预测。

二是建立长效激励约束机制。公司制框架下，政府应与其他合伙人具有相同的目标和效用函数，并由一般合伙人负责投资决策。政府可以在基金公司内部设立专业的投资委员会或者咨询委员会，也可以通过派驻专业人员参与基金公司重大投资决策，以监督与规范合伙人的经营行为，保障资金安全和收益的按期兑现。

三是避免政府对基金公司运营的不当干预。构建多元化的产业投资基金股权结构，限制政府股权比例。政府与一般投资者一样，受公司章程和协议的约束。尽可能引入社会资本作为投资方，充分发挥财政资金的杠杆作用。

第三，建立政府文化产业投资基金退出渠道。一是与天使投资、风险投资（VC）和私募股权投资（PE）互为退出渠道。天使投资、风险投资和私募股权投资均以种子期和初创期文化企业为投资标的，这与政府文产业投资基金的企业发展阶段投资边界存在一定程度的重合，也就是说政府投资基金与上述三类投资基金可以互为退出渠道。此外，以政府投资基金作为退出通道可以促进上述三类基金发掘优秀投资标的，不断完善标的公司治理结构和信息披露机制；而政府投资基金也可以在标的公司引入上述三类基金之后，实现财政资金的保值与增值。

二是以标的公司在 A 股上市作为退出通道。适当降低创新型文化企业、"独角兽"型文化企业 A 股上市融资门槛，尤其是对盈利能力的要求可以适当放松。标的公司通过在 A 股上市可以获得更大的融资空间，降低融资成本，而产业投资基金则可以通过标的公司上市实现资本增值。政府投资基金在投资标的公司之后，应帮助其提高经营与管理能力，改善信息披露质量，确立稳健多元的盈利模式，以尽快实现公开发行。此外，以 A 股上市作为退出通道能够给予文化产业投资基金以较高的期望收益，鼓励投资基金以价值投资为导向进行中长期持股，缓解投资基金日益严重的投机倾向，如"突击入股"和"圈地建房"等不良现象。

第四，打造稳定的文化企业盈利模式，转变产业基金的投资倾向。前文已经分析过，中央和各省市设立的文化产业投资基金有力地推动了我国文化产业发展，将来仍应不断发挥财政投资基金的战略投资、价值发现等重要作用，以股权投资等市场化的融资方式代替财政直接支持方式。但应注意到，我国文化产业，尤其是传媒等核心文化行业由于体制改革滞后的原因，并未形成经典的产业链盈利模式。"做内容的无渠道""有渠道的内容欠缺"，出版行业、广播电视行业条块分割，市场主体"小、弱、散"和盈利能力不足的问题较为突出。进一步说，由于大多数文化企业存在盈利模式不固定、获利渠道狭窄等问题，导致文化产业投资基金存在实际利用率不高，只投拟上市公司等短期投机性行为，对中小文化企业的支持力度不足。未来应在妥善进行文化体制改革的前提下，依靠文化产业投资基金整合文化产业链条；并在拓宽文化企业获利渠道的基础上，稳定文化企业盈利模式，为股权投资标的的成长创造良好的制度环境，转变目前产业投资基金"短期化、高利贷化"的投资倾向。

3. 文化产业政社合作模式的优化与完善

政府与社会资本合作（Public Private Partnership，PPP）模式是政府与

社会资本合作提供基本公共服务和基础设施的全新模式。PPP 模式具有伙伴关系、利益共享、风险共担等特征。PPP 模式下，政府负责制定政策，对公共服务质量进行监管，满足社会需求进而获取政治收益，私人部门负责在政府的监督之下提供公共服务，获取经济收益；PPP 模式下，政府通过完善规划、明确标准帮助企业克服政策变换带来的经营风险，私人企业依靠自身的管理运营经验，高效地提供公共产品和服务，帮助政府规避公共产品质量不佳带来的潜在政治风险；公共部门与私人部门在公共服务提供方面形成共享、共治的伙伴关系。PPP 模式提供公共服务的优势在于五个"更加"，即供给更加有效率、资源动员更广泛、资源配置更为偏平化、供给机制更加灵活、参与主体更加平等化（刘尚希和赵福军，2017）[1]。与政府购买公共服务不同，PPP 模式侧重于政府与社会资本合作长期稳定地提供公共服务。

长期以来，我国公共文化服务的供给质量并不令人满意。行政主导公共文化服务供给，各级政府满足要求、完成指标的倾向比较严重；供给手段单一，趣味性、娱乐性难以满足群众需要。如果采用 PPP 模式，私人部门由于受到获利欲望的驱使，必须不断提高产品供给质量，降低产品生产成本，进而提高公共文化服务的合意程度，提升公共文化服务的供给效率。更为重要的是，私人部门通过介入公共服务供给，可以提升盈利水平。目前，采用 PPP 模式提供公共文化服务仍处于初始阶段，PPP 模式的边界、物有所值评价、财政承受能力评估、项目定价与付费机制等问题仍需要进一步的分析与讨论。

第一，确定 PPP 模式的适用范围。一是文化 PPP 项目必须具有盈利能力。私人部门或者说社会资本是逐利的，只有项目存在获利和资本增值的空间，社会资本才会选择进入。从这个角度看，文化基础设施建设、文化旅游园区、文化体育基础设施等投资规模较大、需求长期稳定、价格机制调整灵活的项目适合采用 PPP 模式提供。

二是文化 PPP 项目提供的产品应为准公共物品。准公共物品，表明是政府负有提供义务的产品，尤其是消费者数量超过临界点之后会产生"拥

---

① 刘尚希，赵福军. 政府和社会资本合作［M］. 北京：中国财政经济出版社，2017.

挤现象"和较容易实现"排他"的准公共物品。只有满足这个条件，提供文化产品和服务才具有"议价空间"和"收费空间"。从这个角度分析，博物馆、展览馆等具有非竞争性和非排他性的纯公共文化产品和服务不宜采用 PPP 模式提供。

文化产业 PPP 模式发展现状能够较好地说明本书的观点。截至 2018 年，财政部等部委颁布的四批共 49 个文化类 PPP 示范项目①（第一批 1 个、第二批 12 个、第三批 17 个、第四批 19 个）中，文化广场、文化中心、文化公园等文化基础设施建设项目为 20 个，占比达到了 40%。从第三批开始，文化旅游 PPP 项目数量不断提升，总数为 16 个。以文化旅游项目为例。文化旅游景区是依托国家文化旅游资源建设的景区。由于存在价格管制，文化旅游景区存在公益性；同时由于资源属于国家和人民，名义上只要是中国公民都有权参观游览，文化旅游景区又具有公共物品的属性，因此政府负有保护文化资源、提供文旅产品的义务。更为重要的是，旅游景区尽管存在价格限制，但其入园资格和园内服务仍需付费才可享受，这就能够吸引私人部门或者说社会资本进入文旅产业。此外，旅游景区的综合服务能力与供电、供水、公共卫生、通讯等基础设施以及餐厅、商店、饭店等旅游配套基础设施密切相关，大型旅游景区的开发维护与运营需要大量的资本投入，财政无力负担。因此，通过采用 PPP 模式，政府可以充分利用私人部门的资本和运营管理经验，提高景区服务的质量和吸引力。

第二，妥善选择 PPP 运作方式。目前 PPP 模式的具体运作方式主要包括委托运营（Operations and Maintenance，OM）、管理合同（Management Contract，MC）、建设—运营—移交（Build—Operate—Transfer，BOT）、转让—运营—移交（Transfer—Operate—Transfer）等六种形式。一般来说，OM、MC 和 TOT 方式适用于存量 PPP 项目，BOT 方式适用于增量 PPP 项

---

① 《财政部关于政府和社会资本合作示范项目实施有关问题的通知》（财金〔2014〕112 号）、《财政部关于公布第二批政府和社会资本合作示范项目的通知》（财金〔2015〕109 号）、《关于联合公布第三批政府和社会资本合作示范项目加快推动示范项目建设的通知》（财金〔2016〕91 号）、《财政部关于公布第四批政府和社会资本合作示范项目名单的通知》（财金〔2018〕8 号）。

目。对于现存经营不善、财政支出压力较大的文化产业园区，可以依靠 MC 或者 TOT 方式，引入社会资本作为管理方，提高园区的基础设施建设水平和运营维护水平，增加对文化企业的吸引力。

第三，完善项目评估体系。一是完善物有所值评价体系。物有所值评价应在项目识别阶段和项目完成阶段分别进行，以增加竞争程度和绩效导向。完善定性指标方面，在全生命周期整合程度、风险识别分配、政府机构能力等六大类定性指标（刘尚希和赵福军，2017）中，应突出鼓励创新的相关指标。文化产品的核心在于技术水平和文化吸引力，而这两方面都需要社会资本不断创新才能够满足，创新既要涵盖传播展示技术，又要包括文化资源的创新利用和创意设计的巧妙融合，也就是说，采用 PPP 模式必须能够提升公共文化产品的吸引力。另外，对文化 PPP 项目的潜在竞争程度也应妥善评估，社会资本方必须"竞争上岗"，防止公共文化产品的提供从"政府垄断"变为"社会资本"垄断，进而降低供给效率。

二是完善财政承受能力论证体系。统筹考虑投资支出责任、运营补贴支出责任、风险承担支出责任和配套投入支出责任。合理设定政府在投资、运营、发生风险时的角色，细化公共文化服务种类。仍以文化旅游 PPP 项目为例。对景区建设运营项目的出资结构进行妥善安排，尽量减少政府在文旅 PPP 项目中的出资比例。基本运营、维护服务应采用政府付费模式，保证景区的接待能力；缆车、饭店、宾馆等增值服务采用使用者付费模式，政府并不承担支出责任，超额利润需在政府与社会资本之间进行合理分配，保证社会资本的盈利空间，防止出现社会资本利用公共资源的有限性获取暴利。尽可能将各种潜在风险和支出责任纳入财政承受能力论证框架。

第四，探索全新的付费模式。可以采用第三方付费模式，例如景区公共厕所就可以通过设置第三方付费广告向游客免费开放，甚至公共图书馆、基层文化站等提供纯公共文化产品的，并不宜采用 PPP 模式的领域，因为全新付费方式的出现也产生了采用 PPP 模式的可能性，尤其是社区文化中心、人口较多乡镇的文化站，政府完全可以将运营、维护以及提供基本文化服务的职能移交给私人部门，私人部门首先吸引居民参与文化活动，然后依靠广告商付费获取收益。

7.3　供给侧结构性改革视角下文化产业税收政策的优化与完善

7.3.1　文化产业税收政策体系的优化与完善

1. 构建公平的税收环境

我国对于改制经营性事业单位的税收优惠力度要大于对普通经营性文化企业的优惠力度。如对转制之后的文化事业单位免征企业所得税，自用房产免征房产税，党报党刊取得的发行和印刷收入免征增值税，对其他文化企业则没有优惠。这不仅挫伤了文化企业的积极性，恶化了市场竞争环境，也减弱了各类资源进入文化产业的动力。此外，电影、动漫行业享受了较多的税收优惠，如电影拷贝、版权、发行、放映收入免征增值税，部分动漫企业可以享受所得税和增值税优惠，这可能导致各类资源的扭曲配置。因此应对市场主体一视同仁，对文化产业规划中需要发展的行业均给予一定程度的税收优惠，并构建税收优惠监督机制；加强对各地税源与税负的评估与分析，增加税收优惠政策信息的透明性和公开性。

2. 健全增值税抵扣链条

在"营改增"之前，我国文化企业出售自己开发的无形资产缴纳营业税，营业税率为5%，对版权、著作权、专利与非专利技术进行深加工的文化企业面临营业税重复征税的问题；随着"营改增"的扩围，直到2013年交通运输和部分现代服务业全面"营改增"，文化企业才获得无形资产进项税抵扣资格。总的来看，"营改增"减轻了文化企业的税收负担。但是应该注意到，由于应税服务营业额小于500万元就会被划入小规模纳税人的范畴，大量中小文化企业均为增值税小规模纳税人，这些企业无法进入增值税抵扣链条，也不能享受进项抵扣优惠，而且由于其无法开具增值税专用发票或者只能由税务局代开发票，购买方无法获得进项抵扣，这导致大量中小企业失去拓展业务范围或扩大业务规模的机会。因此，应给予中小文化企业更大的纳税人种类选择空间，将更多的创新型文化企业纳入增值税抵扣链条，减轻税收征管成本、增加企业的纳税人意识。

全面"营改增"并非是全面减税,而是结构性减税。购进设备和货物较多的文化企业更容易从改革中获益,而处于产业链上游、无形资产较多的创新型文化企业在很长一段时间内由于无形资产进项抵扣不易,税收负担存在加重的倾向。因此,应在全面"营改增"的同时,完善无形资产确权与评估的相关工作,将企业购进的无形资产纳入增值税抵扣链条,减轻创新型文化企业的税收负担。此外,全面"营改增"将促使文化企业进行业务分包,提升包括税收筹划能力、采购管理能力在内的财务管理能力,对文化企业的管理水平存在显著的促进作用。

3. 实行行业差别税率

依据文化产品和服务的性质实施差别税率。对新闻出版发行、广播电影电视等核心文化行业从低确定税率,对文化休闲娱乐、动漫游戏等关联层文化行业适中确定税率,对于文化产品制造、茶座酒吧、歌舞厅等外围文化行业从高适用税率,鼓励高雅文化发展,限制"三俗"文化行业的发展。此外,还可以对非高雅文化行业征收消费税,税款专用于鼓励戏剧、音乐、美术等高雅文化行业发展。

通过减轻创新型文化企业税收负担,鼓励文化企业科技研发和丰富产品文化内涵。科技研发和文化产品开发是一项高风险的活动,需要通过税收优惠减轻企业的负担;科技研发和文化产品开发又是一项高收益的活动,税收优惠能增厚企业利润,激发企业的创新热情。因此,政府应综合运用间接优惠和直接优惠措施,鼓励文化企业持续增加研发投入,创新文化产品与服务的生产与消费模式。

"互联网 +"文化、"数字化"文化等新兴文化产业代表着文化产业未来的发展方向,是文化产业的前沿面和增长点。政府应通过减轻新兴文化行业中企业的税收负担,鼓励文化企业拓展经营业态,帮助企业有效抵御市场开拓失败带来的经营风险。

7.3.2　文化产业税收优惠措施的优化与完善

1. 增加促进文化创新的税收优惠措施

第一,适当降低文化生产设备进口关税。目前《税法》中对文化企业进口设备的规定是,只有为生产重点文化产品而引进的先进技术或进口所需要的自用设备和配件才能享受免征关税和增值税的待遇，这增加了进口高级设备生产高端文化产品企业的负担。降低进口关税可以促进文化企业运用国际先进的产品生产方法，提高文化产品质量。

第二，完善研发费用企业所得税扣除方法。目前执行的企业研发费用扣除办法是，如果企业研发支出未形成无形资产，则在税前按研发费用的 50% 进行扣除，如果形成了无形资产，则按照无形资产成本的 150% 进行 10 年以上摊销。一是应提高扣除比例。文化产品和服务模式的开发是需要投入大量资源且失败风险较大的活动，增加开发费用税前扣除比例并延长扣除结转年限，能够帮助企业有效规避研发风险，激发企业的创新活力。二是应缩短无形资产摊销年限。由于文化消费需求变化频繁，大部分文化产品和服务受市场欢迎的时间窗口较短。因此应仿照固定资产加速折旧的方法，给予无形资产更短的摊销年限，减轻创新型文化企业负担；三是应允许符合条件的创新型文化企业提取一定数量的创意开发基金和风险准备金，并从企业所得税中扣除，从而帮助文化企业抵御市场风险，解除文化企业的后顾之忧。四是研发项目政府补贴不得作为加计扣除的基数。着力防止"政府选择型"补贴和各类项目补贴对企业行为的扭曲。

第三，减征新型产品和服务的企业所得税。如前所述，文化产品的研发创新是要冒较大的市场和研发风险的。通过减征新产品收入的企业所得税，将文化企业创新产生的"营业利润"与"净利润"画等号，这将有效激发文化企业的创新欲望，鼓励企业向市场需求看齐。此外，还可以采用税收返还的方式，妥善引导企业增加研发投入和研发强度，并加强对返还收入使用的审计。

第四，加大对中小高新技术文化企业税收优惠力度。将动漫、游戏、音乐开发与制作技术等纳入高新技术范畴；高新技术文化企业减按 10% 征收企业所得税，研发费用可以进行 50% 的加计扣除，无形资产成本允许进行 150% 的摊销；将科技型中小企业研发费用扣除比例提高到 100%，无形资产成本摊销比例提高到 200%；给予全国各地区投资初创科技型文化企业的创业投资机构以其更高的投资额所得税扣除比例，不足抵扣的部分允许结转，延长天使投资人的抵扣结转期限。

2. 增加促进资本扩张的税收优惠措施

第一，给予中小企业税收优惠。我国文化市场中大多数主体都是中小企业，中小企业融资需求与供给的缺口较大。主要原因是我国大多数文化企业获利渠道窄，营收能力弱。各类金融机构因为对企业还款能力存在质疑而不敢提供资金。因此，应通过税收优惠的方式增加企业利润。一是给予不同收入水平的文化企业以不同的企业所得税税率优惠。例如对年应纳税所得额低于 50 万元的文化企业给予减按 10% 的实际税率征收企业所得税的优惠待遇，对应纳税所得额处于 50 万元到 100 万元区间的企业给予减按 15% 征收企业所得税的待遇，对应纳税所得额超过 100 万元的企业减按 20% 征收企业所得税，以减轻低收入文化企业税收负担。二是给予不同收入水平的文化企业以不同的税收返还优惠。例如对应纳税所得额大于 50 万元的两类企业分别给予 5% 和 10% 的税收返还，这两类文化企业需将返还税款用于创新研发和再投资。这样既能减轻中小文化企业税收负担，吸引资本进入文化产业，又能鼓励文化企业不断革新技术和扩大资产规模。三是放宽小型微利文化企业的认定标准。应适当提高小型微利企业所得税优惠相关标准中对于员工人数和资产规模的限定。

第二，给予金融及中介机构税收优惠。商业银行对文化企业贷款获得的利息收入减征企业所得税。保险公司为文化产品出口贸易等提供保险服务获得的收入减征企业所得税。资产评估、审计、会计、担保等金融中介机构为文化企业贷款提供服务获得的收入减征企业所得税。各类文化中介机构 5 年免征教育附加费和城市维护建设费。

第三，给予创业投资机构税收优惠。创业投资机构投资于未上市文化企业的，应允许其以当年一定比例的调研费用抵扣其他行业的风险投资收入。创业投资企业采取股权投资方式投资于未上市中小文化企业 2 年以上的，可以按照其投资额的一定比例，在股权持有 2 年之后抵扣该创业投资企业的应纳税所得额；当年不足抵扣的，可以在以后纳税年度结转抵扣，提高抵扣比例并延长结转年限；也可将持有年限和抵扣比例关联起来，即持有时间越长，抵扣比例就越高，通过税优惠措施引导投资机构进行长期投资和价值投资。

第四，给予企业并购重组税收优惠。电影电视剧、动漫、游戏、网络影视剧制作等重点发展行业中的文化企业如对上下游企业进行兼并重组，应将重组之后的公司视为新成立的文化公司，在 3 ~ 5 年内免征企业所得税；形成企业集团的，允许集团公司合并缴纳企业所得税；为文化企业并购重组提供资产评估、会计审计、贷款担保的企业应给予所得税减免优惠。

第五，延长税收优惠措施期限。电影、动漫、游戏、网络文化等文化产品从开发到上市可能需要经历较长的时间。与之相比，我国文化产业税收优惠期较短，例如企业所得税的优惠期只有三年，而一家具有优秀创意的游戏公司如果开发一款产品可能动辄需要三到四年，等游戏产品进入市场获得利润时，所得税优惠期已过。税收优惠并没有起到其应有的作用。因此，应从文化产业发展的特点出发，从企业获得净利润的第一年开始，给予所得税优惠，并延长优惠时间。比如仿照韩国的做法，在企业盈利的前四年，企业所得税率为 10%，第五年为 40%，第六年为 70%，第七年开始才进行全额征收。

3. 增加促进人才培育的税收优惠措施

高级文化人才是企业最宝贵的资源，是影响文化产业发展的核心要素。作为文化产品和文化创意的最终创造者，文化专业人才必须具备文化艺术、信息传播、品牌构建等方面的知识，而获取这些知识的过程十分漫长，需要其付出艰辛的努力，更需要投入大量的资源。此外，文化产业人才流动性较高，企业培养专业人才的风险较大，人才培养活动是具有外溢性和外部性的活动。因此，政府应通过税收优惠政策减轻文化产业就业人员的负担，吸引高级人才进入文化产业，还可以运用人才培训费用企业所得税扣除等税收优惠措施，鼓励文化企业加强对员工培训教育，优化企业人力资源结构，推动企业快速发展。

第一，给予文化产业从业人员个人所得税优惠。给予除演艺娱乐行业外的文化产业从业人员个人所得税优惠待遇，不断完善劳动力要素市场，增加文化产业就业人员的获得感和职业自豪感，为文化产业发展打下坚实的人才基础。文化事业单位从业人员、高雅音乐、话剧、歌剧、美术等行业的从业人员个人所得税减按 70% 计征。在适当的时候提高文化产业从业人员个人所得税中必要生活费用等扣除额度，增加文化产业就业吸引力，丰富文化产业人力资源供给。此外，还可以考虑提高文化产业从业人员购买商业保险费用的所得税扣除额度，解除文化工作者的后顾之忧，减轻其税收负担。

第二，给予文化产业专业人才个人所得税优惠。发达国家对文化艺术人才的税收优惠措施非常丰富。如爱尔兰对年收入不超过 25 万英镑的文学家、音乐家、画家、雕塑家免征个人所得税，超过 25 万英镑的部分减半征收，加拿大也规定艺术家 1.5 万加拿大元以下的收入免征所得税，英国则允许艺术家将收入在几年内进行平均。

我国可仿照西方的做法，对作家、画家等收入浮动较大的文化产业专业人才，考虑采用平均收入法计算应纳税所得额，在适当的时候提高个人所得税中必要生活费用的扣除比例，提高稿费收入费用减除比例和应纳税所得额的减征比例。个人提供专利技术、非专利技术、商标、著作权等无形资产获得的特许权使用费减征个人所得税，并提高费用减除金额和比例。个人出卖画作等获得的财产转让收入减征个人所得税，提高费用减除金额和比例。在适当的时候，可以仿照稿费收入减征办法，对特许权使用费和财产转让收入减征 30% ~ 50% 的个人所得税`（杨志安和张鹏，2015）[①]。

此外，由于我国《个人所得税法》规定，4000 元以上的稿费、特许权使用费、财产转让收入采用比例扣除法，而 4000 元的标准已经确立多年，大多数优秀文化艺术作品、著作的稿费、特许权使用费、财产转让所得均远超这个标准，导致文化艺术作品质量越高、文艺工作者收入越高，其上缴的所得税越多。这并不利于激发文化创作激情和继续提升文艺作品质量。因此应提高个人所得税法中 4000 元的标准，增加优秀作品创作者的收入，提高文艺创作和文化产品的质量。此外对部分学者（龚永丽和梁欣，2015）[②] 提出的减轻演员和导演的税收负担，本书认为不妥。目前我国部分演员和导演收入畸高，电视剧和电影制作费用中片酬占了很大比例，间接导致影视剧制作成本的上升和质量的下降，因此，对于畸高劳务收入应提高加成征收比例，必

---

① 杨志安，张鹏 . 支持我国文化产业发展的税收政策选择 [J]. 税务研究，2015（3）：28 - 31.

② 龚永丽，梁欣 . 助推文化产业发展的税收政策探析 [J]. 管理观察，2015（33）：160 - 162.

要时可将加成比例提高到400%。

第三，提高员工培训相关费用企业所得税扣除比例。政府应通过减轻文化企业税收负担，鼓励文化企业培养专业文化人才和引进海外优秀人才。我国企业所得税法规定，企业发生的职工福利支出，不超过工资薪金总额14%的部分，职工教育经费支出，不超过工资薪金总额2.5%的部分，准予在计算应纳税所得额时扣除。人才是文化产业不断发展的基础，为了提高文化产业对人才的吸引力，改善人力资源结构和质量，应提高职工福利支出和职工教育经费准予扣除的比例，甚至可以考虑将人才相关费用比照技术研发费用进行加计扣除或者费用摊销，给予文化产业从业人员更多的获得感和职业荣誉感。在工资薪金费用普遍上涨的背景下，此举既可以减轻文化企业税收负担，又能够引导企业增加员工福利支出和教育培训支出。

4. 增加促进资源开发的税收优惠措施

第一，文化资源商业化收入免征企业所得税。对文化企业从事文化文物与非物质文化遗产商业化项目获得的收入免征企业所得税。在文化资源商业化前中期，企业需要进行资源开发、维护，还要进行商业模式探索，更需要进行不断的宣传推广，各方面成本费用压力较大，企业容易失去开发动力甚至退出市场。给予企业免征所得税的优惠可以减轻企业税收负担，使企业形成多劳多得的预期，进而鼓励企业不断开发具有潜在商业价值的文化资源。

第二，文化资源开发费用企业所得税扣除。各类文化资源的开发保护与商业化是一个漫长的过程，风险较高，技术和人力成本较大。应给予从事文化资源开发、保护和商业化的企业所得税优惠，允许其与开发相关的费用抵扣其他收入，减轻这类企业的税收负担，帮助其更有效地抵御市场风险和创新风险。应比照研发费用企业所得税扣除办法，提高与文化资源开发保护相关的研发费用加计扣除比例，开发形成的无形资产同样应缩短摊销年限，并提高成本摊销比例。不足抵扣的费用应延长结转年限。

第三，增加文化捐赠所得税扣除比例。我国是文化资源大国，散落在民间的文化资源数不胜数。人们往往在发现文物之后喜欢自己鉴定收藏，很多具有历史和人文价值的文化遗产因此没有得到有效的保护。国家除了增加文物发现和上交的奖励之外，应该考虑大幅提高文化捐赠企业和个人所得税扣除比例。个人所得税方面，目前我国《个人所得税法》规定的是捐赠不超过个人应纳税所得额30%的部分允许扣除，《企业所得税法》规定的是捐赠支出不超过公司年度利润12%的部分准予扣除，这两个比例设置过低，并不能激发人们的捐赠热情。短期内应将个人和企业所得税扣除比例分别提高到50%和30%，中长期内继续提高各类捐赠的扣除比例，鼓励全社会开展文化公益捐赠。

第四，增加对拥有特色文化资源地区的税收优惠措施。给予特定区域的文化企业以所得税优惠。根据区域不同，所得税优惠程度不同。对于在废旧工业园区、城乡结合部等发展水平滞后的区域经营的文化企业给予减按15%征收企业所得税或者免征企业所得税的待遇。通过税收政策，鼓励引导各类文化企业充分开发利用发展水平不高的区域和空间，提高附近居民收入、转变地区经济发展方式。

5. 增加促进文化消费的税收优惠措施

企业所得税方面，缺乏针对文化产品出口的相关措施。目前，税法仅对企业在境外取得的收入作出了一般规定，即已在境外缴纳的所得税税额，可以从其当期应纳税额中抵免，抵免限额为该项所得依照《企业所得税法》规定计算的应纳税额；超过抵免限额的部分，可以在以后五个年度内，用每年度抵免限额抵免当年应抵税额后的余额进行抵补。高新技术企业来自于境外的收入可以按照15%的优惠税率缴纳企业所得税，并可在计算抵免限额时，按照15%计算应纳税所得额。由于目前的情况下，我国文化产品相对难以得到其他国家消费者的青睐，企业境外收入较低，因此应适当降低文化产品出口收入企业所得税税率，并延长超额抵免时限。此外，还可以模仿化妆品、销售和医药制造行业的办法，提高宣传费支出税前扣除的比例，从15%提高至20%或者30%，增加各类文化产品的知名度。

增值税方面，我国税法规定，企业向境外提供的完全在境外消费的设计服务、广播影视作品的发行和放映服务、技术转让服务适用增值税零税率，向境外单位提供的完全在境外消费的技术开发、技术咨询、广播影视作品制作、知识产权、广告和无形资产等相关服务免征增值税。这里存在零税率和免征增值税的差异，可以考虑将所有向境外提供的文化产品和相关服务均设定成零税率，产品出口之后的各个生产环节产生的增值税一律退返，使我国文化产品和服务真正以不含税的价格进入国际市场。

7.4 文化产业财政支出绩效评价制度的优化与完善

7.4.1 确立绩效评价制度的核心地位

1. 动用财政资源必须进行绩效考评

我国发展文化产业的政策工具多种多样，无论是研发补贴、项目资助、各类奖励还是政府购买、政府投资基金、政社合作模式，均会涉及财政资金的使用，因此，绩效考评不可或缺。此外，税收优惠政策也可以看作"税式支出"，即通过税收优惠"补贴"文化企业，税收优惠是财政资源的另一种运用方式，同样需要对政策效果进行评估。

2. 优化政策选择必须依靠绩效考评

不同扶持政策的效果是不同的。例如拓宽企业融资渠道的政策工具就包括项目资金划拨、政府投资基金、贷款贴息补助与担保等，资金直接划拨效率较高，但是有可能扭曲企业行为导向；贷款贴息担保能够发挥引导作用，但是也有可能带来金融资源的扭曲配置；政府进行股权投资既有可能为企业发展注入强心剂，又有可能支持并不具有发展前景的企业。因此，应通过完善绩效评价指标、优化绩效评价流程、优选绩效评价主体，帮助财政部门和资金主管部门"因企施策""因地制宜"，根据不同情况妥善使用政策工具，快速提高产业发展水平。需要说明的是，由于专项资金是目前财政扶持文化产业发展的主要方式，因此后文仅就专项资金资助项目的绩效评价制度的优化与完善提出相关建议。

7.4.2 完善绩效评价流程

1. 初始阶段：明确立项依据

我国部分文化产业财政支出项目和专项资金，存在由于立项目标不清晰、受益对象不确定导致的立项依据不充分的问题。仅从本书收集的上市公司样本中就可以发现不少例子。如某家在深圳证券交易所上市的从事出版发行的上市公司，2016 年收到一笔 47.9 万元的财政补贴，补贴项目名称是"城市文化综合体项目补助"。首先，"城市文化综合体"并不是一个明确的定义。仅从名称来看，"综合体"应指通过综合运用城市文化资源、文化消费、文化建筑等多方面资源，将文化、休闲、娱乐等不同物业功能整合形成一个复杂的文化空间，影响因素的多样化导致财政补贴的目标不清晰。其次，建设"城市文化综合体"与出版发行企业之间并不存在明确关系，这导致补贴缺乏合理的依据。最后，建设"城市文化综合体"的受益对象不明确。从该公司 2016 年的补贴收入明细中可以看出，该公司收到的财政补贴基本都与"绿色出版"和"数字出版"相关。由此我们可以推测这家公司具有出版技术优势，且是以技术创新产生外部性而获得补贴的。而"城市综合体"的建设受益对象是市民还是相关产业似乎并没有明确结论。再比如某家传媒公司，2016 年收到区级管委会财政补贴 63.9 万元，既没有补贴目标，又缺乏受益对象，补贴依据令人十分疑惑。

因此，未来在财政补贴和专项资金立项阶段应加强对补贴依据的审核。只有存在显著外部性的关键技术研发、重大项目建设、专业人才培养、贸易平台搭建等工程，政府才可以给予适当的补贴。此外，项目补贴的受益对象也必须较为明确，技术类项目要考察其对行业技术水平提升的促进程度，资本类项目要考察其受益人群和企业的覆盖范围，人才培养项目要考察人才的流动性，对创新外部性不明显、项目受益人群不确定、人才流动性较差的项目不宜专门立项补贴。

2. 执行阶段：强化外部监督

目前，我国文化产业专项资助在立项和执行过程中对专家意见和社会监督的作用重视不够，政府对专项资金的补贴项目具有绝对的控制权。相比之下，负责对美国艺术文化进行资助的美国全国艺术基金会在项目立项阶段，采用了两级评审制度，即专家评审和艺术理事会评审，尽可能地防止政府对资助项目的干预。我国文化产业财政支出和补贴也应如此，一是聘请包括艺术、科技、财政、金融等方面的专业人士，对资助候选项目的项目质量（包括文化内涵和科技水平等）、经济价值（包括拉动就业、增加税收等）、社会价值（包括受益行业和受益人群等）、完成能力（包括承接方技术、资本、人力水平等）各个方面进行综合评价。将项目经济价值、社会价值和项目立项评估结果向社会公开，接受各方面的建议与监督。二是成立专业精干的绩效评价小组，对项目执行过程中不同阶段的投入与产出进行绩效评价，如存在资金滥用、效果不佳的情况应及时向财政部门和资金主管部门反馈，必要时可收回剩余项目资金。

3. 完成阶段：创新评价方法

项目完成后，其绩效评价应综合运用问卷调查法、专家咨询法、统计分析法和成本核算法。统计分析和成本核算等定量方法用于评价项目产出的高低。例如评价新闻平台或技术信息平台建设项目的产出绩效，不能只设置浏览人次、点击率等硬性和可量化指标，还需要从内容角度设置信息准确性、内容吸引力、操作便捷性、访问速度等软性和非量化指标。问卷调查法、专家咨询法、个人观察法应用于评价项目的社会效益，重点考察项目受益人群与覆盖企业的感受，通过问卷调查、个人观察法等多种手段对项目的社会效益进行综合评价。此外，应重视比较分析法的运用，多渠道搜集信息，与本地区或者其他地区类似项目进行横向比较，分析优势和不足，更有效地评价项目绩效。

7.4.3 优化绩效评价指标体系

目前，财政支出绩效评价指标的设置侧重于对资金运用合规性和支出项目经济效益进行评价。笔者认为，对于文化类项目的评价不仅应该包括经济成本、产出成果，还应包括其对文化建设、社会精神文明产生的影响，也就是说绩效评价指标体系的设置不仅应该考虑资金使用的合规性，还要考察项目立项的合理性；不仅应该考虑经济效益，更要考虑社会效益。绩效评价指标体系应包括项目投入、项目过程、项目产出和项目效果四个方面。

1. 完善对立项合理性的评估

投入方面，以定性评价为主。一是项目立项需符合文化产业发展规划、财政资金使用相关规定。不资助项目绩效目标与总目标不符、节点考核目标难量化的项目。二是存在明确的服务对象和受益人。三是项目申报审批符合相关管理办法，符合竞争性分配原则，项目的可行性和风险性必须首先经过各方面专家充分论证，再由主管部门集体决策确定资助对象。

四是要保证资金及时到位。

过程方面，以定性评价为主。一是资金拨付和使用必须合规，不存在截留、挤占、挪用、虚列支出、超标准开支的情况。二是项目中标单位需有科学合理的相关业务管理制度和措施，以保障资金的合理分配和使用，产品质量应可以通过标准化、数量化或者其他方式进行评价。

2. 重视对项目社会效益的评估

产出方面，以定量评价为主。一是考察文化产品和服务质量，包括合格产品和优秀产品生产情况。对文化产品与服务设置达标率指标，按照计划中提供产品与服务的种类，设定达标率得分计算公式为：达标率＝达标数/计划数×100%，文化产品达标数为合格产品数量，文化服务达标数为服务人次。对文化产品（服务）设置优质率（影响能力）相关指标，文化产品质量分为优、良、中、合格四个档次，优档满分，每下降一档减 2 分，文化产品优质率计算公式为：优质数量/计划生产数量×权重，对文化服务影响能力设置强、中、弱、无四个档次，强档满分，每下降一档减 2 分，通过对服务对象进行问卷调查等方式获取影响力评分，影响力计算公式为：调查对象影响力评价分数/调查对象数量。二是考察成本和效益情况。

效果方面，以定量评价为主。一是评价经济效益，除了需要考察项目产生的营业收入、净利润、税金等直接经济利益，数据搜集难度不大的情况下，还需考察项目实施后关联行业和上下游公司新增收益等间接经济利益。例如财政资助了一项特色文化艺术表演项目，则在绩效评价时不仅应考虑表演项目带来的直接经济效益，还需要考察旅游、餐饮、住宿等相关行业的增收情况。二是评价社会效益，包括文化传播影响力、获奖情况、直接服务人次；重点关注服务对象满意程度，并通过电话访问、网络访问等多种方式采集项目社会效益数据。需要说明的是，由于本书主要探讨的是绩效考评应关注的方向，因此只是建议性地提出指标权重。本书构建的绩效指标体系如表 7 - 1 所示。

表 7 - 1 文化产业财政补贴项目绩效评价指标体系

一级指标	W1	二级指标	W2	三级指标	W3	评分标准
项目投入	28	使用定位	4	资金立项合理性	2	目的明确；依据充分；服务对象或受益人明确
				资金立项规范性	2	按照规定的程序申请设立；经过可行性研究、专家论证
		使用目标	6	绩效目标合理性	2	符合法律法规、国民经济发展规划；预期产出效益合理
				绩效指标明确性	3	将绩效目标细化分解为具体的绩效指标；通过清晰、可衡量的指标值予以体现
				资金与目标匹配性	1	资金预算与绩效目标是否匹配
		决策过程	5	决策依据	2	符合社会经济发展规划和省委宣传部年度工作计划；制定中长期实施规划
				决策程序	3	符合申报条件；申报、批复程序符合相关管理办法；项目调整履行相应手续
		资金分配	5	分配办法	2	资金分配因素是否全面与合理
				分配结果	3	分配结果是否合理
		投入管理	8	预算执行率	1	预算执行率 = 实际支出/实际到位资金
				自筹资金到位率	1	到位率 = 实际到位资金量/应到位资金量，得分 = 到位率×权重
				社会资金到位率	1	
				财政资金到位率	1	
				自筹资金到位及时率	1	及时到位；未及时到位，但不影响项目进度；到位不及时影响进度
				社会资金到位及时率	1	
				扶持资金到位及时率	1	
				资金使用率	1	资金使用率 = 已使用资金量/已到位资金量，得分 = 使用率×权重

一级指标	W1	二级指标	W2	三级指标	W3	评分标准
项目过程	12	财务管理	8	资金使用合规性	4	符合国家财经法规和财务管理制度以及有关专项资金管理办法的规定；资金的拨付有完整的审批程序和手续；不存在截留、挤占、挪用、虚列支出、超标准开支等情况
				规制健全性有效性	4	已制定或具有相应的项目资金管理办法、财务资产管理制度、监控机制；资金管理办法符合相关财务会计制度的规定；会计核算规范，采取了相应的财务检查等必要的监控措施或手段
		业务管理	4	管理措施完善性	1	组织机构健全、分工明确；建立了保证资金顺利分配使用的科学合理的相关业务管理制度和措施
				制度执行有效性	2	遵守相关法律法规和业务管理规定，严格执行管理程序及招投标制、监理制；调整及支出调整手续完备
				项目质量可控性	1	制定或具有相应的质量要求或标准；采取了相应的质量检查、验收等必需的控制措施或手段
项目产出	20	产品质量	12	文化产品服务质量达标率	4	得分＝达标率×权重，达标率＝达标数/计划数×100%
				文化产品优质率（文化服务影响力）	8	得分＝优质率×权重，优质率＝优质数/计划数×100%（影响力＝调查对象影响力评价分数/调查对象数量）
		生产效率	8	扶持项目完成及时率	4	及时完成 4 分，未及时完成 0 分
				扶持项目成本节约率	4	成本低于预设绩效目标满分，每超出 1 个百分点扣 0.1 分

一级指标	W1	二级指标	W2	三级指标	W3	评分标准
项目效益	40	经济效益	25	年营业收入增长率	3	（本年营业收入－上年营业收入）/上年营业收入×100%，5%以上满分，低1%扣0.3
				年利润增长率	3	（本年利润总额－上年利润总额）/上年利润总额×100%，5%以上满分，低1%扣0.4
				年税收增长率	3	（本年税收总额－上年税收总额）/上年税收总额×100%，5%以上满分，低1%扣0.2
				员工薪酬总额增长率	4	（本年工资总额－上年工资总额）/上年税收总额×100%，5%以上满分，低1%扣0.4
				员工年离职率降低率	4	年内流失员工人数/上年末在岗人数，小于等于零得4分，大于零得0分
				财政投入乘数	3	财政资金投入量与其引导和撬动的投资文化产业的社会资本量的比例
				关联方产值增长率	5	（本年度产值－上年度产值）/上年度产值×100%
		社会效益	15	文化传播竞争力	3	走向国际，得3分；主要立足全国，得2分；其他得1分
				创作获奖数量	2	获国家/国际奖项得满分，省、市、区县级及其他奖项按10分递减
				政策知晓度	1	90%以上满分
				服务人次	4	项目服务人次
				服务对象满意度	5	项目预期服务对象对项目实施的满意程度，70%以上满分
总计	100		100		100	

注：W1、W2、W3分别为对应一级指标、二级指标、三级指标的权重。

7.4.4 引入权威第三方进行全流程绩效评价

目前，我国财政支出仍以体制内评价为主，人大、财政部门、资金主管部门是绩效评价的主体。需要注意的是，不同评价主体对同一专项资金绩效的评价结果可能存在较大差异，甚至部门绩效自评结果与人大委托第三方进行绩效评价的结果完全不同（颜海娜，2017）[①]。如表 7 - 2 所示，可将绩效评价的过程分为评价启动、评价过程、评价结果三个环节，由于在角色认知、权力结构中的相对地位、利益相关性、组织能力等方面存在差异，评价启动阶段不同评价主体动力和角色不同，评价过程中评价流程、周期、重点不同，不同评价主体对评价结果的运用也不尽相同。本书认为可尝试以各级人大作为文化专项资金绩效评价主体。

具体原因如下，一是评价动力方面，由于地位上升和政治支持，财政部门对于发起绩效评价具有很强的动力；而人大由于开始从对资金分配的监督转向对资金使用绩效的问责，同样具有较强的发起动力；主管部门由于存在外在问责压力和证明部门支出绩效的内在需求，同样具有较强的发起动力。二是扮演角色方面，人大扮演着外部监管问责的角色，与项目主管部门、资金使用单位和监管部门的利益相关性较弱，因此能较好地扮演监管角色。三是评价流程方面，由于人大在法律地位、资源调动、组织协调方面的优势，可以通过设计专家评审、主管部门答辩等环节，将财政部门和主管部门纳入评价体系，从而构建更为完善的绩效评价流程。四是评价周期方面，人大组织的绩效评价有时可以以 2～3 年为一个评价周期，财政和主管部门大都以年度作为评价周期，部分财政资金的扶持效果还未完全发挥出来[②]。五是绩效评价重点方面，对于决策合理性、合法合规性、效益效率性，人大由于利益超脱性和法律地位较高，不仅有动力考察合规性和效益性，更可以对决策合理性进行评价；与之相比，主管部门可能只注重评价合规性，财政部门的绩效评价也大都以合规和效率为中心。此外，人大进行绩效评价还存在权威性和公开性较高的优势（颜海娜，2017）。

因此，可以尝试将人大或者人大委托的会计、审计师事务所作为文化产业财政支出绩效评价的主体（宁波市审计学会课题组等，2014）[③]，对财

[①] 颜海娜. 评价主体对财政支出绩效评价的影响——以广东省省级财政专项资金为例 [J]. 中国行政管理，2017（2）：118 - 124.

[②] 广东省人大召开战略性新兴产业发展专项资金 LED、新能源汽车项目支出绩效第三方评估报告新闻发布会 [EB/OL]. http：//online. southcn. com/h/20150609 _484. htm.

[③] 宁波市审计学会课题组，何小宝，徐荣华. 财政专项资金绩效审计研究 [J]. 审计研究，2014（3）：37 - 41，97.

政支出尤其是专项资金的绩效进行严格考评，对立项依据、补贴决策的合理性、产品与服务质量、社会效益进行重点评估。

表7-2 不同主体绩效评价结果存在差异性的原因

评价环节	影响因素	人大	财政	部门
评价启动	发起评价的动力	较强	强	较强
	评价中扮演的角色	外部监管问责	监管	内部监管
评价过程	评价流程	细致完备	较为完备	较为完备
	评价周期	2~3年	1年	1年
	评价重点	五大重点	四大重点	两大重点
评价结果	评价结果	权威度高	权威度中	权威度低
	评价结果的运用	公开程度高	公开程度中	公开程度低

参考文献

［1］亚当·斯密. 国民财富的性质和原因的研究［M］. 北京：文献出版社，2005.

［2］成邦文，刘树梅，吴晓梅. C-D生产函数的一个重要性质［J］. 数量经济技术经济研究，2001（7）：78-80.

［3］蔡昉. 认识中国经济减速的供给侧视角［J］. 经济学动态，2016（4）：14-22.

［4］车嘉丽，薛瑞. 产业政策激励影响了企业融资约束吗？［J］南方经济，2017（6）：92-114.

［5］池建宇，姚林青. 中国文化产业劳动生产率的国际比较——基于与英美两国之比较［J］. 中央财经大学学报，2010（11）：75-79.

［6］丛明. 我国促进文化产业发展的税收政策［J］. 中国财政，2008（17）：49-50.

［7］陈清. 文化产业供给侧结构性改革的缘由、方向和路径探讨［J］. 现代传播（中国传媒大学学报），2017（10）：120-122，142.

［8］迟树功. 将文化产业培育成支柱性产业的政策体系研究［J］. 理论学刊，2011（1）：43-46.

［9］蔡尚伟，骆世查. 产业基金浪潮下的文化产业投融资问题——刍议欠发达省区文化产业基金的组建［J］. 中国海洋大学学报（社会科学版），2015（6）：66-72.

［10］成学真，李玉. 文化产业发展对经济增长影响的实证研究［J］. 统计与决策，2013（3）：114-117.

［11］陈永清，夏青，周小樱. 产业政策研究及其争论述评［J］. 经济评论，2016（6）：150-158.

［12］戴俊骋，王佳，高中灵．北京与国内重点城市文化产业政策比较研究［J］．北京社会科学，2011（5）：4－10．

［13］戴祁临，安秀梅．产业链整合、技术进步与文化产业财税扶持政策优化——基于文化企业生产与研发的视角［J］．财贸研究，2018（3）：30－39．

［14］戴祁临，安秀梅．公共文化传播效率评价与影响因素研究［J］．云南社会科学，2016（6）：145－150，184．

［15］董为民．探讨发展我国文化产业的财政政策［J］．财政研究，2003（12）：7－9．

［16］冯华，温岳中．产业链视角下的我国文化产业发展［J］．国家行政学院学报，2011（5）：82－86．

［17］方雪梅．法国文化产业的发展模式及其启示［J］．湖南科技大学学报（社会科学版），2015（1）：124－126．

［18］范周，周洁．正确理解文化领域供给侧结构性改革［J］．东岳论丛，2016（10）：5－14．

［19］郭国峰，郑召锋．我国中部六省文化产业发展绩效评价与研究［J］．中国工业经济，2009（12）：76－85．

［20］顾萍，田贵良．基于投入产出模型的文化产业对区域经济增长贡献测度［J］．学海，2016（6）：136－141．

［21］关萍萍，我国文化产业政策体系的3P评估［J］．西南民族大学学报（人文社会科学版），2012（33）：144－149．

［22］郭淑芬，郝言慧，王艳芬．文化产业上市公司绩效评价——基于超效率DEA和Malmquist指数［J］．经济问题，2014（2）：75－78．

［23］龚永丽，梁欣．助推文化产业发展的税收政策探析［J］．管理观察，2015（33）：160－162．

［24］郭玉清．资本积累、技术变迁与总量生产函数——基于中国1980—2005年经验数据的分析［J］．南开经济研究，2006（3）：79－89．

［25］花建．产业界面上的文化之舞［M］．上海：上海人民出版社，2002．

［26］花建．文化创意产业与相关产业融合发展的四大路径［J］．上

海财经大学学报，2014（4）：26 - 35.

［27］胡霁荣．论创造性推进文化产业政策供给侧结构性改革［J］．探索与争鸣，2017（12）：175 - 178.

［28］胡若痴，武靖州．支持文化创意产业发展的财政政策研究［J］．经济纵横，2014（1）：92 - 95.

［29］韩顺法，郭新茹．我国文化创意产业对全要素生产率影响的计量分析［J］．统计与决策，2012（24）：95 - 97.

［30］黄永兴，徐鹏．中国文化产业效率及其决定因素：基于 Bootstrap - DEA 的空间计量分析［J］．数理统计与管理，2014（3）：457 - 466.

［31］焦德武．市场结构、行为与绩效：安徽文化产业现状研究［J］．江淮论坛，2010（4）：54 - 59.

［32］江飞涛，李晓萍．直接干预市场与限制竞争：中国产业政策的取向与根本缺陷［J］．中国工业经济，2010（9）：26 - 36.

［33］江光华．推进北京文化产业与科技融合的财政政策研究［J］．科技管理研究，2014（4）：20 - 24.

［34］贾康，苏京春．"供给侧"学派溯源与规律初识［J］．全球化，2016（2）：30 - 54，132 - 133.

［35］蒋萍，王勇．全口径中国文化产业投入产出效率研究——基于三阶段 DEA 模型和超效率 DEA 模型的分析［J］．数量经济技术经济研究，2011（12）：69 - 81.

［36］金雪涛，潘苗．我国文化产业公共财政投入的绩效分析与对策选择［J］．经济与管理，2013（6）：76 - 80.

［37］孔少华，何群．"十三五"文化产业供给侧要素创新研究［J］．山东大学学报（哲学社会科学版），2017（4）：24 - 31.

［38］李彬，于振冲．日本文化产业投融资模式与市场战略分析［J］．现代日本经济，2013（4）：60 - 68.

［39］李本贵．促进文化产业发展的税收政策研究［J］．税务研究，2010（7）：9 - 13.

［40］刘杨，赖柳华．中国文化上市企业全要素生产率研究［J］．经济与管理研究，2014（7）：123 - 127.

［41］路春城，綦子琼．促进我国文化产业发展的税收政策研究［J］．山东经济，2008（5）：96－100．

［42］罗党论，刘晓龙．政治关系、进入壁垒与企业绩效——来自中国民营上市公司的经验证据［J］．管理世界，2009（5）：97－106．

［43］柳光强．完善促进文化产业发展的财税政策研究［J］．财政研究，2012（2）：16－18．

［44］李华成．欧美文化产业投融资制度及其对我国的启示［J］．科技进步与对策，2012（7）：107－112．

［45］李海霞．日本文化产业战略思想及其启示［J］．现代日本经济，2010（6）：24－30．

［46］刘金林．完善我国文化产业投融资市场体系的财税政策选择［J］．税务研究，2013（12）：48－52．

［47］林丽．我国文化产业发展中的投融资问题及对策［J］．经济纵横，2012（4）：68－72．

［48］刘鹏，杜啸尘．经营性文化产业企业财政补贴的博弈研究［J］．东岳论丛，2014（7）：151－155．

［49］刘鹏，杜啸尘．我国文化产业财政政策的历史演变及分析［J］．地方财政研究，2014（7）：38－42．

［50］刘鹏，赵连昌，杜啸尘．文化产业财政补贴绩效评价及影响因素研究——基于上市公司的实证分析［J］．中国海洋大学学报（社会科学版），2015（3）：55－60．

［51］栾强，罗守贵，方文中．文化产业生产率与高学历人力资本——基于上海市文化企业的实证研究［J］．经济与管理研究，2016（9）：62－68．

［52］李姝，赵佳佳．文化产业融合与公共财政支持［J］．财政研究，2014（1）：22－24．

［53］李思屈，李义杰．中国文化产业政策及其实施效果——基于国家八大动漫游戏基地（园区）政策调研的实证研究［J］．西南民族大学学报（人文社会科学版），2012（33）：141－146．

［54］刘尚希，赵福军．政府和社会资本合作［M］．北京：中国财政

经济出版社，2017.

［55］李涛，黄纯纯，周业安．税收、税收竞争与中国经济增长［J］.世界经济，2011（4）：22-41.

［56］黎文靖，郑曼妮．实质性创新还是策略性创新？——宏观产业政策对微观企业创新的影响［J］.经济研究，2016（4）：60-73.

［57］刘吾康．发展我国文化产业的财税政策研究［J］.财政监督，2011（9）：56-58.

［58］李秀金，吴学丽．文化产业发展与税收政策选择［J］.税务研究，2010（7）：27-30.

［59］梁云凤，孙亦军，雷梅青．促进文化产业发展的财税政策［J］.税务研究，2010（7）：23-26.

［60］厉以宁．持续推进供给侧结构性改革［J］.中国流通经济，2017（1）：3-8.

［61］刘颖琦，吕文栋，李海升．钻石理论的演变及其应用［J］.中国软科学，2003（10）：139-144.

［62］刘志杰，朱静雯．传播与文化产业上市公司高管薪酬与公司绩效相关性研究［J］.出版科学，2011（5）：69-73.

［63］米尔顿·弗里德曼．价格理论［M］.北京：华夏出版社，2005.

［64］马洪范．文化产业发展与财税金融政策选择［J］.税务研究，2010（7）：14-16.

［65］马箭，陈子华．人力资本、物质资本对文化产业增长影响的实证研究［J］.财经理论与实践，2014（5）：108-114.

［66］马萱，郑世林．中国区域文化产业效率研究综述与展望［J］.经济学动态，2010（3）：83-86.

［67］马跃如，白勇，程伟波．基于SFA的我国文化产业效率及影响因素分析［J］.统计与决策，2012（8）：97-101.

［68］马衍伟．税收政策促进文化产业发展的国际比较［J］.涉外税务，2008（9）：34-38.

［69］宁波市审计学会课题组，何小宝，徐荣华．财政专项资金绩效审计研究［J］.审计研究，2014（3）：37-41，97.

［70］欧培彬．产业投资基金支持文化产业发展研究［D］．武汉理工大学，2009．

［71］潘爱玲，邱金龙．我国文化产业并购热的解析与反思［J］．华中师范大学学报（人文社会科学版），2016（5）：75－86．

［72］齐骥．文化产业供给侧结构性改革的要素与行动逻辑研究［J］．东岳论丛，2016（10）：15－21．

［73］秦宗财，方影．我国文化产业供给侧动力要素与结构性改革路径［J］．江西社会科学，2017（9）：75－83．

［74］任保平．供给侧结构性改革促进中国经济增长的路径与政策转型［J］．黑龙江社会科学，2017（1）：46－51．

［75］师博．供给侧结构性改革与消费升级［J］．黑龙江社会科学，2017（1）：52－56．

［76］宋朝丽．供给侧改革视角下文化产业发展内生动力机制探究［J］．东岳论丛，2016（10）：22－29．

［77］申国军．发达国家促进文化产业发展税收政策及其借鉴［J］．涉外税务，2010（4）：57－60．

［78］孙静，钟毓．"营改增"中促进文化创意服务业发展的税收政策取向［J］．税务研究，2013（12）：35－39．

［79］孙万欣，陈金龙．内部治理机制与绩效相关性——基于传播与文化产业上市公司的实证研究［J］．宏观经济研究，2013（2）：80－90．

［80］束义明．我国传媒上市公司经营绩效评价及实证研究［J］．出版发行研究，2011（1）：15－19．

［81］孙早，席建成．中国式产业政策的实施效果：产业升级还是短期经济增长？［J］．中国工业经济，2015（7）：52－67．

［82］陶喜红．传媒产业结构性进入壁垒探析［J］．新闻界，2008（4）：10－12．

［83］王德高，陈思霞，卢盛峰．促进中国文化产业发展的财政政策探析［J］．学习与实践，2011（6）：105－111．

［84］魏福成，邹薇，马文涛，刘勇．税收、价格操控与产业升级的障碍——兼论中国式财政分权的代价［J］．经济学（季刊），2013（4）：

1491 – 1512.

［85］王凤荣, 董法民. 地方政府竞争与中国的区域市场机制整合——中国式分权框架下的地区专业化研究 ［J］. 山东大学学报（哲学社会科学版）, 2013 (3)：17 – 31.

［86］王凤荣, 夏红玉, 李雪. 中国文化产业政策变迁及其有效性实证研究——基于转型经济中的政府竞争视角 ［J］. 山东大学学报（哲学社会科学版）, 2016 (3)：13 – 26.

［87］王家庭, 张容. 基于三阶段 DEA 模型的中国 31 省市文化产业效率研究 ［J］. 中国软科学, 2009 (9)：75 – 82.

［88］王家新. 构建财政支持文化产业发展的新格局 ［J］. 中国财政, 2012 (9)：25 – 27.

［89］王家新. 振兴文化产业的财政思考 ［J］. 求是, 2013 (18)：48 – 50.

［90］王克岭, 陈微, 李俊. 基于分工视角的文化产业链研究述评 ［J］. 经济问题探索, 2013 (3)：167 – 172.

［91］吴利华, 张宗扬, 顾金亮. 中国文化产业的特性及产业链研究——基于投入产出模型视角 ［J］. 软科学, 2011 (12)：29 – 32.

［92］魏娜, 杨跃锋, 徐晴. 文化事业单位行政管理体制改革导向——基于新公共管理的视角 ［J］. 南京社会科学, 2013 (8)：90 – 96.

［93］魏鹏举. 公共财政扶持文化产业的合理性及政策选择 ［J］. 中国行政管理, 2009 (5)：45 – 47.

［94］魏鹏举, 王玺. 中国文化产业税收政策的现状与建议 ［J］. 同济大学学报（社会科学版）, 2013 (5)：45 – 51.

［95］王乾厚. 文化产业规模经济与文化企业重组并购行为 ［J］. 河南大学学报（社会科学版）, 2009 (6)：78 – 85.

［96］汪伟, 史晋川. 进入壁垒与民营企业的成长——吉利集团案例研究 ［J］. 管理世界, 2005 (4)：132 – 140.

［97］文文. 金融危机背景下的美国文化产业财税政策 ［J］. 税务研究, 2010 (2)：92 – 94.

［98］吴意云, 朱希伟. 中国为何过早进入再分散：产业政策与经济地

理［J］．世界经济，2015（2）：140－166．

［99］汪祖杰．商业银行生产函数的定义与规模效应的方法论研究［J］．金融研究，2004（7）：80－89．

［100］肖建华．发展我国文化产业的税收政策思考［J］．税务研究，2010（7）：30－33．

［101］徐鹏程．文化产业与金融供给侧改革［J］．管理世界，2016（8）：16－22．

［102］徐索菲，李建柱．韩国文化产业振兴举措对我国培育新经济增长点的启示［J］．经济纵横，2014（4）：116－120．

［103］肖卫国，刘杰．文化产业资源配置绩效评价研究——以中部地区为例［J］．当代经济研究，2014（3）：61－66．

［104］解学芳，臧志彭．国外文化产业财税扶持政策法规体系研究：最新进展、模式与启示［J］．国外社会科学，2015（4）：85－102．

［105］向勇，权基勇．韩国文化产业立国战略研究［J］．华中师范大学学报（人文社会科学版），2013（4）：107－112．

［106］向勇，喻文益．基于全要素生产率的文化创意与国民经济增长关系研究［J］．福建论坛（人文社会科学版），2011（10）：27－33．

［107］夏一丹，胡宗义，戴钰．文化传媒上市公司全要素生产率的 Globe Malmquist 研究［J］．财经理论与实践，2014（4）：48－52．

［108］徐志仓，基于超越对数生产函数的制造业技术效率分析［J］．统计与决策，2015（5）：139－143．

［109］袁海，吴振荣．中国省域文化产业效率测算及影响因素实证分析［J］．软科学，2012（3）：72－77．

［110］颜海娜．评价主体对财政支出绩效评价的影响——以广东省省级财政专项资金为例［J］．中国行政管理，2017（2）：118－124．

［111］杨京钟，洪连埔．法国文化产业税收政策对我国的借鉴［J］．税务研究，2012（12）：88－91．

［112］杨京钟，吕庆华．基于中国文化产业发展的税收政策取向研究［J］．江南大学学报（人文社会科学版），2010（4）：92－97．

［113］闫坤，于树一．支持文化产业发展的财税金融政策研究［J］．

华中师范大学学报（人文社会科学版），2015（3）：9 – 21.

［114］杨明辉．美国文化产业与对外文化战略［J］．世界经济与政治论坛，2006（5）：110 – 113.

［115］杨帅．产业政策研究：进展、争论与评述［J］．现代经济探讨，2013（3）：88 – 92.

［116］约瑟夫·A．熊彼得．经济发展理论［M］．北京：华夏出版社，2005.

［117］杨向阳，童馨乐．财政支持、企业家社会资本与文化企业融资——基于信号传递分析视角［J］．金融研究，2015（1）：117 – 133.

［118］袁艳红．完善文化产业发展的税收政策［J］．税务研究，2007（10）：97.

［119］杨志安，张鹏．支持我国文化产业发展的税收政策选择［J］．税务研究，2015（3）：28 – 31.

［120］郑春荣．我国文化产业发展面临的问题与公共政策探讨［J］．税务研究，2010（7）：17 – 22.

［121］朱尔茜．政府文化产业投资基金：基于公共风险视角的理论思考［J］．财政研究，2016（2）：104 – 122.

［122］张凤华，傅才武．我国文化产业投融资及财政政策的成效与优化策略［J］．学习与实践，2013（8）：115 – 122.

［123］张洁．技术创新与文化产业发展［J］．社会科学，2013（11）：36 – 45.

［124］周莉，胡慧源．文化产业财政投入的就业效应研究［J］．经济问题探索，2016（7）：97 – 105.

［125］周莉，王洪涛，顾江．文化产业财政投入的经济效应——基于31省市面板数据的实证分析［J］．东岳论丛，2015（7）：71 – 77.

［126］张立波．变专项资金为担保基金，破解小微文化企业融资难题［J］．中国海洋大学学报（社会科学版），2015（3）：45 – 48.

［127］张利阳，吴庆华．文化体制改革与财政税收政策研究［J］．湖北社会科学，2010（3）：83 – 85.

［128］张仁寿，黄小军，王朋．基于DEA的文化产业绩效评价实证研

究以广东等 13 个省市 2007 年投入产出数据为例 ［J］. 中国软科学, 2011 (2)：183 - 192.

［129］周叔莲, 吕铁, 贺俊. 新时期我国高增长行业的产业政策分析 ［J］. 中国工业经济, 2008 (9)：46 - 57.

［130］赵琼, 姜惠宸. 文化产业上市公司效率评价及影响因素分析——基于 DEA 模型的分析框架 ［J］. 经济问题, 2014 (9)：52 - 58, 71.

［131］张少春. 加大财政支持力度 推动振兴文化产业 ［J］. 中国财政, 2009 (22)：8 - 9.

［132］张世君, 王燕燕. 韩国文化创意产业的税收制度 ［J］. 税务研究, 2015 (8)：118 - 121.

［133］张同斌, 高铁梅. 财税政策激励、高新技术产业发展与产业结构调整 ［J］. 经济研究, 2012 (5)：58 - 70.

［134］钟廷勇, 孙芳城. 要素错配与文化产业供给侧改革 ［J］. 求是学刊, 2017 (6)：37 - 45.

［135］庄严. 日本文化产业制度安排及其创新 ［J］. 经济纵横, 2013 (11)：102 - 109.

［136］周业安, 章泉. 财政分权、经济增长和波动 ［J］. 管理世界, 2008 (3)：6 - 15.

［137］周正兵, 郑艳. 发展文化产业投资基金的思考 ［J］. 宏观经济管理, 2008 (4)：56 - 57.

［138］臧志彭. 政府补助、研发投入与文化产业上市公司绩效——基于 161 家文化上市公司面板数据中介效应实证 ［J］. 华东经济管理, 2015 (6)：80 - 88.

［139］臧志彭. 政府补助、公司性质与文化产业上市公司经营绩效关系研究——基于 2011—2013 年的面板数据实证分析 ［J］. 现代管理科学, 2015 (3)：48 - 50.

［140］A C Pratt. Creative Cities：The Cultural Industries and the Creative Class ［J］. Geografiska Annaler, 2008 (2)：107 - 117.

［141］Bain J S. Barriers to New Competition ［M］. Harvard University

Press, 1956.

[142] Benghozi P J, Salvador E, Simon J P. Technical Innovations: Looking for R&D in the Creative Industries [J]. Communications and Strategies, 2015 (99): 171 – 181.

[143] Crane D. Cultural Globalization and the Dominance of the American Film Industry: Cultural Policies, National Film Industries, and Transnational Film [J]. International Journal of Cultural Policy, 2014 (4): 365 – 382.

[144] Fried H O , Lovell C A K, Schmidt S S, Yaisawarng S. Accounting for Environmental Effects and Statistical Noise in Data Envelopment Analysis [J]. Journal of Productivity Analysis, 2002 (17): 157 – 174.

[145] Frith S. Knowing One's Place: The Culture of Cultural Industries [J]. Cultural Studies from Birmingham, 1991 (1): 195 – 155.

[146] Justin O C, Mark A. The Cultural and Creative industries: A Review of the Literature [J]. Creative Partnerships, 2008 (3): 72 – 82.

[147] Lee N, Drever E. The Creative Industries, Creative Occupations and Innovation in London [J]. European Planning Studies, 2013 (12): 1977 – 1997.

[148] Montinola G, Qian Y Y, Barry R Weingast. Federalism, Chinese Style: The Political Basis for Economic Success [J]. World Politics, 1996 (48): 50 – 81.

[149] Nicholas Garnham. From Cultural to Creative Industries [J]. International Journal of Cultural Policy, 2005 (1): 15 – 29.

[150] Qian Y Y, Barry R Weingast. China's Transition to Markets: Market – Preserving Federalism, Chinese Style. Journal of Policy Reform [J]. 1996 (1): 149 – 185.

[151] Richard B, David E W. Growth, Economics of Scales, and Targeting in Japan [J]. Review of Economics and Statistics, 1996 (78): 286 – 295.

[152] Robert M S. Technical: Change and Aggregate Production [J]. Review of Economics and Statistics, 1956 (37): 312 – 320.

[153] Rodgers J. Jobs for Creatives Outside the Creative Industries: A

Study of Creatives Working in the Australian Manufacturing Industry [J]. Creative Industries Journal, 2015 (1): 3 – 23.

[154] Stigler G J. The Organization of Industry [M]. Illinois Irwin Homewood, 1986.

[155] Thun E. Keeping up with the Jones: Decentralization, Policy Imitation, and Industrial Development in China [J]. World Development, 2004 (8): 1289 – 1308.

[156] Timmers P. Business Models for Electronic Markets [J]. Journal of Electronic Markets, 1998 (2): 3 – 8.

[157] Vitkauskaite I. Cultural Industries in Public Policy [J]. Journal of International Studies, 2015 (1): 208 – 222.

[158] Yilmaz G. Resurgence of Selective Industrial Policy: What Turkey Needs [R]. Working Papers, 2011.

后　记

　　文化安全对于中国的重要性无需多言。在西方文化产品与价值观念在中国快速传播的今天，如何通过发展文化产业，帮助已经习惯了红酒、歌剧和高尔夫的国人重新拾起遗忘许久的龙井、京剧和蹴鞠，是值得我们每个人思考的问题。

　　文化传承对于中国的重要性同样无需多言。在西方文化服务和意识形态在中国不断扩散的今天，如何通过发展文化产业，引导已经习惯了外语与钢琴的孩子探索唐诗宋词与琴棋书画的世界，也是值得我们每个人思考的问题。

　　文化安全和文化传承的公共产品属性，使得政府必须承担起推动文化产业发展的义务。文化产品和文化服务的私人物品属性，又表明市场应在资源配置中发挥决定性的作用。因此，如何确定文化产业扶持政策的边界，优化文化产业财税政策的选择，让市场无形之手在政府有形之手的帮助下，更为高效有力地舞动资源配置指挥棒，更是值得思考的问题。

　　本书凝练着笔者在研究文化产业财税政策过程中的思虑与感悟。文化产业的快速发展离不开产品质量的显著提升，而制度供给质量是产品供给质量的决定性因素。通过转变财税政策侧重点和优化财税扶持方式，激发市场主体创造力，提高产品的文化科技内涵，进而提升文化企业的盈利能力和我国的文化感召力，就是本书对以上几个问题给出的答案。

戴祁临
2018 年 11 月